Revue Gabonaise d'Histoire et Archéologie

NUMÉRO 6

Publication annuelle

ISSN: 2303-9132

Réalisation du logo de la revue :
Dr Martial Matoumba

Conception de la couverture et montage de la revue :
Dr Martial Matoumba,
Chercheur à l'IRSH
Libreville, Gabon.
martialmatoumba@gmail.com

Relecture et correction (orthographique, grammaticale, syntaxique et typographique) de la revue :
Dr Martial Matoumba,
Dr Robert Edgard Ndong,
Dr Judicaël Etsila.

© Labarcgabon Editions,

Décembre 2020

ISSN : 2303-9132

ISBN : 978-2-9602667-0-2

Publication annuelle   ISSN: 2303-9132

Chargé de Recherche, CAMES, CENAREST.
Yoporeka Somet,
Académie de Nancy-Metz.

Contact

HISTARC
(Revue Gabonaise d'Histoire et
Archéologie)
IRSH/Libreville – Gabon
histarc.irsh@gmail.com
Campus de l'université Omar
Bongo
Bâtiment de l'IRSH

Sommaire

Eau et symbolisme chez les peuples des Grassfields du Cameroun : un paradigme ⌂𓅿⊗ kemet[1]

Eveline Ayafor APISAY,
Ph.D en égyptologie
Chargée de cours
Université de Yaoundé I (Cameroun)
apisayaf@yahoo.fr

Résumé

L'eau est une substance qui sous-tend la vie. Elle intervient assez souvent dans la majorité des rites africains. Dans les sociétés des *Grassfields*, certains cours d'eau ont reçu une notoriété sacrée assortie de nombreux récits mythiques qui justifient le comportement de l'homme vis-à-vis des points d'eau sacrés. Cet article scrute la symbolique de l'eau dans les *Grassfields,* en l'occurrence chez les Bamiléké de l'Ouest Cameroun et les peuples de la Région de Bamenda dans le Nord-Ouest. Ceci, en faisant un parallélisme avec Kemet. Le texte met en relief non seulement leurs conceptions communes de la symbolique de l'eau, mais il montre aussi, à travers les *Grassfields*, le lien d'unité entre les peuples d'Afrique noire. L'étude s'appuie sur les croyances des peuples Kemet de l'Ancien au Nouvel Empire et les *Grassfields* de la période postcoloniale dont la culture a survécu à l'acculturation imposée par la colonisation.

Mots-clés : eau - symbolisme - *Grassfields* - Cameroun - paradigme - Kemet.

Water and symbolism among the people of the Grassfields of Cameroon: a ⌂𓅿⊗ kemet paradigm

Abstract

Water is a substance that underlies life. This is why it intervenes enough in the majority of African rites. In the Grassfields societies, some rivers have received a sacred notoriety accompanied by many mythical stories that justify the behaviour of man vis-à-vis the sacred water points. This article examines the symbolism of water in the Grassfields, among the Bamileke of West Cameroon and the peoples of the Bamenda Region in the Northwest. This, by parallelism with ancient Egypt. The text not only highlights their common conceptions of the symbolism of water, but also shows, through the Grassfields, the link of unity between the peoples of Black Africa. The study is based on the beliefs of the targeted people including the Kemet of the Old to the New Kingdom and the postcolonial Grassfields whose culture survived from the acculturation imposed by colonization.

Keywords: water - symbolism - Grassfields - Cameroon - paradigm - Kemet.

1.⌂𓅿⊗: *kmt* (Kemet ou Kamit) est le nom authentique de l'Égypte ancienne. Le terme vient de *Km* (*Kem*) qui signifie noir. Le féminin *Kmt* signifie la noire. *Kmt* écrit avec l'idéogramme ⊗ *niwt* (https://www.hierogl.ch/hiero/Signe:O49, consulté le 3 octobre 2020.) comme déterminatif est un toponyme. Dans ce cas, il désigne le pays noir. *Kmtyu (Kemetiou) est la forme plurielle.* Il signifie tout simplement les «Égyptiens. Pour Cheikh Anta Diop, les Égyptiens n'avaient qu'un terme pour se désigner eux-mêmes : 𓏤𓂝𓈖𓏥 = *kmt,* littéralement : les Nègres parce que c'est le terme le plus fort qui existe en langue pharaonique pour indiquer la noirceur (C. A. Diop, 1987, p.54).

Introduction

D'après Cheikh Anta Diop,

l'on ne saurait aujourd'hui comprendre les problèmes culturels africains sans se référer à la civilisation égyptienne [parce que] cette civilisation demeure pour l'Afrique ce que celle de la Grèce est à l'Europe (C. A. Diop, 1981, p. 15).

Ce qui traduit le rôle de la civilisation kemet dans la naissance et la compréhension des croyances de l'Afrique noire contemporaine. L'eau est un élément majeur dans les traditions négro-pharaoniques. À Kemet, chaque grand centre religieux a formulé une cosmogonie articulée autour de l'eau. À Iounou[1], selon le récit, c'est de l'Océan primordial nommé ⚏ : *nww*[2] *(nouou)* ou *(noun)* que vint au monde Atoum le démiurge. Il engendra par le principe de la transformation *hpr (kheper)* (Aboubacry Moussa Lam, 1997, p. 99), les couples divins à l'origine de l'humanité. Suivant la mythologie de Mn nfr, le Dieu ⚏ : *PtH*[3] *(Ptah)* est le principe actif issu des eaux du Noun et référencé comme étant le géniteur des dieux et de l'univers qu'il a créé par le verbe. Par contre, Khémenou, la ville des huit a mis en place le thème hermopolitain. ⚏ : *DHwtt4 (Djehouty)* ou *Thot* est le Dieu créateur majeur. Il a créé l'univers par l'entremise d'un œuf primordial. On comprend très vite pourquoi l'eau est sacralisée dans la majorité des sociétés africaines. C'est un thème récurrent dans les travaux des africanistes et égyptologues. Wallis Budge (1967) évoque les cosmogonies où l'eau est présentée comme la semence divine et le monde inférieur. Cheikh Anta Diop (1981) et Théophile Obenga (1990) en parlent également. Aboubacry Moussa Lam (1997, p. 55-73) a évoqué la question de l'Afrique noire autour de l'eau tandis que Jean Pierre Bamouan Boyala (1994, p. 50-67) étudie le rôle de l'eau dans les rites funéraires égyptiens. Marcel Griaule (1948) aborde la question

---

1. Ville située en Basse-Égypte que les Grecs ont appelée Héliopolis.
2. https://www.hierogl.ch/hiero/nnw, consulté le 3 octobre 2020.
3. https://www.hierogl.ch/hiero/ptH, consulté le 3 octobre 2020.
4. https://www.hierogl.ch/hiero/DHwty, consulté le 3 octobre 2020.

dans la cosmogonie dogon. Dominique Zahan (1970) présente les points d'eau comme les temples aquatiques. Dans le même registre, dans les sociétés d'Afrique noire contemporaine, de nombreux récits mythiques expliquent le comportement des hommes vis-à-vis de l'eau. D'où l'idée de symbole. La question qui se dégage de cette thématique est celle de savoir si à partir de la conception de l'eau par les Kemetiou, on peut établir un parallélisme avec les Grassfields du Cameroun? Autrement dit, quelle perception les peuples de Kemet et ceux des Grassfields se font-ils de l'élément eau? Notre objectif est de faire une analyse comparative de la symbolique de l'eau chez les Kemetiou anciens et les Grassfields de l'Afrique contemporaine. Ce qui nous permet d'établir la parenté historique entre ces deux peuples. Surtout que la relation entre Kemet et les peuples d'Afrique subsaharienne est établie depuis le Colloque du Caire de 1974. Il faut dire que, le symbole est l'expression d'une idée à travers un support visible. Le philosophe Jean Proulx soutient qu'il s'agit de ce qu'est un objet en dehors de son sens premier et lorsqu'on parle d'une symbolique de l'eau, il faut dévoiler son sens littéral et son sens figuré (J. Proulx, 1999, p. 9). Cet article prend en compte les sources égyptiennes de l'Ancien Empire (2200 av. J.-C. environ) jusqu'au Nouvel Empire, notamment, les Textes des Pyramides, Sarcophages et Livre des Morts. Nous avons consulté des sites égyptologiques spécialisés disponibles sur le réseau internet. Il s'agit spécialement du «Lexilogos» : *Dictionnaire ancien égyptien hiéroglyphique*[5]. Il a l'avantage de référencer des éléments linguistiques égyptiens-français selon *le dictionnaire* de Raymond Faulkner. Nos sources comprennent également des données de terrains (tradition orale) et de diverses autres contributions (ouvrages, articles, travaux académiques). Pour apporter les éléments de réponse à notre questionnement, nous choisissons d'abord de circonscrire le cadre de notre travail, puis définir l'élément eau et enfin dégager les représentations de celle-ci dans les deux sociétés que nous étudions.

---

5. https://www.lexilogos.com/hieroglyphes_dictionnaire.htm, dernière consultation, le 3 octobre 2020.

1. Cadre de travail

1.1. Le toponyme

Habituellement, on parle de toponyme lorsqu'on se réfère à un lieu. C'est dans les régions de l'Ouest et du Nord-Ouest du Cameroun qu'il faut localiser les peuples des Grassfields. La carte ci-après donne un aperçu de leur occupation géographique.

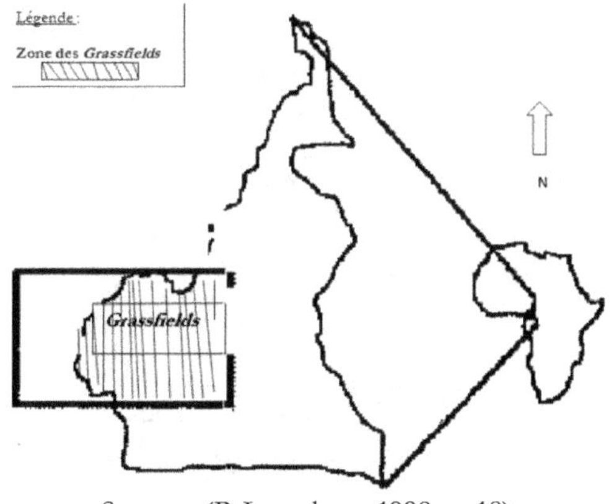

Source : (P. Lavachery, 1998, p. 18).

Fig. 1. Localisation des Grassfields au Cameroun

1.2. L'ethnonyme

Le terme *Grassfields* renvoie aux habitants des deux régions de l'Ouest et du Nord-Ouest du Cameroun. On parle généralement des *Grassfields* du versant occidental pour faire référence à ceux de la région de Bamenda dans me Nord-Ouest et des *Grassfields* du versant oriental pour évoquer les Bamiléké et les Bamoum à L'Ouest. Le vocable *Grassfields* est un mot anglais qui, d'après l'historien Efet Fomin, est lié à l'environnement. On attribue aux ethnologues anglais Cabery et Chilver cette expression employée pour décrire la savane herbeuse occupée par ces populations du Cameroun[6]. Cela, par opposition aux peuples de forêt ou des zones steppiques. Ces peuples sont encore

---

6. *Idem.*

connus sous le nom de *Grass land* ou hauts plateaux. Dieudonné Toukam affirme que, les autochtones des régions de l'Ouest et du Nord-Ouest ont une histoire, une culture et une racine linguistique communes (D. Toukam, 2010, p. 18). Cette affirmation est d'autant plus vraie que les linguistes classent leurs langues dans la même famille malgré la diversité des dialectes.

Source : (C. A.Diop, 1979, p. 226)

Fig. 2. Carte des migrations des peuples d'Afrique noire depuis le Nil

Les langues des *Grassfields* appartiennent bien au groupe (Bantu-*Grassfields*) et bien plus à la même famille (Bénoué-Congo) avec des dialectes inter-compréhensibles[7]. Selon Jean Pierre Warnier, ce sont des langues du groupe Mbam-Kam qui inclut toutes les langues bamiléké, bamoum et les langues ngemba de la région de Bamenda (J. P. Warnier, 1955, p. 14). Pour Théophile Obenga, ces langues s'apparentent à l'égyptien ancien (T. Obenga, 1985, p. 300). Cela se comprend si on se réfère à Cheikh Anta Diop pour qui, avant «l'assèchement du Sahara (-7000), l'humanité a d'abord vécu en grappes dans le bassin du Nil avant d'essaimer par pulsions successives vers l'intérieur du continent» (C. A. Diop, 1981, p. 202) comme en atteste la carte (fig. 2).

Les informations qui précèdent montrent la parenté historique entre les Grassfields et les Kemetiou. La culture l'explique davantage. Diop

---

7. E. Sadembouo, linguiste, 63 ans, Yaoundé le 20 mai 2019.

cite à ce sujet, Jeffrey qui a évoqué le cas des Bamoum de la région de l'Ouest dont le culte du roi dérive d'un culte analogue kemet. (A. Diop, 1979, p. 247). Cette clarification étant faite, il faut questionner le sens de l'eau chez ces peuples.

2. Définition et typologie de l'eau

Les chimistes et les physiciens affirment que loin d'être un simple élément liquide, l'eau est constituée de l'air et de l'hydrogène avec la potentialité de produire des charges électriques[8]. Mais, lorsqu'on entre dans les considérations religieuses, d'autres éléments doivent être pris en compte.

2.1. Définition et typologie

À Kemet, l'eau ⧻ se dit *mw (mou)*. Roger Lambert dans son Lexique hiéroglyphique assimile *mou* au flot et à l'eau primordiale (R. Lambert, 1925, p. 174). Dans son dictionnaire hiéroglyphique, Wallis Budge présente un ensemble de mots édifiant sur le sens de l'eau dans la pensée kemet. Les extraits de texte ci-après nous permettent d'apprécier le contenu.

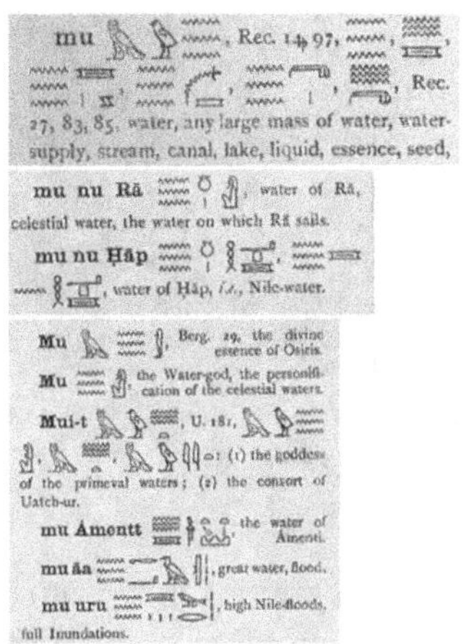

(E. A. Walis Budge, 1920, p. 293).

---

8. http:// www.larousse.fr/encylopedie/personnage/Cavendish/112218, consulté le 21 mai 2020.

Suivant ce lexique, le terme *mu (mou)* désigne non seulement l'eau, mais aussi les points d'eau comme les sources, les fleuves (Nil), rivières, lacs et canaux. Sur un autre angle, le corpus montre que *mu* fait également référence à l'eau divinisée personnifiant le dieu Hâpy. C'est aussi l'eau céleste. L'eau s'assimile aussi à l'Océean primordial. C'est du moins ce que montre cet extrait de texte de Roger Lambert (1925, p. 205) :

nw | ☰☰☰ | (☰) | l'eau primordiale, le nou

Pour Aboubacry Moussa Lam, c'est cette eau primordiale qui a donné naissance à toute forme de vie (A. Moussa Lam, 1997-1998, p. 59). Définissant l'une des fonctions de l'eau, Jean Proulx, note : « l'eau par son être même, évoque le cosmos. Elle réfléchit l'univers ; elle renvoie à cette totalité à laquelle elle appartient ; à sa manière, elle dévoile certains traits de l'essence du cosmos. En un mot, l'eau est un symbole cosmique. » (J. Proulx, 1999, p. 30).

En fin de compte, l'eau n'est pas seulement l'élément liquide, mais aussi, la matrice créatrice de la vie et la demeure des dieux. Ce qui est clairement établi dans les cosmogonies. Marcel Griaule dans son entretien avec Ogotemmêli fait savoir que l'eau, chez les Dogon, est la semence divine qui s'associant à la terre a créé les génies ou *Nommos*, géniteurs des ancêtres. Comme il l'explique, son interlocuteur Ogotemmêli « employait indifféremment les termes « eau » et « Nommo ». Si ce n'est grâce au Nommo disait-il, on ne pouvait même pas créer la terre, car la terre fut pétrie et c'est par l'eau (Nommo) qu'elle reçut la vie » (M. Griaule, 1948, p. 19-27).

Chez les peuples des *Grassfields*, le concept pour désigner l'eau est le même dans les différents dialectes. Jean Paul Notue explique cela par le fait que :

dans tout le Grassland, les institutions et croyances de base sont fonda-mentalement analogues, en tout cas, tout à fait homogènes malgré les différences linguistiques. Les mêmes choses peuvent d'ailleurs être exprimées dans des langues différentes (J. P. Notue, 1988, p. 130).

Dans la langue *fe'fe* du Haut-Nkam on dit *[nfǯ]*, le *ghɔmala'a* dans le Grand Mifi parle de *[ʃʃɔ̀]* les *Ngemba* du Nord-Ouest emploient ŋkí (E. Apisay Ayafor, 2014, p. 56). Ces termes ne définissent pas seulement l'eau en tant qu'élément liquide, mais qualifient aussi tous les points d'eau notamment, les fleuves, les rivières, les lacs, les mares. Ce qui montre que, pour ces peuples, la notion d'eau s'étend aussi aux cours d'eau. Il faut noter que les différentes appellations de l'eau dans la plupart des langues des *Grassfields* s'apparentent à *Shi,* mot égyptien désignant : «l'étendue d'eau, pièce d'eau, étang, bassin, lac» (G. Biyogo, 2012, p. 447). On le note dans cet extrait de texte de Roger Lambert (1925, p. 360) :

D'après Dominique Zahan, les points d'eau sont partout en Afrique noire des temples religieux ou aquatiques. Il déclare à ce sujet : «Sources, rivières, fleuves, lacs et mares constituent les grands temples aquatiques de la religion noire.» (D. Zahan, 1970, p. 38). Ce qui révèle le caractère sacré des cours d'eau. Nzoukou note que les Yemba dans l'ouest du Cameroun donnent à ces espaces «des noms qui leur rappellent les circonstances dans lesquelles la divinité ou Dieu s'est manifestée» (Nzoukou, 2001, p. 68). Ceci étant, nous traitons de l'eau dans les récits cosmogoniques.

2.2. L'eau dans les récits cosmogoniques et mythiques

Fernand Schwarz écrivait : « Toute étude de la géographie sacrée d'une société doit se référer au mythe cosmogonique fondateur [parce que...], les mythes cosmogoniques racontent comment les choses sont passées d'un état virtuel à la réalité actuelle.»(F. Schwarz, 1998, p. 36-37). La cosmogonie est la théorie de la formation du monde. En d'autres termes, elle est l'ensemble des arguments avancés par une société ou un peuple donné pour justifier l'origine de la vie et de l'environnement immédiat de l'homme. Il faut souligner qu'à la différence de Kemet où l'on retrouve des récits cosmogoniques bien élaborés, les régions de l'Ouest et du Nord-Ouest ne mettent pas en branle des récits bien structurés qui peuvent permettre une compréhension parfaite du rôle de l'eau dans le mécanisme de la création. En revanche, certains concepts ou mythes élaborés dans d'autres circonstances peuvent faire ressortir les non-dits. Il existe dans la région des *Grassfields* différents récits qui mettent en relief l'eau comme socle de la vie. Cependant, dans l'impossibilité de les analyser tous, on se propose ici de prendre quelques exemples chez certains peuples de l'Ouest et du Nord-Ouest.

2.2.1. Un récit bangwa des Bamiléké de l'Ouest Cameroun

Il faut dire toute la difficulté qu'il y a à regrouper les informations sur les récits cosmogoniques des peuples des *Grassfields*. Cette contrainte nous oblige à nous focaliser sur quelques bribes d'auteurs qui évoquent plus ou moins la notion de vie. Tel en est le cas avec ce récit de Charles-Henri Pradelle de Latour Dejean collecté chez les Bangwa. Il rapporte :

> Les Bangwa pensaient autrefois que les enfants à naître vivaient dans les marigots sous forme de crapaud, ou de lombric noir quand ils étaient futurs fils de chef […] les anciens racontent que ces créatures sortaient de l'eau la nuit et allaient deux par deux, suivant les chemins, visiter les cases d'habitation. Lorsqu'ils rencontraient un homme ou une femme qui s'entendait bien et communiquait la paix autour d'eux, ils entraient ensemble dans la case, mais un seul y pénétrait lorsque le couple n'avait pas ces qualités exceptionnelles. Neuf mois après, la femme ainsi visitée mettait au monde dans le premier cas, des jumeaux signe de paix et de prospérité et dans le second cas, un enfant unique […] Avant de naître, les enfants vivaient sous forme de double dans l'eau des rivières qui est par excellence le lieu d'origine de la vie. (C-H. P. De Latour Dejean, 1979, p. 237).

Ce petit récit met en relief le lien entre l'eau et la vie chez les Bangwa. De ce récit également, on note que la pensée mythique des Bangwa fait sortir la semence de vie de l'eau. C'est du moins ce qui est exprimé à travers la métaphore des crapauds. Des batraciens qui vont visiter des femmes pour enfin s'introduire dans leurs corps et attendre la délivrance.

2.2.2. Les récits Ngemba dans le Bamenda *Grassfields*

Les peuples ngemba dans le Bamenda *Grassfields* ont élaboré des mythes et légendes qui attribuent à l'eau un rôle fondamental dans la mise en place des éléments du cosmos. Suivant le récit, il se trouvait à *Tad* une grande forêt où personne ne vivait, appelée *Teghe-ben*. Cette forêt contenait une cave pleine d'eau. De celle-ci, sortirent deux personnes : Ta-Mbeka l'homme et Akoumeka la femme. Les deux vécurent en solitaire de longues années dans la forêt, grandissant ensemble et pour finir, s'unirent. D'après Tenoh, de cette union naquit une première progéniture constituée entre autres de : Njei-Agho, Njo-Dang, Mbeh, Gwachere, Damunuk, Anofei qui constituent la première lignée et forment la communauté primaire de cette mythologie. (L. Tenoh, 2008, p. 5). Vivant dans la forêt, cette communauté se multiplia par nombre d'enfants qui eux aussi, agrandirent la famille. Devenue assez nombreuse, la population déborda la forêt et le besoin d'aller à la conquête de nouvelles terres s'imposa. Ils quittèrent la forêt puis constituèrent des villages aux abords. L'informateur Simon Njei[9] qui rapporte cette histoire pense que c'est cette population devenue très nombreuse qui se dispersa dans la région du Nord-Ouest pour constituer les clans que nous connaissons aujourd'hui.

Différents auteurs se sont aussi exprimés sur ce mythe ngemba. Leurs contributions valident les informations collectées sur le terrain. À titre d'exemple, Verkijika Fanso déclare :

> It was at tadkon that the mythical ancestor of the dynasties, Mbeka emerged from the earth. Mbeka then transformed into a river-guardian spirit and then into a man. His descendants founded the villages which like Batibo claim Tadkon origin [...]. Somme of the Tadkon fondoms in the grasslands are the Ngemba villages, Ngie, Ngwo (F. Verkijika, 1989, p. 54).

---

9. S. Njei, Batibo, 28 septembre 2012, secrétaire général du palais royal, 62 ans.

À la suite de ces contributions, il faut s'interroger sur ce que peuvent suggérer ces récits. C'est ce à quoi va s'atteler la prochaine articulation de cette contribution.

2.2.3. L'interprétation des faits présentés dans les différents récits

Le récit évoqué chez les Bangwa témoigne de ce que, l'eau est un élément générateur de vie. Elle contient en conséquence la semence de celle-ci. Et pour rendre visible cette information, le récit fait ressortir de l'eau la semence de vie qui prospère dans un support. La notion de couple évoquée peint l'image du principe mâle et femelle sans lequel, la vie n'est pas possible. Tout se déroule dans un environnement qui mêle d'autres éléments de la nature comme la faune et la flore. Fouellefack Kana a d'ailleurs relevé qu'il s'agit ici d'une caractéristique propre à tous les peuples africains :

> Dans la tradition africaine, en effet, un lien indissociable unit l'homme à l'ensemble de tout ce qui existe dans l'univers. L'Africain entretient une relation de symbiose avec son environnement. Le transcendant, les ancêtres, les esprits, bref avec tout l'univers matériel et immatériel. La même chaîne qui unissait l'arbre à la pierre unit les hommes à Dieu. Pour lui, il n'y a ni non-sens ni sous-sens dans l'univers. Tout a un sens qu'il faut découvrir et qui doit lui servir de boussole dans ses relations avec l'Un et le multiple. (Fouellefack Kana, 2005, p. 77).

Le récit ngemba suggéré ici vient encore renforcer cette idée. Il fait également de l'eau, l'élément essentiel de la vie. Ce mythe présente l'eau comme le liquide primordial qui génère les deux principes indispensables à la perpétuation de la vie notamment, un couple des humains : Mbeka et Akoumeka. Sion s'en tient à cette conception, pour les peuples ngemba, la vie commence lorsque l'eau, l'unique source de départ, libère l'énergie créatrice de la première lignée des hommes dont la continuité est assurée et perpétuée par les enfants issus de la source primaire. Ces éléments rappellent les faits de la cosmogonie d'Iounou qui fait sortir de l'Océan primordial la semence créatrice.

Atoum le démiurge est au commencement du processus. Il a engendré par le principe de la transformation le premier couple divin Shou (air) et Tefnout (humidité). Ceux-ci à leur tour ont engendré Geb (terre) et Nout (ciel). De cette lignée sont nés un couple stérile (Nephtys et Seth) et un couple fécond (Osiris et Isis), parents d'Horus, considéré comme étant l'ancêtre du souverain (G. Posener, 1998, p. 68).

Nous pouvons aussi pallier certains non-dits de l'acte créateur chez certains peuples des *Grassfields* à travers les concepts ngemba d'*alie-Se* et de celui de *Nkyi Bekalə*. *Alie-Se* dans la langue ngemba se traduit par : «la place de Dieu». *Si/Se* la terre, est le nom du Dieu universel (E. Mveng, 1963, p. 228). *Alie-Se* est un nom générique que les Ngemba de Bamenda donnent à tous les points d'eau sacrée de la région. Ils indiquent alors que Dieu réside dans l'eau. Cela suggère qu'à l'origine, c'est dans l'élément eau que *Si/Se* s'est manifesté. Le fait que tous les peuples des *Grassfields* distinguent le créateur *Si/Se* des autres divinités atteste qu'ils ont une notion du Dieu créateur universel, acteur de toutes les formes de vie. *Nkyi Bekalə* est le nom d'un point d'eau à Njong dans la Région du Nord-Ouest (fig. 3.1). Ce nom est rendu en français par l'expression «eau des calebasses».

L'histoire du peuple njong rapporte que *Nkyi Bekalə* est une eau à l'origine divinisée et nommée *alie-Se* : «la place de Dieu». Son eau fut destinée uniquement au souverain *Fo* et recueillie seulement dans des calebasses spéciales appelées *Nkalə*. Le concept de l'eau contenue dans les calebasses vient réitérer l'idée selon laquelle la vie pour les peuples des *Grassfields* a pris corps dans l'eau. Le témoignage de Akor Bilema confirme cette information : «*In the case of Akum and Awing, traditional myth hold that their forefathers came with the water of the lake in a calabash and the lake was the resting place of the ancestors*» (M. Akor Bilema, 2007, p. 73). L'évocation de la calebasse à ce niveau nous amène à dire avec Tchoubé Sadeu que : «la calebasse est un vase dans lequel on recueille l'eau, source de vie. Ces vases traduisent la réunion des vies de l'ensemble du peuple bamegoum» (Sadeu Tchoube, 2009, p. 54). C'est donc dire que la calebasse toute entière symbolise la vie dans sa globalité. Ce qui revient à dire que le concept «d'eau des calebasses» que nous avons suggéré ou encore l'évocation de la calebasse apparaît ici comme une métaphore de l'œuf primordial considéré par la mythologie kemet comme le socle de la vie. D'après G. Posener (1998, p. 68) :

> dans l'esprit des gens d'Hermopolis, [la] butte initiale jaillie des ondes reçut-elle, comme présent du dieu créateur (en l'occurrence : Thot) un œuf mystérieux, le premier œuf que le monde ait connu : un jour la coquille s'ouvrit et d'elle jaillit le jeune soleil, qui aussitôt s'élança à l'assaut du ciel.

L'eau fait donc allusion à des symboles forts. Cette observation conduit à la réflexion qui va meubler la prochaine articulation de cette analyse, à savoir, la symbolique des points d'eau sacrés à Kemet et dans les Grassfields.

3. La symbolique des points d'eau sacrés à Kemet et dans les *Grassfields*

Il est question dans cette articulation de dégager les représentations que les Grassfields et Kemetiou ont des points d'eaux sacrés.

3.1. Eau sacrée et symbolisme

Séverin Cécile Abéga spécifie que chez la plupart des peuples du Cameroun, l'eau n'est pas que ce que nous démontrent les chimistes : un mélange d'oxygène et d'hydrogène. Elle est une caractérisation scientifique qui étonnerait sûrement ces peuples peu habitués à considérer ce liquide comme issu de deux gaz parce qu'à leurs yeux, même si le fleuve ou le ruisseau charrie bien la même substance, il faudrait se garder de toute confusion (S. C. Abéga, 1992, p. 11). Au Cameroun, les peuples de l'Ouest et du Nord-Ouest qualifient à l'instar des Kemetiou, certains points d'eau d'immanence d'eau primordiale. Il s'agit pour la plupart, d'un lieu divinisé, d'où les concepts d'*alie-Se* «la place de Dieu» et *Shenetjeri*; «Bassin d'eau divin» (M. Bunson, 2002, p. 350) chez les Kemetiou. Ces désignations laissent penser que, dans leur vision du monde, il y a des points d'eau où dieu s'est manifesté. Cela suppose avec G. Posener que leurs existences rappellent ici les eaux dormantes des lacs qui continuent d'entretenir les forces en attente,

Source: clichés de l'auteur ; http://09.img.v4.skyrock.net/090/aledine/pics/436629827_small.jpg ; https://upload.wikimedia.org/wikipedia/commons/thumb/2/23/Lac_Baleng_-_2.jpg/260px-Lac_Baleng_-_2.jpg ; http://ancienegypte.fr/karnak/karnak%20(1014).JPG.

Légende :
1. Nkyi Bekalə : une eau sacrée dite « eau des calebasses » à Ndjong.
2. Lac Awing dans le Bamenda grassfields
3. Le lac Baleng dans la Mifi, Région de l'Ouest Cameroun .
4. Tabefo dans un coin d'eau sacré indiqué comme l'habitat de son père décédé.
5. Lac sacré d'Amon
6. Vase sacré de purification en pays alateneng. Ce vase sacré en pierre d'après le Fo provient des rochés qui abrite les eaux sacrées du Kwefor.

Fig. 3. Eaux sacrées du Grassfields

d'où chaque matin la création doit une nouvelle fois jaillir (G. Posener, 1998, p. 145). Cette assertion montre qu'il s'agit là de la matérialisation de la source première. Dans tous les villages de l'Ouest et du Nord-Ouest, il existe divers points d'eau sacralisés qui ont cette fonction. Nous en évoquons ici quelques-uns.

Le lac Awing (fig. 3.2) est un lac de cratère[10] qui fait partie des sites touristiques du Cameroun. D'après Fri, seulement quelques endroits de ce lac sont ouverts au public parce qu'il est le lieu le plus sacré de la Région du Nord-Ouest [11].

Comme le lac Awing, le lac Baleng (fig. 3.3) est aussi un lieu sacré. Pour Roland Tsapi, il est transformé depuis l'aube des temps en un lieu d'adoration des ancêtres pour tous les natifs de la région (R. Tsapi, 2005, p. 9). Il s'agit donc d'un lieu de recueillement des riverains, dignitaires et hauts dignitaires. Ce lac accueille aussi les peuples des villages environnants pour des rites divers adressés aux divinités de l'eau. Ce qui laisse penser avec Anne Stamm qu'en Afrique, les génies de l'eau cohabitent avec les hommes à certaines périodes (A. Stamm, 1995, p, 13). Par conséquent, il ne fait aucun doute qu'en Afrique, l'eau est l'élément qui donne un sens fondamental à la vie et à la mort. Le constat que nous faisons est que, dans la pensée religieuse des peuples étudiés, l'eau est la destinée des morts et elle représente pour eux le lieu où vivent les morts divinisés que les Ngemba nomment *Peku-pe-Se* (les morts de dieu). (E. A. Apisay, 2014, p. 273). Évoquant le cas des eaux du lac Awing, Fri écrit : «*Myths have it that the water travels at night and anyone passing by it at a certain hour in the night will see lighted houses in the place of the water. These houses are reputed to be the residence of the ancestral spirits*». Une conception liée à l'eau que les *Grassfields* ont en commun avec les Kemetiou. Adolf Erman et Hermann Ranke (1976, p. 343-344) affirment que c'est dans l'eau que le corps du dieu Osiris fut jeté après son assassinat par son frère Seth. Le notable Tabefo (fig.

---

10. Lacs nés de la déformation des sols et de l'accumulation des eaux dans les bassins sédimentaires.

11. A. Fri «The Mysteries of the Lakes, Cameroon», http://fortheinterim.com/cameroonlakes, consulté le 22 juin. 2013.

3.4), un de nos principaux informateurs interrogés lors de la réalisation de notre thèse de Doctorat nous fait la révélation suivante :

> On a enterré mon père dans sa maison, mais c'est ici (il s'arrête devant un point d'eau) qu'il vit. C'est en rêve que mon père est venu me chercher pour me conduire vers cette eau. Nous avons fait chemin ensemble et il s'est arrêté net à cet endroit puis il a disparu. J'ai donc compris qu'il me promenait dans sa maison. Après mon rêve, j'ai expliqué les faits à mes oncles et frères qui ont aussitôt fait des sacrifices en ce lieu. Et depuis ce jour, il reste la demeure, la place où mon père réside. Tous les deuxièmes dimanches du mois de décembre avant midi (parce que, à midi, il n'est plus là, mais en balade) toute la famille vient ici pour communier avec lui. Mais si quelqu'un est malade, je peux l'amener ici afin que papa le soigne…[12]

Nous avons là un témoignage qui confirme que chez ces peuples, l'eau est le village des morts. Il faut observer que cette façon de penser n'est pas la spécificité des peuples des *Grassfields*. Il s'agit là d'un phénomène négro-pharaonique qui est commun à tous les peuples d'Afrique noire. Le Poète sénégalais Birago Diop affirme dans son poème «Souffle» que : «[…] ceux qui sont morts ne sont jamais partis [parce qu'ils] sont dans l'eau qui coule [et] dans l'eau qui dort».[13]
Au sujet de l'eau et de la mort, la plupart des traditions africaines mettent en relief l'existence d'un cours d'eau que le mort est contraint de traverser pour rejoindre l'univers des morts ou «le village des morts». C'est le cas des Bassa et des Béti du Cameroun. Mbonji Edjenguèlè écrit : «Les Bassa du Cameroun disent du village des morts qu'il est divisé en deux régions séparées par la rivière *Hitanda* […] Les Béti séparent également leur monde
de celui des morts par une rivière *Endama* [*ou Yom…*]» (Mbonji Edjenguèlè, 2006, p. 54-55). Marcel Ngbwa Oyono note lui aussi que chez les Fong du Cameroun, le début du royaume des ancêtres se situe sur l'une des rives du fleuve Yom. (M. Ngbwa Oyono, 2013, p. 48).

---

12. Tabefo, Njong le 2 avril 2019, notable, 48 ans.
13. Anonyme : www.francopolis.net.fr/BIRAGO%20Diop.htm, consulté le 22 avril 2010.

Il apparaît à l'évidence que dans la pensée religieuse des peuples négro-pharaoniques, l'eau est en étroite connexion avec le monde des morts. Elle représente dans une certaine mesure une parcelle de l'univers des morts et dans d'autres cas, cet univers dans sa globalité. Mais dans ce contexte, les morts injustes ne sont pas autorisés à y séjourner. Seuls les morts justifiés, les ancêtres ou divinités y accèdent parce qu'ils sont des êtres purs.

Au vu de ce qui précède, nous pouvons dire que les *Grassfields* associent l'eau à la vie *post-mortem*. Il s'agit là d'une conception de l'eau qui constitue une fois de plus la preuve que dans la pensée négro-africaine, la vie est dans l'eau. Cette conception est identique à celle de kemet. Cet argument est soutenu par Théophile Obenga qui écrit :

> Saisie totale et originaire du monde, la pensée négro-africaine, depuis l'Égypte des Pharaons, en partant de l'existence d'une eau initiale, le *Noun*, le *Tano*, le *Nommo*, «père des dieux»*('itntrw*, dit le texte égyptien), s'explique par l'environnement : l'eau des sources et celle des *pluies*, l'eau des *mers* et des *lacs*, l'eau des grands *fleuves*, sont autant d'affleurements d'eau cosmique, ainsi établie dans le réel, généreuse, pour «ensemencer», donner leur force et leur âme à toute chose. (T. Obenga, 1985, p. 41).

Suite à l'information qui précède, on peut dire que, les lacs et autres points d'eau sacrés sont pour ces peuples, des espaces divinisés pensés comme immanence de l'eau primordiale. De ce point de vue, Marie-Ange Bonhême affirme : «Le lac sacré, situé à proximité et en léger contrebas des temples dans l'aire enclose par les murs d'enceinte, revêt assurément une valeur de rappel cosmogonique. Au début était l'eau, réceptacle inerte grouillant d'éléments indifférenciés et source de toute vie.» (M-A Bonhême, 1995, p. 130). Pour matérialiser l'eau primordiale, les Kemetiou ont construit de nombreux lacs sacrés dans les temples, symbole de l'incarnation divine. À titre d'exemple, on peut citer le lac sacré d'Amon (fig. 3.5).

Tout compte fait, il apparaît que le mythe, la cosmogonie et la conception de l'eau des *Grassfields* ont des affinités avec Kemet. Ce fait est en conformité avec le constat fait par Cheikh Anta Diop pour qui : «les cosmogonies nègres, africaines et égyptiennes sont si proches les unes des autres qu'elles se complètent fréquemment.» (C. A. Diop, 1979, p. 221). Cette affinité peut encore s'observer à travers l'usage de l'eau dans la pratique des rituels.

3.2. Eaux sacrées et pratiques rituelles

Il faut dire d'entrée que l'eau en tant qu'élément liquide est un agent purificateur. Issa Schewaller De Lubicz explique que : «La purification est représentée comme la dissolution des éléments d'opposition qui empêche de réaliser la *maât*» (I. S. De Lubicz, 1956, p. 491). *Maât* étant ici le principe du Bien, on comprend que, le rite de purification a pour vocation, la neutralisation des forces négatives qui affaiblissent l'être humain. La purification à travers l'eau permet de débarrasser l'homme de toute souillure pouvant compromettre sa relation avec dieu. Le rituel de purification à Kemet et dans les *Grassfields* donne lieu à des bains rituels, des ablutions d'eau et autres. Ce rituel touche dans son immense majorité, les membres du clergé et le souverain considéré lui-même comme le premier des officiants. Sur ce point de vue, Marie-Ange Bonhême affirme que : «Parfois, enfin les lacs sacrés sont le lieu de purification des prêtres avant leur entrée dans le temple.» (M-A Bonhême, 1995, p. 131). Autrement dit, pour toucher ou manipuler les objets sacrés, il faut être en état de pureté parfaite. Cette exigence est aussi une loi chez les peuples des *Grassfields*. À ce sujet, le *Fo*[14] (souverain) du village alateneng dans le Nord-Ouest rapporte qu'au début de son règne en 1947, quelques-unes de ses épouses officiaient comme prêtresses des sites sacrés. Cette fonction les obligeait à se purifier avant de prendre part aux différents sacrifices faits sur les temples aquatiques, les arbres et monolithes sacrés. Il en était également ainsi lorsqu'elles devaient aussi cuisiner pour le souverain. Pour se purifier, celles-ci avaient à l'enceinte du palais royal, un vase sacré destiné à cet effet (fig. 3.6).

Ce qui précède montre que, aussi bien pour Kemet que pour les *Grassfields*, l'eau participe à la pureté de l'homme. Cheikh Anta Diop explique qu'étant donné que le roi est le représentant de Dieu sur

---

14. Sufor II Alateneng, avril 2012, souverain, 88 ans.

terre, ses «[…] servants ne peuvent l'approcher qu'exempts de toutes souillures physiques, aussi doivent-ils, deux fois la journée et deux fois la nuit, faire leurs ablutions […] au bord du lac sacré qui dans chaque temple symbolise l'eau primordiale

du *noun* d'où sortit la création» (C.A Diop, 1981, p. 420). Les prêtres et prêtresses étant donc en contact permanent avec les dieux à travers divers rites, doivent s'assurer par leur clarté, de ne pas effleurer les choses de nature à contaminer les dieux. Le respect de cette exigence est fondamental pour l'harmonie et l'équilibre de l'univers.

Si on s'en tient à Marie-Ange Bonhême : «Les rites liés à l'eau, voire le rôle de l'eau dans l'exercice cultuel, sont très variés.» (M.-A. Bonhême, 1995, p. 134). L'eau joue aussi un rôle fondamental dans les rites funéraires. Au-delà du bain mortuaire administré au mort, l'eau est pour le mort, une boisson essentielle qui participe à sa régénérescence. C'est pour cette raison que Bonhême affirme que : «Dans le rite funéraire de la libation, l'accent est mis sur l'eau en tant que boisson, procurant la satiété rafraîchissante au défunt dans l'au-delà, et donc sur la capacité de renouvellement de l'énergie du mort dans l'éternité.» (M-A Bonhême, 1995, p. 134). Jean Pierre Bamouan Boyala ajoute même que la libation apaise, étanche la soif du mort et renouvelle son énergie parce que, si la libation rituelle n'est pas faite par les ascendants et les descendants du mort, il peut souffrir de soif. (J. P. Bamouan Boyala, 1994, p. 55). La libation qui est l'action de répandre une substance liquide en l'honneur des morts est avant tout, une autre façon de «nourrir» les morts et les dieux. C'est aussi le moyen par lequel l'homme établit une communion parfaite avec le monde des divinités tout en espérant leur protection. Cette philosophie de l'eau est bien respectée chez les *Grassfields*.

En effet, chez ces peuples, l'eau tout comme le vin de raphia font partie des éléments constitutifs des rites de libation. Cette eau rituelle est conservée dans des calebasses destinées à cette fin. Les Ngemba du Nord-Ouest parlent de *Nguebpeku* (le vase des morts). Le liquide qu'il contient est alors versé sur l'autel funéraire de la famille ou dans les grands sanctuaires de la communauté en signe de libation. Le geste est toujours accompagné des paroles liturgiques en direction des morts. Selon Louis Perrois et Jean Paul Notue, il en est ainsi parce que : «Chez les Bamiléké, on admet que les défunts peuvent agir sur le monde des vivants.» (L. Perrois et J. P. Notue, 1997, p. 77). Dans l'Ouest Cameroun et particulièrement à ndum, Mbonji Edjenguèlè a interrogé une prêtresse du culte du crâne qui affirme :

> Avant de déposer les miettes sur le crâne de ma grand-mère, j'ai d'abord goûté moi-même et par la suite éparpillé le reste partout dans la case sacrée […] À la fin de cette distribution […] ai-je pris de l'eau potable et en ai versé sur le crane parce qu'il s'agit d'une femme : «quand on mange, il faut boire, je t'apporte de l'eau à boire, tu en donneras également à ceux qui sont avec toi». Il faut savoir que si le crâne est femelle, il boit de l'eau ; et s'il est mâle, il boit du vin de raphia. (Mbonji Edjenguèlè, 2006, p. 93-94).

Ce qui précède montre que l'eau est un liquide qui accompagne les repas du mort. Par ricochet, il est difficile pour lui de s'en priver au risque de mourir de soif. On voit même avec le Livre second des respirations que le mort en demande : «O Hâpy, l'ancien, puis-je boire à satiété l'eau de ton courant! […] Fais que je puisse disposer de ces tiennes eaux fraîches et abondantes, sous forme de libation agréable.» (J. P. Bamouan Boyala, 1994, p. 55).

Loin de constituer une substance nutritive pour le mort, l'eau participe aussi à la fécondité agraire et à la fertilité humaine. Les peuples de Kemet ont d'ailleurs assimilé l'eau (le Nil) au dieu Hâpy et son iconographie le présente comme un être androgyne pour illustrer ce concept. Hâpy assure la fertilité agraire et la fécondité humaine. Il est connu comme étant le Nil divinisé et subséquemment, il matérialise les eaux du Nil. C'est pourquoi tous ses noms sont reliés au Nil comme en attestent ces fragments de texte issus du *Dictionnaire* de Wallis Budge :

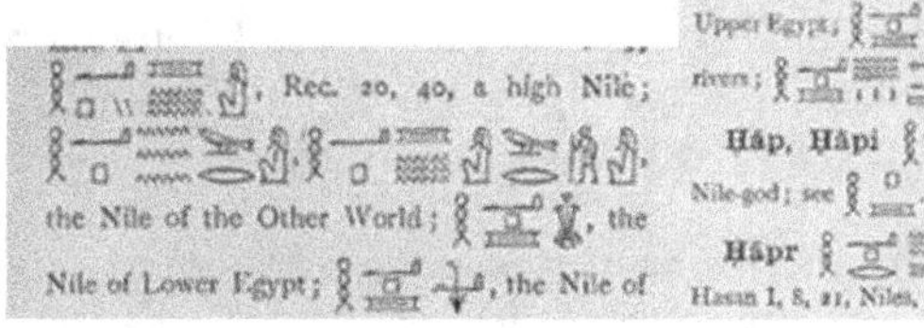

(Walis Budge, 1920, p. 467).

De ce petit lexique, on note que Hâpy est le dieu Nil, la grande eau, il représente le Nil inférieur et le Haut Nil. D'après Marie-Ange Bonhême :

> En ces lieux et en d'autres endroits comme le Gebel Silsileh, le roi jetait deux fois l'an […] au fleuve, des pains et des boissons […], des statuettes féminines aussi pour stimuler et maintenir l'apparition du flot assimilée à une copulation allégorique (M-A Bonhême, 1995, p. 136).

Ce qui voudrait tout simplement dire qu'il y a un lien important entre l'eau et la fécondité. Sur ce point de vue, Louis Perrois et Jean Paul Notue ont interrogé le *Fo* de Baloum dans la Menoua qui rapporte :

> pendant les fin d'année, le *Fo* et ses collaborateurs sillonnent le village avec une calebasse pleine d'eau et verse le contenu à terre pour qu'elle coule jusqu'à atteindre un niveau ou une petite rivière […] (L. Perrois et J. P. Notue, 1997, p. 77).

Il s'agit là d'un message fort envoyé aux divinités pour leur demander de créer des conditions atmosphériques favorables à la production agricole. Pour davantage expliquer le lien entre l'eau et la fécondité, Charles-Henri Pradelle de Latour Dejean fait comprendre qu'en pays Bangwa, «on dit d'un jeune homme qui a engrossé une fille» «puisque tu as versé l'eau, bois-la» c'est-à-dire marie-toi. Quand une femme fait une fausse couche, on dit à son mari : «tu t'es débarrassé de l'eau, mais tu as gardé la calebasse.» (C-H.P. De Latour Dejean, 1979, p. 238). Pour souhaiter la protection divine et un accompagnement dans les activités agricoles, les *Grassfield*s font des rites dans les points d'eau sacrés. Louis Perrois et Jean Paul Notue notent que chez ces peuples :

> Pour prouver sa puissance, les hommes en exhibent leur sexe dressé, pour les femmes en agitant les seins. À cette occasion, le *Fo* peut alors répandre une poudre magique sortie de son grand sac sur les femmes présentes. Celles qui sont stériles doivent alors concevoir dès leur premier rapport avec un homme (L. Perrois et J. P. Notue, 1997, p. 72).

Il faut signaler que, l'attitude des hommes ici décrite vient nous rappeler les caractères du dieu *Min* ; dieu ithyphallique dont le pénis en érection symbolise la fertilité et la fécondité. (A. Mole fiKete, 2009, p. 424.) À travers ces rites de fertilité et de fécondité réalisés aux abords des cours d'eau, les dieux assurent une abondance agricole et une prospérité démographique.

Conclusion

Aussi bien à Kemet que chez les *Grassfields*, l'eau intervient dans les récits cosmogoniques comme étant la matrice primordiale. Elle est la semence de la vie. Quelques récits évoqués çà et là font sortir la vie de l'eau. L'eau est aussi une boisson énergisante pour le mort. Les sociétés étudiées s'accordent aussi sur le fait que certains espaces aquatiques sont des points de jonction entre le monde des morts et celui des vivants. C'est dans le souci de maintenir cette relation première que la société a sacralisé quelques cours d'eau en y faisant différents rituels comme le rite de la fertilité agraire et de la fécondité humaine.

Sources et bibliographie

Sources orales

Noms et prénoms	Numéro d'ordre	Date et lieu de l'entretien	Statut social	Âge
Efe Fomin Tephen	1	Yaoundé, 30 mars 2019	historien	64 ans
Sadembouo Etienne	2	Yaoundé, 20 mai 2019	linguiste	63 ans
Asaahaa II	3	Njong , 2 avril 2019	souverain	65 ans
Tabefo	4	Njong , 2 avril 2019	notable	48 ans
Sufor II	5	Alateneng, 5 avril 2012	souverain	88 ans
Njei Simon	6	Batibo, 28 septembre 2012	secrétaire général du palais royal	62 ans

Bibliographie

ABOUBACRY MOUSSA Lam, 1998, « Égypte ancienne et Afrique noire autour de l'eau», *ANKH, Revue d'égyptologie et des civilisations africaines, n° 6/7*, p. 55-73.

APISAY AYAFOR Eveline, 2014, *L'eau, la vie et la mort dans l'univers égypto-africain : le cas des conceptions kemet et haut-ngemba dans le Nord-Ouest du Cameroun*, Thèse de Doctorat Ph/D en égyptologie, Université de Yaoundé I.

BIYOGO Grégoire, 2012, *Dictionnaire comparé égyptien/Fang-Beti. De la coappartenance Kémit-Ekang : L'Égypte et l'Afrique en quête d'éternité*, Paris, Imhotep.

BOYALA BAMOUAN Jean Pierre, 1994, «L'eau dans les rites funéraires égyptiens de l'époque tardive», *ANKH, Revue d'égyptologie et des civilisations africaines*, 3, p. 50-67.

BUNSON, 2002 , *Encyclopedia of Ancient Egypt*, USA.

DE LATOUR DEJEAN Pradelle, 1979, «La symbolique des rites de naissance chez les Bangwa au Cameroun», *Enfance*, 32, 3-4, p. 237-240.

DE LUBICZ SCHEWALLER Issa, 1956, *Her-Bak : «Disciple» de la sagesse égyptienne*, Paris, Flammarion.

DIOP Cheikh Anta, 1979, *Nations nègres et cultures*, Tome I, Paris, Présence Africaine.

DIOP Cheikh Anta, 1981, *Civilisation ou barbarie? Anthropologie sans complaisance*, Paris, Présence Africaine.

ERMAN Adolph, RANKE Hermann, 1976, *La civilisation égyptienne*, Paris, Payot.

FOUELLEFACK KANA Celestine Colette, 2005, *Le christianisme occidental à l'épreuve des valeurs religieuses africaines : le cas du catholicisme en pays bamiléké (1906-1995)*, Thèse de Doctorat en Histoire, Université Lumière Lyon 2.

GRIAULE Marcel, 1948, *Dieu d'eau, entretiens avec Ogotemmêli*, Une reproduction en version numérique par Pierre Palpant en collaboration avec la bibliothèque-Emilie-Boulet de l'Université du Québec, http:// bibliotheque.uqac.ca/, téléchargé le 30 janvier 2019.

LAVACHERY Philippe, 1998, «Le peuplement des Grassfields : Recherche archéologique dans l'ouest», *Afrika Focus*, Vol. 14, 1, p. 17-36.

MBONJI EJENGUELE, 2006, *Morts et vivants en négroculture. Culte ou entraide ?*, Yaoundé, Presses Universitaires de Yaoundé.

MVENG Engelbert, 1963, *Histoire du Cameroun,* Paris Présence Africaine.

NZOUKOU Louis, 2001, *Zone sacrée et préservation de l'environnement physique chez les Yemba de l'Ouest-Cameroun,* Mémoire de Maîtrise en Sociologie, Université de Yaoundé I.

OBENGAThéophile, 1985, *Les Bantu langue, peuple et Civilisation,* Paris, Présence Africaine.

OBENGA Théophile, 1990, *La Philosophie africaine de la période pharaonique 2780-330 avant notre ère,* Paris, l'Harmattan.

OYONO NGBWA Marcel, 2013, *La contribution des traditions à la compréhension de l'évangile en Afrique,* Yaoundé, Presses des universités protestantes d'afrique centrale.

PERROIS Louis, NOTUE Jean Paul, 1997, *Rois et sculpture de l'ouest-Cameroun,* Paris, Ostom, Karthala.

PROULX Jean, 1999, «Plaidoyer pour les eaux abandonnées », *Agora,* 6, 2, p. 9.

SADEU TCHOUBE Paul, 2009, *Le royaume bamougoum, contribution à l'étude de l'histoire et de la civilisation de l'Ouest-Cameoun,* Yaoundé, Cœur d'Afrique.

POSENER Georges, YOYOTTE Jean, SAUNERON Serge, 1998, *Dictionnaire de la civilisation égyptienne,* Paris, Fernand Hazan.

SCHWARZ Fernand, 1988, *Initiation aux Livres des Morts égyptiens,* Paris, Albin Michel.

STAMM Anne, 1995, *Les religions égyptiennes,* Paris, PUF.

TENOH, 2008, *Moghamo : A bird's-eye view, Batibo,* Batibo Council, November.

TOUKAM Dominique, 2010, *Histoire et anthropologie du peuple bamiléké,* nouvelle édition, l'Harmathan.

VERKIJIKA Fanso, 1989, *Cameroon history for secondary school and college, Volume I,* London, Macmillan.

WALLIS BUDGE Ernest Alfred Thomson, 1920, *Egyptian hieroglyphic Dictionary, Vol. I,* London, Harison and sons.

WARNIER Jean Pierre, 1955, *Echanges développement et hiérarchies dans le Bamenda précolonial (Cameroun)*, Stutgart, Frang StrernerVerlag Wiesbaden.

ZAHAN Dominique, 1970, *Religion, spiritualité et pensée africaine*, Paris, Payot.

Sources internet

Https://www.hierogl.ch/hiero/Signe:O49, consulté le 3 octobre 2020.

Https://www.hierogl.ch/hiero/nnw, consulté le 3 octobre 2020.

Https://www.hierogl.ch/hiero/ptH, consulté le 3 octobre 2020.

Https://www.hierogl.ch/hiero/DHwty, consulté le 3 octobre 2020.

Https://www.lexilogos.com/hieroglyphes_dictionnaire.htm., dernière, consulté le 3 octobre 2020.

Https://journals.openedition.org/aaa/843, dernière, consulté le 11 février 2020.

Http://09.img.v4.skyrock.net/090/aledine/pics/436629827_small.jpg, consulté le 11 février 2020.

Http://ancienegypte.fr/karnak/karnak%20 (1014) .JPG, consulté le 11 février 2020.

Http://www.larousse.fr/encyclopedie/personnage/Cavendish/112218, consulté le 21 mai 2020.

Http://fortheinterim.com/cameroonlakes, consulté le 22 juin. 2013.

Https://upload.wikimedia.org/wikipedia/commons/thumb/2/23/Lac_Baleng_-_2.jpg/260px-Lac_Baleng_-_2.jpg, consulté le 11 février 2020.

Http://fortheinterim.com/cameroonlakes, consulté le 22 juin 2020.

Les maisons européennes de commerce de Côte d'Ivoire à l'épreuve de la crise économique (1930-1936)

Jean-Baptiste SEKA,
Maître-Assistant (CAMES)
Université Jean Lorougnon Guédé,
Daloa, Côte d'Ivoire
jean.seka @ymail.com

Résumé

Entre 1930 et 1936, la colonie de Côte d'Ivoire subit une crise commerciale qui met à rude épreuve les maisons de commerce. Cet article examine les effets de cette crise et les réactions des maisons de commerce à cette dépression économique. Les sources d'archives et les articles scientifiques examinés et recoupés permettent d'apprécier l'ampleur de la crise et les réactions subséquentes des maisons de traite. Baisse des prix, mévente et réduction drastique des profits, faillites sont les épreuves que doivent surmonter les compagnies commerciales. Celles qui résistent et parviennent à maintenir leur activité le font au prix d'une nouvelle forme de gestion qui passe par la répercussion des prix sur les producteurs, la réduction des frais généraux et le refinancement.

Mots-clés : Crise – Maison de commerce – Déficits financiers – Faillites – Refinancement.

The european trading companies of Ivory Coast facing the 1930-1936 economic crisis

Abstract

Between 1930 and 1936, the Ivory Coast colony suffered a commercial crisis which severely tested trading houses. This article examines the effects and reactions of trading houses to this economic depression. Archival sources and reviewed and cross-checked scientific articles provide insight into the magnitude of the crisis and the subsequent reactions of the trading houses. Lower prices, poor sales and drastic reduction in profits, bankruptcies are the tests that commercial companies must overcome. Those who resist and manage to maintain their activity do so at the cost of a new form of management which involves passing on prices to producers, reducing overheads and refinancing.

Keywords: Crisis - Trading house - Financial deficits – Bankruptcies.

Introduction

L'Afrique occidentale et centrale sous tutelle française était dominée par les compagnies de commerce qui exerçaient, dans un contexte impérialiste, un monopole de droit devenu un monopole de fait, au bénéfice de l'oligarchie financière (J. Suret-Canale, 1964, p. 204). Elles furent affectées par la crise économique de 1929 qui démarra en Afrique subsaharienne, par une crise commerciale (H. D'Almeida-Topor, 1976, p. 538). Pour ces maisons de commerce, principales animatrices de l'économie de traite, cette crise mettait un terme provisoire à la période des surprofits de l'après-guerre (R. Bobin, 1976, p. 550). En Côte d'Ivoire, jusqu'alors, les entreprises commerciales bénéficiaient d'une conjoncture économique favorable. En effet, avec «la pacification» et l'ouverture de nouvelles régions au commerce de traite, elles connaissaient un véritable essor. Cette embellie économique était d'autant plus remarquable que de nouveaux produits, généralement de plantation, contribuaient à élargir leur éventail de produits exportables[1]. Par ailleurs, l'élimination progressive des traitants africains contribua également, dans une large mesure, à conforter leur position économique (J. B Seka, 2016, p. 199-213). Leurs liens, de plus en plus étroits avec les armateurs et le monde de la finance, faisaient naître des entreprises commerciales monopolistes.

Mais cette stabilité de façade des maisons européennes de commerce dont l'épine dorsale était le surprofit et la protection de l'administration coloniale française, fut très vite entamée par la crise des années 1930-1936. Elles furent prises de cours par l'importance de la baisse des prix des principaux produits d'exportation et la crise du marché mondial. En Côte d'Ivoire, le rôle de l'administration coloniale pour garantir leur profit (P. Braibant, 1976) et surtout les actions du gouverneur Dieudonné Reste (S. A Gbodje, 2007 ; M. Keïta, 2019) ; les réactions concertées des compagnies de traite à travers la Chambre de

---

1. En 1908, le gouverneur de la Côte d'Ivoire Louis Gabriel Angoulvant opte officiellement pour l'économie de plantation. Après plusieurs décennies, les cultures du café et surtout de cacao s'imposent à côté du caoutchouc, du bois et des oléagineux dans le commerce extérieur de la colonie.

commerce (T.R Bekoin, 2018) sont connues. En revanche, les mesures typiques prises par les compagnies commerciales européennes, en tant qu'organisations privées, pour faire face à la crise sont peu élucidées. De ce fait, une question fondamentale s'impose pour élucider ces aspects de la réaction des maisons européennes de commerce face à la crise économique de 1930-1936.

Quels sont les impacts de la récession économique sur les maisons de commerce et comment réagissent-elles pour survivre à la crise? Cet article met l'accent sur quelques aspects de la résorption de la crise, par les efforts non mutualisés des maisons de commerce (dans le cadre d'un regroupement formel). Il vise notamment à présenter les défis et les moyens mis en œuvre par les maisons de commerce pour surmonter la crise de 1930 - 1936.

C'est à la fin de l'année 1930[2] que la colonie de Côte d'Ivoire ressentait les effets de la crise commerciale. L'année 1936 fut celle de la reprise économique. En 1936 en effet, lorsque la Côte d'Ivoire rejoignit le giron tarifaire fédéral, l'économie était florissante, la production de toutes les denrées coloniales en hausse constante et les recettes douanières, signes de la vitalité économique, étaient en progression continue[3]. Entre ces deux années, les maisons de commerce devaient faire face à la crise économique qui les touchait diversement.

L'examen de la littérature existante confrontée aux sources d'archives coloniales permet d'examiner les défis et les solutions adoptées par les maisons de commerce pour surmonter la crise de 1930–1936. À cet

---

2. Le rapport sur la situation économique de la Côte d'Ivoire en 1930 note ceci : «l'année commerciale 1930 n'a été influencée que tout à la fin par la crise commerciale mondiale. Aussi, non seulement le commerce a-t-il presque atteint en valeur le chiffre de l'année précédente, soit le demi-milliard, mais il l'a dépassé en poids. Les moments durs sont arrivés. Débutant fin 1930, la crise de l'économie coloniale secoue actuellement la Côte d'Ivoire, comme les autres pays. L'effondrement des cours des produits a désorienté les producteurs qui s'étaient habitués aux prix élevés antérieurs, mais qui admettent moins facilement la baisse. Voir Archives Nationales du Sénégal (ANS), 2G30/1, colonie de Côte d'Ivoire, affaire économique, rapport annuel année 1930.

3. En 1936 les recettes douanières s'élèvent à 41 846 673 francs or, en valeur, les importations s'élève à 157 166 000 francs français et les exportations à 18 2347 000 de francs français, voir Alain. A. Vitaux, A. Doulouroux, *Histoire des douanes ivoiriennes, premier centenaire 1889-1989*, Abidjan, IPNETP, 1989, p. 179 et Annexe 10.

effet, la réflexion est orientée d'une part vers les impacts de la crise sur les maisons européennes de commerce et, d'autre part sur les stratégies d'adaptation et de résilience de ces compagnies commerciales.

1. Les impacts de la crise économique sur les maisons européennes de commerce

Les impacts de la crise économique se traduisaient par les difficultés d'accès aux crédits de campagne, la baisse des prix et la faillite des maisons de commerce.

1.1. Les difficultés d'accès aux crédits de campagne

Le déclenchement de la crise économique conduisait, dès 1931, les sociétés commerciales européennes à des difficultés financières et l'embarras entrava leur négoce. Ces difficultés découlaient de leurs relations avec les institutions bancaires dans le cadre de l'organisation du commerce de traite. Les établissements bancaires jouaient, en effet, un grand rôle dans ce commerce en Côte d'Ivoire[4]. En outre, les banques faisaient de l'intermédiation et accordaient des crédits aux maisons de commerce. Dès l'ouverture des campagnes de traite, avant l'achat, et pour se procurer les fonds nécessaires, les commerçants tiraient sur leurs correspondants d'Europe. Les banques appréciaient alors la solvabilité des tirés et finançaient les opérations de traite[5].
Les moyennes maisons de commerce de la place se faisaient faire, par des correspondants d'Europe, des ouvertures de crédits et les banques, en particulier, la Banque de l'Afrique Occidentale (BAO) leur procurait des fonds dans la limite des sommes qui leur étaient notifiées, à ce

---

4. Ce sont elles avec la BAO qui fournissent la monnaie surtout les petites coupures ou la monnaie métallique qui servent aux transactions commerciales. Les grosses coupures jugées «inadaptées aux opérations de traite» étant souvent rejetées par les populations. Dans le cadre de la fourniture d'espèces, la BAO met à la disposition des compagnies commerciales des pièces de 5 francs d'une valeur de 30 000 francs en décembre 1907. Voir Archives nationales de Côte d'Ivoire (ANCI), 1QQ41 (1), Rapport du censeur administratif de la Banque de l'Afrique Occidentale Française, succursale de Grand-Bassam, mois de décembre 1907.
5. ANCI, 1QQ41, Rapport sur la situation de la Banque de l'Afrique Occidentale Française, succursale de Grand-Bassam, vérification du 28 mai 1907.

titre par leur siège social. Ces capitaux, qui servaient pour la plus grande partie, à l'achat de produits étaient remboursés au moment des expéditions par le dépôt des traites sur les commissionnaires des ports de destination[6].

À ce titre, les banques devinrent indispensables. Leur utilité procédait par ailleurs des techniques commerciales. En outre, avec la pratique du «système de trust» lors des opérations de traite, c'était à crédit que certaines maisons de commerce finançaient ou cédaient des marchandises aux intermédiaires africains peuples côtiers, ou, plus tard, aux agents de traite chargés de prospecter la brousse. La nature des opérations exigeait des immobilisations prolongées de capitaux (en marchandises). De ce fait, les maisons de commerce ne pouvaient étendre sérieusement leurs opérations que par le recours aux banques pour leurs financements (J. Suret Canale, 1964, p. 14).

Dans une telle logique, la plupart des maisons de commerce avaient en commun d'être liées aux milieux bancaires internationaux. La Banque de l'Afrique Occidentale (BAO), banque monopoliste, dans les colonies françaises de l'Afrique occidentale et de l'Afrique équatoriale devint la banque des grandes maisons de commerce françaises. Elle fut contrôlée par quelques oligopoles qui orientaient ses opérations, pour 80 % vers le financement des importations et exportations (L. Zinsou-Derlin, 1976, p. 507). C'était de ces relations particulières et de cette concentration financière que certaines maisons de commerce françaises profitaient dans la colonie de Côte d'Ivoire pour développer leurs activités.

Le cas de la Société commerciale et industrielle de l'Ouest africain (CICA) était très illustratif. Pour financer ses achats de produits et de marchandises, cette compagnie commerciale, relativement modeste, possédait des lignes de crédit dans près de dix banques différentes : la Société marseillaise de crédit ; la Société générale ; le Crédit lyonnais ; la Banque de France ; la Manchester & Liverpool District Banking Corp ;

---

6. ANCI, 1QQ41 (1), Rapport du censeur administratif sur la situation de la Banque de l'Afrique Occidentale Française, succursale de Grand-Bassam, vérification du 10 août 1909.

la Bank of British West Africa; la Banque de l'Afrique occidentale ; la
Dresdner Bank et Monneron & Guye (X. Daumalin, 2001, p. 193).
Les établissements bancaires devenaient ainsi le centre du règlement
des opérations internationales du commerce colonial en Côte d'Ivoire.
Or, au deuxième trimestre 1930, l'Afrique Occidentale Française (AOF)
connaissait une crise bancaire. Dès juillet 1930, la Banque Française
d'Afrique (BFA) ferma ses guichets et cessa ses paiements. Trois mois
plus tard, ce fut au tour de la Banque Commerciale Africaine de subir
le même sort. Au 9 août 1931, on assista à la seconde suspension des
activités de la BFA[7]. Des rumeurs commençaient même à circuler sur
une éventuelle défaillance de la principale banque de l'AOF, (la BOA).
Le système de crédit, poutre maîtresse et fragile de l'économie ouest-
africaine, fut touché : les embarras financiers de la BFA devinrent,
la cause, ou du moins le signal d'un brusque revirement dans la
politique des banques qui jusque-là prêtaient largement. À la veille du
démarrage de la traite, on assista alors à une restriction des crédits
bancaires portant principalement sous la forme d'avances, connues
sous le nom de crédits de campagne. Ce resserrement brutal entraîna
un mouvement de panique. (X. Daumalin, 2008, p. 290).
Cette frayeur fut relevée par le lieutenant-gouverneur de la colonie
Dieudonné François Reste qui reprocha au journal *le courrier de
l'Ouest africain* d'être un des vecteurs de cette panique en évoquant les
difficultés de la BFA. En effet, suite aux informations véhiculées par ce
journal, diffusé en centaine d'exemplaires dans la colonie, «un certain
affolement» s'était produit dans le public. De nombreux déposants se
précipitèrent aux guichets de la banque pour retirer leur dépôt. En
outre, le montant des sommes déposées à la BFA à vue ou en compte
courant s'élevait à 3 000 000 francs et le nombre d'épargnants était
de 141 dont 40 Africains[8]. Ce retrait massif de fonds eut pour résultat

---

7. ANCI, 1QQ 239, Le lieutenant-gouverneur de la Côte d'Ivoire à monsieur le
gouverneur général de l'Afrique occidentale A.S des renseignements demandés sur
la circulaire no 488 AE du 21 novembre 1930 sur la BFA, Bingerville, le 31 octobre
1931.
8. ANCI, 1QQ 239, Radiogramme no 169 G du lieutenant-gouverneur de Côte
d'Ivoire au gouverneur-général de l'Afrique occidentale française à Dakar,
Bingerville le 9 août 1931.

d'enlever en quelques jours, à la banque toute son encaisse disponible. La BFA fut alors obligée de fermer ses guichets, faute de numéraire[9]. La défaillance du système bancaire colonial fut ainsi révélée au grand jour.

Aussi, cette défaillance du système bancaire et la méfiance à l'égard des banquiers influençaient ainsi négativement les opérations commerciales. Les négociants furent pris de court, la panique devint générale. Sans ces crédits de campagne, seules les maisons de commerce disposant de réserves financières suffisantes pouvaient continuer à acheter des marchandises ou des produits. Les autres maisons étaient brusquement obligées de réduire leurs activités de façon drastique et de fermer nombre de factoreries. Parallèlement aux déficits de financement, la baisse des prix porta un coup à « la politique » de surprofits des maisons de commerce.

1.2. La baisse des prix des produits agricoles d'exportation

La crise économique qui entamait le profit des maisons de commerce se développait surtout dans un contexte d'importante baisse des prix des produits tropicaux. Cette baisse était plus importante que celle des prix mondiaux. Notons avec R. Robin (1976, p. 550) que l'indice général des prix mondiaux, base 100
en 1928, oscillait entre 50 et 37 de 1931 à 1936, soit une baisse légèrement supérieure à 50 %, des prix-or des six produits d'exportation de l'AOF. Ces principaux produits d'exportation marquaient une chute beaucoup plus profonde de 70, 80 et même 90 % en 1934, année où la dépression était à son maximum. S'inscrivant dans le cadre de la baisse générale des produits primaires de l'AOF, la chute des cours des matières premières était très prononcée en Côte d'Ivoire. L'huile de palme et les amandes de palmistes connaissaient une chute de 80 %, entre 1929 et 1931 (A. Vitaux et A. Doulouroux, 1989, p. 175). Le tableau ci-dessous montre l'importance de la chute des cours sur quelques principaux produits d'importation en Côte d'Ivoire, en 1931.

---

9. ANCI, 1QQ 239, Le lieutenant-gouverneur par intérim de la Côte d'Ivoire à tous cercles, Bingerville, le 21 novembre 1931.

	Cours au 11/1/1931	Cours au 15/10/1931
Huile de palme	2,28	0,56
Palmistes	1,33	0,45
Karité	2,76	1,35
Cacao	3,30	1,41
Café	7,00	4,50
Noix de cola	6,00	1,50

Source : A. Vitaux et A. Doulouroux, *op. cit*, p. 176.

Tabl. 1. Chute des cours des produits en 1931

À défaut de séries statistiques complètes pour apprécier l'évolution mensuelle des prix, on peut néanmoins relever le caractère accéléré de la baisse des cours des matières premières agricoles. La chute fut brutale. En l'espace de 10 mois, du 11 janvier 1931 au 15 octobre septembre 1931, les corps gras enregistraient les taux de baisse les plus élevés, avec respectivement une baisse de 172 % et 88 % pour l'huile de palme et pour les palmistes.

En juin 1931, le cacao valait à Grand-Bassam 1 190 F/t; or, dans les six mois suivants, le cours du Havre régressait de 1 000 F. Il était dans ces conditions difficiles de voir les maisons de commerce répercuter la baisse des prix sur les producteurs africains et d'abaisser de 1 000 F ou même de 500 F le prix d'achat au producteur. Les compagnies de traite étaient donc condamnées à réduire leur marge bénéficiaire. (P. Braibant, 1976, p. 563). Au niveau local, les principaux marchés des matières premières d'Aboisso et d'Agboville subissaient durement la baisse des prix comme nous le présente la figure 1 (page suivante).

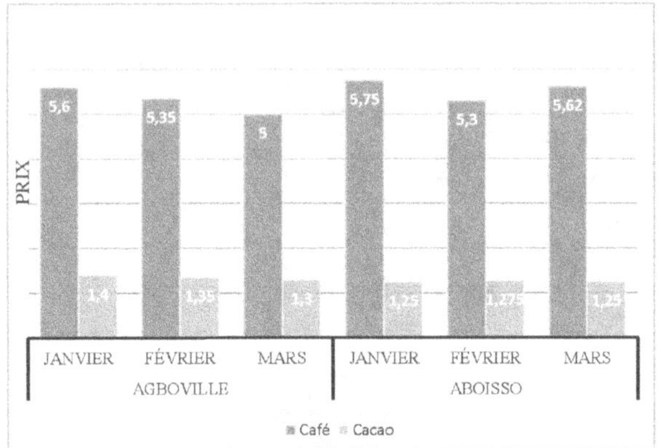

Source : ANS, 2G33/29, Côte d'Ivoire, notice économique 1er trimestre 1933, Bingerville le 20 juin 1933

Fig. 1. Évolution des prix du café et du cacao sur les marchés d'Agboville et d'Aboisso au premier trimestre 1933 (en francs courants)

En 1932, les prix bord champ variaient entre 50 centimes et 90 centimes. Au cours du premier trimestre 1933, les cours du cacao oscillent entre 1 franc 3 centimes et 1 franc 4 centimes tandis que sur le marché d'Aboisso, il tournait autour 1 franc 25 centimes. Au dernier trimestre 1933, ils variaient entre 1 franc et 1 franc 10 centimes aux ports d'embarquement. Dans la même période, au Havre, les cours fluctuaient entre 1,70 et 1,50 franc[10].

Mais qu'est-ce qui pouvait bien expliquer cette dégringolade des prix au niveau local ? L'explication se révélait autant par la crise que par la politique commerciale de la France. Jusqu'en 1928, la métropole avait orienté sa politique des échanges avec l'AOF par des mesures spécifiquement douanières (surtaxe des produits étrangers, quotas de marchandises admises en détaxe ou à un régime préférentiel, tarif minimum…). Mais la crise mondiale de 1929 créa une situation nouvelle pour les producteurs de matières premières dont les cours s'effondraient. Cette situation porta un grave préjudice aux productions

______

10. Côte d'Ivoire, Budget de l'exercice 1934, Rapport présenté en conseil de gouvernement par M. Reste, gouverneur de la colonie, 9 décembre 1933, p. 18.

coloniales dont les prix étaient strictement élevés grâce à la protection douanière dont ils bénéficiaient en métropole (A. Vitaux; A. Doulouroux, 1989, p. 175). La crise nourrissait alors la baisse des prix et inversement. Les producteurs ne réussissaient plus à écouler leurs denrées, les recettes d'exportation devenaient insuffisantes pour acheter en métropole des biens de consommation et d'équipement nécessaire à la mise en valeur du pays. Les maisons de commerce peinaient à écouler leurs marchandises. La situation se traduisait alors par la baisse des chiffres d'affaires et des déficits financiers des maisons de commerce.

1.3. La baisse des chiffres d'affaires et les déficits financiers des maisons de commerce

La crise économique mettait un terme temporaire à la période de surprofits de l'après-guerre. Les difficultés d'accès aux crédits de campagne et au financement de la traite, la baisse des prix et la forte imposition des produits agricoles d'exportation entraînaient une baisse des chiffres d'affaires qui devint un fait général vécu par les maisons de commerce installées en Côte d'Ivoire. Malgré la répercussion de la baisse des prix sur les producteurs, les maisons de commerce étaient affectées par la baisse du pouvoir d'achat des populations et la diminution des chiffres d'affaires. X. Daumalin (2008, p. 291) nous permet d'apprécier les pertes subies par certaines maisons de commerce. En 931 par exemple, l'United Africa Company annonçait une perte de 1,2 million de livres (soit 140 millions de francs environ), tandis que la SCOA affichait un déficit de 9,7 millions. Entre 1930 et 1931, le chiffre d'affaires de la CICA chutait de 50 % et la société accusait une perte de 5,6 millions de francs. L'année suivante, le déficit était encore de 5 millions. Après avoir un instant envisagé la liquidation de la société, les administrateurs décidaient finalement d'envoyer l'un des leurs en Afrique pour fermer les factoreries les moins rentables. En 1932, c'était au tour de Maurel frères et de Louis Vézia & Cie de subir des pertes.

La situation était aussi catastrophique pour les petites maisons de commerce. Leurs chiffres d'affaires s'étaient largement entamés. Par exemple, dans le cercle de Man, en 1933, aucun commerçant n'obtint un chiffre d'affaires supérieur à 25 000 francs. Seul à Man, où l'on comptait le plus d'inscrits à la Chambre de commerce (14 commerçants), trois déclaraient entre 20 000 et 25 000 francs. En 1934, seul Sao Zacharia, avait atteint un chiffre d'affaires de 40 000 frs, les autres – dont la factorerie secondaire de la Compagnie Soucail – se situaient à moins de 20 000 francs. (P. Kipré, 1976, p. 132). La combinaison de cette baisse des chiffres d'affaires, des profits et des déficits entraînait la faillite de plusieurs entreprises commerciales.

1.4. Les faillites des maisons de commerce et le développement des monopoles

Raison sociale	Monogramme	Siège social
Africaine Françaises.	-	42 rue Godot-de-Moroy, Paris
Compagnie Commerciale de la Côte d'Afrique	C.C.C.A	8, Cours de Gourgues, Bordeaux
Compagnie Française de l'Afrique Occidentale	C.F.A.O	32, Cours Pierre-Pugat, Marseille
Compagnie Française de la Côte d'Ivoire	C.F.C.I	48, RUE DE Paradis, Paris
Nouvelle Compagnie Française de Kong	N. C.F.K	6, rue de Marignan, Paris
Compagnie Générale de l'Afrique Française	C.G.A.F	4, rue Esprit-des-lois, Bordeaux
Comptoirs Réunis Ouest Africains	C.R.O.A	10, bd Bonne-Nouvelle Paris
Union Coloniale Afrique Occidentale	U.C.A.O	16, rue Maleret, Bordeaux
Société Commerciale et Industrielle de l'Ouest Africain	C.I.C.A	3, rue de la Roque, Marseille
	-	West Africa House Kings-Way
W. D. Woodin and Co. Ltd	S.C.O.A	69, rue de Miromesnil, Paris
Société Commerciale de l'Ouest Africain	C.S	30, bd Pinet, Paris
Comptoir Sénégalais	-	Grand Bassam (Laprad, Dakar)
Perinaud Charles	-	Abidjan
De Tessières	S.C.A	Grand Bassam
Société Commerciale Africaine Import & Export	C.C.C.I	Bouaké
Compagnie Coloniale Côte d'Ivoire	-	Badikaha (Côte d'Ivoire)
Cie Agricole Commerciale et industrielle de Badikaha	S.A.C.O	Bobo-Dioulasso
Société pour l'Afrique Centrale et Occidentale.		

Source : ANCI, 1QQ33, Chambre de commerce, nomenclature des maisons de commerce et d'industrie, 1931.

Tabl. 2. Principales maisons de traite épargnées de la faillite économique en 1931

Une des premières grandes maisons de commerce à subir la faillite fut la Nouvelle compagnie française de Kong (NCFK). Au lendemain de la Première Guerre mondiale, cette compagnie figurait parmi les plus importantes de la colonie. Son chiffre d'affaires passa de 13 millions en 1926 à 50 millions en 1929. Mais en 1931 déjà, la NCFK déposa son bilan tandis que la société Assemat & Guiraud était mise en liquidation en 1932 (X. Daumalin, 2008, p. 291). Comme toutes les firmes commerciales de l'époque, la compagnie était frappée par la crise économique de deux façons : d'une part, par la baisse des prix des matières premières qui lui rognait ses bénéfices à l'exportation, d'autre part, par la baisse des achats de marchandises par les paysans africains, dont les ressources étaient réduites par la baisse du prix de leurs produits (R. Robin, 1976, p. 550).

En 1931, après la faillite de plusieurs compagnies de traite, les principales maisons de commerce de la colonie demeurent celles indiquées dans le tableau 2 (page précédente). Une principale remarque transparaît à l'examen de ce tableau. C'est le caractère transcontinental de ces principales maisons. Ainsi, à part quelques-unes comme De Tessières à Abidjan ou la Compagnie Coloniale de Côte d'Ivoire, ces structures avaient pour l'essentiel des dimensions internationales. Les compagnies moyennes comme Amblar, établi à Béréby ; Bordes installé à Tabou ; Cohen et Frère dont le siège social était en Guinée et qui disposait d'un comptoir à Grand-Bassam ; Devès Chaumet et Cie avec un comptoir principal à Bouaké ; les Établissements Salagna et Cie de bordeaux, établis à Grand –Lahou, Compagnie réunie de l'Ouest africain (CRAO) disparaissaient de la carte des entreprises commerciales de la colonie de Côte d'Ivoire.

On remarque avec P. Kipré (1985, p. 66) que 6 % des 163 entreprises que comptait entre 1927 et 1936 la colonie étaient déclarées en faillite ou en liquidation judiciaire, et 17 % étaient purement dissoutes. De 1929 à 1932, le nombre d'entreprises en difficulté augmenta constamment ; la plupart d'entre elles 27 sur les 35, de 1929 à 133 étaient des entreprises essentiellement commerciales, le reste était constitué d'entreprises forestières.

Au niveau des entreprises commerciales individuelles, à partir de 1931-32 et jusqu'à la fin de 1935, le nombre de faillites et de « cessations de commerce » s'accrut régulièrement. De 1930 à 1936, on compta de nombreuses radiations de la Chambre de commerce, soit que le commerçant ait déposé son bilan, soit qu'il ait changé son activité.

À Bouaké, le nombre total d'électeurs de la Chambre de commerce passa de 38 en 1930 à 25 en 1932 ; à Daloa, de 24 en 1930 à 13 en 1932 et à 8 en 1933. Pour l'ensemble du territoire, 40 % des radiations de 1933 étaient dues à des faillites, cessations de commerce ou départ. Si l'on excepte Abidjan et Bassam, la proportion passa à 70 % des radiations totales : la plupart de ces sociétés en commandite ou ces «indépendants» s'orientaient vers les sociétés agricoles (plantations) à partir de 1934 (P. Kipré, 1976, p. 133). Si un an avant le déclenchement de la crise, 29 entreprises ayant un capital d'au moins un million de francs et leur siège social hors de la Côte d'Ivoire possédaient des comptoirs ou factoreries secondaires ailleurs qu'à Bassam et Abidjan. On en comptait, en 1935, plus que 11.

2. Les stratégies d'adaptation à la crise économique

La répercussion de la baisse des prix sur les producteurs fut la première action des maisons de commerce pour maintenir leurs profits. Mais elles devaient désormais, face à la gravité de la crise, opter pour d'autres solutions. La diversification économique, la recherche de nouveaux débouchés et de nouveaux partenaires économiques extérieurs étaient en plus du refinancement et la réallocation des ressources financières les principales mesures prises.

2.1. La répercussion de la baisse des prix sur les producteurs

Pour mieux répercuter la baisse des prix sur les producteurs, les commerçants européens s'entendaient parfois au préalable, afin qu'un des leurs achète à bas prix les produits ; ces derniers se retrouvaient ensuite pour partager le tonnage selon les bases convenues. Face aux réactions des populations qui se traduisaient par des grèves qui risquaient de troubler l'ordre public, le lieutenant-gouverneur de la Côte d'Ivoire dénonçait François Dieudonné Reste, le 4 septembre 1931, par une correspondance au président de la Chambre de commerce, cette pratique des agents des compagnies de traite. Il notait que les principales firmes de Côte d'Ivoire «se sont liguées pour vendre selon un barème uniforme les marchandises de vente courante». En outre, il ajoutait que certaines maisons de commerce avaient congédié des employés «indigènes» pour n'avoir pas observé cette règle par inadvertance, c'est-à-dire qu'ils avaient vendu des marchandises aux mésestimes des décisions de l'entente (T R. Bekoin, 2014, p. 114).

Cette entente était doublée d'une répercussion de la baisse des prix sur les producteurs. Au cours du second semestre 1930, les paysans recevaient 700 F de moins par tonne par rapport aux six mois précédents (- 22,2 %). Or, dans le même temps, alors qu'au Havre, la tonne de cacao se vendait 19,1 % moins cher, les compagnies de traite réalisaient un profit supérieur non seulement en taux (26,9 % contre 17,2 %) mais aussi en valeur absolue (916 F/t contre 785 : +17,2 %). Au cours des neuf premiers mois de 1931, les maisons de commerce réussissaient à maintenir ces résultats en écrasant constamment les prix sur les producteurs. Il en résulta une nouvelle hausse du taux de profit qui atteignit 30,8 %. En valeur absolue, les bénéfices, même s'ils avaient reculé (776 F contre 916), restaient encore au niveau de ceux des six premiers mois de 1930 (785 F). (P. Braibant, 1976, p. 261).

Jusqu'à l'automne 1931, on pouvait affirmer que ce terme de «crise» ne s'appliquait guère au négoce du cacao entre la Côte d'Ivoire et la France. Au dernier trimestre 1931, l'état du marché du cacao connut au Havre une forte aggravation. Contrairement à ce qui s'était produit dans les mois précédents, les compagnies de traite étaient désormais dans l'impossibilité de répercuter entièrement la baisse des cours métropolitains sur le prix à la production. En effet, en juin 1931, le cacao valait à Grand-Bassam 1 190 F/t ; or, dans les six mois suivants, le cours du Havre régressa de 1 000 F. Les compagnies de traite ne pouvaient plus abaisser de 1 000 F ou même de 500 F le prix d'achat au producteur. Elles étaient désormais condamnées à réduire leur marge bénéficiaire. À partir du moment où l'administration coloniale, soucieuse de ne pas compromettre définitivement sa politique d'intensification de la production cacaoyère, appliqua de nouveaux allégements des charges commerciales (au total : 180 F dont 100 F dus à la réduction de la taxe de circulation). (P. Braibant, 1976, p. 563).

Les prix ainsi offerts aux paysans répondaient à plusieurs impératifs : ils suivaient le rythme de la production locale et faisaient jouer, au niveau le plus bas, la loi de l'offre et de la demande. Ils enregistraient également les péripéties de la concurrence entre négociants français, d'une part, entre négociants français et étrangers, de l'autre. Enfin, et surtout, ils étaient sensibles aux variations des cours mondiaux qui affectaient les produits au moment de leur revente aux industries utilisatrices. L'idée directrice des maisons de commerce était de répercuter, au maximum, sur l'autochtone une baisse subie en Europe, afin de sauvegarder leurs bénéfices, sans descendre, toutefois, au-dessous d'un minimum susceptible d'assurer les besoins de la consommation (H. D'Almeida-Topor, 1976, p. 539-540). Puisqu'il y avait un seuil en deçà duquel les maisons de commerce ne pouvaient pas descendre, elles devaient chercher d'autres solutions dont l'exploitation judicieuse des avantages tarifaires et la diversification économique.

2.2. L'exploitation des avantages tarifaires, la diversification économique et la recherche de nouveaux débouchés

Le contournement douanier et le jeu sur les avantages tarifaires étaient exploités par les maisons de commerce pour résister à la crise. Certains commerçants du Soudan ou de la Côte d'Ivoire usaient avec habilité de la différence des tarifs douaniers entre la zone libre et la zone conventionnelle. Ils commençaient à importer en Côte d'Ivoire, par le Nord, des marchandises pour lesquelles ils n'avaient payé à Dakar que le droit de 5 % au lieu de 10 % à Bassam. En effet, la taxe sur le chiffre d'affaires était de 2, 5 % au Sénégal ; 1,25 % au Soudan contre 3 % en Côte d'Ivoire[11]. En important par le Sénégal, les bénéfices qui résultaient de la différence des impositions des marchandises permettaient la concurrence à des prix inférieurs, malgré le transport plus long jusqu'à Ferkessédougou et Bouaké. Les principaux articles ainsi importés étaient les tissus, les pneumatiques, les cigarettes. Cette situation, considérée comme une concurrence déloyale, avait déjà

---

11. Archives Nationales du Sénégal (ANS), 2G30/1, Côte d'Ivoire, rapport annuel 1930.

entraîné des réclamations de la Chambre de commerce d'Abidjan. Les commerçants qui importaient par les «ports» de Côte d'Ivoire se trouvant en état d'infériorité manifestaient alors leur hostilité vis-à-vis de leurs concurrents qui exportaient par la capitale de l'AOF (Dakar) via le Soudan.

Mais mieux, l'attention des maisons de commerce portait de plus en plus sur le commerce intra-africain dans le cadre de la diversification économique. Les Européens et surtout les Syriens, après les déboires, avaient réussi à transporter au Soudan par camion la cola, source de bénéfices importants. À ce commerce s'ajoutait naturellement un autre d'importance modérée encore, mais que l'avancement du rail intensifiait. Les statistiques douanières ne donnaient aucun renseignement sur le commerce très important qui se faisait par voie de terre, entre la Côte d'Ivoire et les colonies voisines : Soudan et la Haute-Volta. Il est possible cependant grâce aux rapports des commandants de cercle d'en avoir une idée assez approchée du commerce avec le Soudan à travers la traite de la noix de cola. En échange du bétail, la Côte d'Ivoire exportait vers le Soudan de la cola. D'après la taxe de circulation, il était exporté 4 953 tonnes de ce produit par voie maritime et terrestre durant l'année 1930. Par voie maritime notamment par Grand-Bassam, il en avait été expédié 2507 tonnes dont 2545 pour le Sénégal et 41 seulement pour la France. La différence, soit 2 366 tonnes étaient sorties par les frontières terrestres transportées par camion suivant les routes Odienné - Bougouni et Ferkessédougou-Sikasso[12]. Le tableau ci-dessous présente l'évolution des exportations de cola.

Années	Voie maritime	Voie terrestre	Total
1927	2462	1752	4.214
1928	2537	2063	4500
1929	2312	2724	5036
1930	2336	2587	4953

Source: ANS, 2G30/1, Rapport économique annuel 1930.

Tabl. 3. Principales maisons de traite épargnées de la faillite économique en 1931

---

12. *Ibid.*

Dans l'ensemble, l'exportation de cola par voie terrestre augmentait. Ce qui traduisait le renouveau du commerce avec le Soudan et le Sénégal. En 1933, Alcide Delmont, ancien ministre, délégué de la Côte d'Ivoire, lors d'une intervention pendant le Conseil de gouvernement de l'Afrique occidentale, faisait remarquer cette importance que prenait l'exportation de colas qui atteignait les 5 000 tonnes[13].

2.3. La recherche de nouveaux partenaires économiques extérieurs

La commercialisation du cacao sur le marché français était très illustrative de la recherche de nouveaux partenaires économiques extérieurs. Alors que précédemment la totalité du cacao produit en Côte d'Ivoire était exportée en France, les États-Unis et l'Angleterre devenaient désormais des partenaires importants pour la commercialisation de la production de la colonie. Le tableau 4 ci-dessous présente la part de ces nouveaux partenaires de la filière cacao.

Pays	France	États-Unis	Angleterre
Valeur en francs	64 750 434	14083246	6474802

Source : ANS, 2G30-1, Rapport économique annuel 1930.

Tabl. 4. Exportations de cacao de la colonie de Côte d'Ivoire en 1930

Sur une exportation totale de cacao de 105 594 124 francs, la France qui absorbait jusqu'alors les 100 % des exportations ne recevait désormais que du cacao pour une valeur de 64 750 434 francs soit 38,67 % en 1930. Ce fait était dû à la pratique désormais courante des acheteurs métropolitains qui refusaient de ristourner aux maisons de commerce exportatrices la moindre part de la demi-détaxe instituée pour protéger le cacao des colonies françaises. Ils ne déclaraient pas en douane à l'importation en France, les cacaos (jusque-là en entrepôts hors douane) qu'après les avoir achetés sur le pied de la parité mondiale. En outre, le

---

13. Côte d'Ivoire, Budget de l'exercice 1934, Rapport présenté en Conseil de gouvernement, par M Reste, gouverneur de la colonie, 9 décembre 1933, Imprimerie du gouverneur, p. 5.

marché fut très resserré en 1930. Les maisons de commerce voyant les débouchés métropolitains se fermer et n'ayant aucun intérêt à vendre en France, devaient se tourner vers de nouveaux marchés notamment ceux des États-Unis et de l'Angleterre. Ainsi, pour le gouverneur de la colonie de Côte d'Ivoire, Dieudonné François Reste :

> La politique suivie par les acheteurs français est regrettable. En définitive, le demi-droit accordé par la Métropole s'est transformé en prime aux chocolatiers qui n'ont pas baissé d'un sou leur produit alors que le prix des éléments constitutifs, sucre et cacao – ce dernier surtout – s'effondraient littéralement[14].

Malgré cette nette volonté de diversification, la France restait le principal partenaire économique de la colonie de Côte d'Ivoire avec 48,60 % des échanges en valeur. Le tableau ci-dessous présente les partenaires économiques.

Pays	Échanges en valeur	Pourcentage
France	122 220 292	48,60 %
Allemagne	39227059	15,62 %
Angleterre	31940991	12, 62 %
États-Unis	22506535	8, 95 %
Belgique	17709882	7,04 %
Hollande	6 472 540	2,57 %
Gold- Coast	2626138	1,04%

Source : ANS, 2G30-1, Côte d'Ivoire, rapport annuel, 1930.

Tabl. 5. Commerce extérieur de la Côte d'Ivoire en 1930

La principale remarque, c'est que l'Angleterre fut détrônée de sa deuxième place par l'Allemagne. Toutes les autres puissances (Italie, Espagne, Portugal n'y comptaient que pour moins de 1 %).
Par ailleurs, la recherche des marchés et de nouvelles couches de consommateurs amena les entreprises à participer à la foire-exposition d'Abidjan. Leur présence en grand nombre résultait de l'action

---

14. ANS, 2G30/1, Côte d'Ivoire, rapport annuel 1930.

conjuguée de la Chambre de commerce et de la Chambre d'agriculture et d'industrie de Côte d'Ivoire. Elles avaient présenté aux éventuels visiteurs leur savoir-faire et leurs produits. Au cours de cette exposition, les maisons européennes de commerce ou les exposants individuels savaient faire preuve d'imagination et d'un grand savoir-faire (T. R Békoin, 2014, p. 30). Mais au-delà de ces initiatives, les maisons de commerce savaient bien que l'un des points cruciaux demeurait la question du financement; d'où, leur implication dans la gestion de la crise bancaire 1930-1931.

2.4. Les actions des maisons de commerce pour la relance de la BFA

La chute des cours des matières premières entraîna par contrecoup la chute des taux de frets. Les compagnies maritimes «étrangères» pratiquaient des prix de dumping. Le monopole du pavillon depuis longtemps oublié fut à nouveau réclamé par les armateurs qui obtinrent satisfaction en vertu du décret du 30 juin 1930 (A. Vitaux; A. Doulouroux, 1989 p. 176). Quelques mois plus tard, les maisons de commerce qui redoutaient une crise bancaire dont les effets pouvaient contrarier gravement leurs activités s'impliquaient activement pour le redressement économique de la BFA. Elles exploitaient alors une correspondance du gouverneur de la colonie par intérim, jean Paul Boutonnet pour faire rembourser les déposants de la BFA. Cette banque, qui subissait les affres de la crise, a dû fermer ses guichets faute de liquidité. Mais pour les maisons de commerce, la déclaration du lieutenant-gouverneur par intérim appelant les opérateurs économiques et les populations à faire confiance à la BFA engageait la responsabilité de l'administration. Pour mettre un terme à la polémique entre les administrations et les maisons de traite, le ministre des Colonies, Paul Reynaud, demanda de façon expresse, le 11 septembre 1931, aux gouverneurs de l'AOF, jules Brévié, de l'Afrique-Équatoriale française, Raphaël Valentin Marius Antoneti, aux commissaires du Togo et du Cameroun de procéder à l'aide des avances de la BAO au rachat des dépôts de la BFA.

En AOF, le gouvernement général apporta son aide à la Banque sinistrée en s'appuyant sur les caisses de réserve des colonies qui assuraient à la BFA une participation de 25 millions, dont 8 millions pour la seule Côte d'Ivoire[15]. Cette mesure apparaissait comme une mesure exceptionnelle étant donné que pour l'administration, l'orthodoxie financière était de rigueur en temps de crise. L'utilisation des fonds publics à bon escient, l'équilibre budgétaire et l'accroissement des recettes de l'État devaient être de rigueur[16]. Ainsi, en Côte d'Ivoire, la BAO consacra en 1931, une somme de 2 420 073 francs au rachat des créances et au remboursement des clients de la BFA. Ce remboursement fut l'un des plus importants de l'AOF au regard des sommes consacrées aux autres colonies. En effet, le Sénégal recevait 2 284 581 francs, la circonscription de Dakar recevait 2 019 221 francs, la Guinée, 1 685 018 francs, le Soudan 507 696 francs et le Dahomey 1 394 159 francs[17]. La question de leur propre refinancement fut au cœur de la stratégie de relance des entreprises commerciales.

2.5. Refinancement, apurement financier et réduction des frais généraux

Tout comme lors de la crise de 1912, les maisons européennes de commerce avaient adopté des mesures classiques. Celles-ci passaient par la réduction de leurs frais généraux, la suppression d'un grand nombre de factoreries et le remplacement de la plupart de leurs employés européens par des boutiquiers africains. Dans le cadre de cette «politique de repli de survie», huit grandes entreprises commerciales avaient ou bien limité à Grand-Bassam et Abidjan le champ d'activité de leurs agents, ou bien, comme les établissements Vezia, se repliait sur le Sénégal. Le tableau ci-dessous montre l'évolution des comptoirs et factoreries secondaires de quelques grandes maisons de commerce.

---

15. ANCI, 1QQ239, *Le ministre des colonies à messieurs les gouverneurs généraux de l'Afrique occidentale, de l'Afrique équatoriale française et les commissaires de la république du Togo et du Cameroun*, Paris le 11 septembre 1931.
16. *Ibid.*
17. ANCI, 1QQ239, *Le gouverneur général de l'Afrique occidentale Française à Messieurs les Lieutenants gouverneurs du Groupe et à monsieur l'administrateur de la circonscription de Dakar*, Dakar le 20 septembre 1931.

	1914	1929	1930	1933
CFAO	6*	25*	17	12
SCOA	7*	24*	22	16
CFCI			9	6

Sources : (P. Braibant, 1976, p. 557-558 ;* P. kipré, 1976, p. 133).

Tabl. 6. Évolution des comptoirs et factoreries secondaires de la CFAO, de la SCOA et de la CFCI entre 1914 et 1933

Presque toutes les maisons de commerce avaient réduit le nombre de comptoirs ouverts avant 1930 dans l'arrière-pays. Ainsi pour la SCOA, le nombre des factoreries secondaires passait de 22 en 1930 à 16 en 1933, pour la CFAO, de 17 à 12 et, pour la CFCI, de 9 à 6 pour la même période (P. Kipré, 1976, p. 133) La SCOA et la CFAO possédaient respectivement, en Côte d'Ivoire, 7 et 6 comptoirs en 1914 ; 24 et 25 en 1929. (P. Braibant, 1976, p. 557-558)

Pour résister et éviter la faillite, les dirigeants de Peyrissac employaient donc des mesures classiques. À partir de 1929-30, ils mettaient en place une politique d'autofinancement et abandonnaient des comptoirs non rentables. La crise s'accentuant, en 1933, pour un apurement financier, ils ramenaient le capital de 50 à 25 millions. Depuis 1929, ils avaient arrêté toute distribution de dividendes aux actionnaires et entrepris de liquider une partie de leurs participations. En même temps, pour éviter toute perte, ils tentaient de garder un volume de marchandises égal à la demande reçue. Ces mesures se révélant insuffisantes, ils firent, comme leurs concurrents, appel à l'État, en réclamant des mesures de protection (R. Robin, 1976, p. 551).

Dans la perspective d'apurement financier, certaines maisons étaient contraintes de réduire leurs fonds propres. En 1932, la SCOA diminua ainsi son capital social de 157 à 68 millions de francs et les Établissements Peyrissac de 50 à 25 millions de francs. À l'inverse, la CFAO résista mieux. Ses bénéfices diminuaient bien de 60 % entre 1930 et 1931, mais un mode de gestion prudent lui permettait de constituer d'importantes réserves. Pendant que la plupart des autres entreprises s'endettaient, elle resta bénéficiaire. Ce fut même l'une des rares maisons à continuer à verser des dividendes à ses actionnaires pendant toute la durée de la dépression. (X. Daumalin, 2008, p. 291). Toutes ces mesures s'avérant insuffisantes, l'aide de l'État colonial fut sollicitée.

Conclusion

Dans le système capitaliste et impérialiste qui se dessine en Côte d'Ivoire au XXe siècle, la crise économique des années 1930 contribua au maillage des maisons européennes de commerce. La crise s'était traduite, pour elles, par la mévente des produits, par les difficultés d'accès aux crédits de campagne et à la baisse des prix des produits agricoles. La survie ou le déclin de celles-ci face à la conjoncture économique défavorable, dépendaient des actions qu'elles initiaient, des stratégies qu'elles opposaient à la crise. Il fallait, pour elles, aller au-delà des mesures classiques qui consistaient à réduire le nombre de factoreries et les frais généraux. Elles devaient, en outre, se transformer, innover et s'adapter à la situation économique. À cet effet, certaines sociétés commerciales, avaient su user de leurs réseaux financiers, de leur force organisationnelle et commerciale pour promouvoir et défendre leurs intérêts. Puisqu'en face des producteurs locaux, il y avait un seuil de prix en deçà duquel les maisons de commerce ne pouvaient pas descendre, la répercussion des prix sur les producteurs n'était plus une solution viable et rationnelle ; l'administration coloniale y était d'ailleurs vivement opposée. Les maisons européennes de commerce devaient alors chercher d'autres issues. Le relèvement pour certaines d'entre elles passait alors par la diversification des partenaires commerciaux et des produits de traite. Mais bien plus, le refinancement, la restructuration et la réallocation des ressources financières contribuaient énormément à leur maintien en activité et leur survie à la crise de 1930-1936.

Sources et bibliographie

Sources d'archives

Archives nationales de Côte d'Ivoire (ANCI)

ANCI, 1QQ33, Chambre de commerce, nomenclature des maisons de commerce et d'industrie, 1931.

ANCI, 1QQ41, Rapport sur la situation de la Banque de l'Afrique Occidentale Française, succursale de Grand-Bassam, vérification du 28 mai 1907.

ANCI, 1QQ41 (1), Rapport du censeur administratif de la Banque de l'Afrique Occidentale Française, succursale de Grand-Bassam, mois de décembre 1907.

ANCI.1QQ41 (1), Rapport du censeur administratif sur la situation de la Banque de l'Afrique Occidentale Française, succursale de Grand-Bassam vérification du 10 août 1909.

ANCI, 1QQ 239, Radiogramme no 169 G du lieutenant -Gouverneur de Côte d'Ivoire au Gouverneur-général de l'Afrique occidentale française à Dakar, Bingerville le 9 août 1931.

ANCI, 1QQ239, Le ministre des colonies à messieurs les gouverneurs généraux de l'Afrique occidentale, de l'Afrique équatoriale française et les commissaires de la république du Togo et du Cameroun, Paris le 11 septembre 1931.

ANCI, 1QQ239, Le gouverneur général de l'Afrique occidentale Française à Messieurs les Lieutenants gouverneurs du Groupe et à monsieur l'administrateur de la circonscription de Dakar, Dakar le 20 septembre 1931.

ANCI, 1QQ 239, Le lieutenant-gouverneur de la Côte d'Ivoire à monsieur le gouverneur général de l'Afrique occidentale A.S des renseignements demandés sur la circulaire no 488 AE du 21 novembre 1930 sur la BFA, Bingerville le 31 octobre 1931.

ANCI, 1QQ 239, le lieutenant -gouverneur par intérim de la Côte d'Ivoire à tous cercles, Bingerville le 21 novembre 1931.

Archives nationales du Sénégal (ANS)

ANS, 2G30-1, Côte d'Ivoire, rapport annuel 1930.
ANS, 2G33-29, Côte d'Ivoire, notice économique premier trimestre 1913, Bingerville le 20 juin 1933.

Sources imprimées

Côte d'Ivoire, 1934, Budget de l'exercice 1934, Rapport présenté en conseil de gouvernement par M. Reste, gouverneur de la colonie, 9 décembre 1933, Imprimerie du Gouverneur, 1934.
Côte d'Ivoire, 1934, Budget de l'exercice 1934, Rapport présenté en conseil de gouvernement par M. Reste, gouverneur de la colonie, 9 décembre 1933, Imprimerie du gouverneur.

Références bibliographiques

BEKOIN Tanoh Raphaël, 2014, «Les expositions coloniales en Côte d'Ivoire : le cas de la première exposition-foire d'Abidjan du 21 au 28 janvier 1934», *Revue ivoirienne d'histoire*, 24, p. 20-40.

BEKOIN Tanoh Raphaël, 2018, *La chambre de commerce et d'industrie de Côte d'Ivoire. Pouvoir économique et instrument politique*, Paris, L'Harmathan.

BRAIBANT Patrick, 1976, «L'Administration coloniale et le profit commercial en Côte d'Ivoire pendant la crise de 1930», *Revue française d'histoire d'outre-mer*, 63, 232-233, L'Afrique et la crise de 1930 (1924-1938) p. 555-574.

D'ALMEIDA-TOPOR Hélène, 1976, «Crise commerciale et crise du colonial en Afrique noire», *Revue française d'histoire d'outre-mer*, 63, 232-233, L'Afrique et la crise de 1930 (1924-1938), p. 538-543.

DAUMALIN Xavier, 2001, « Récessions et attitudes coloniales : l'exemple des maisons de négoce marseillaises dans l'Ouest africain », in BONIN Hubert, CAHEN Michel (s.d), *Négoce blanc en Afrique noire. L'évolution du commerce à longue distance en Afrique noire du 18ᵉ au 20ᵉ siècles*, Actes du colloque du Centre d'étude d'Afrique Noire (Institut d'Études Politiques de Bordeaux), 23-25 septembre 1999, Paris, Société française d'histoire d'outre-mer, p. 187-200.

DAUMALIN Xavier, 2008, « Le patronat marseillais face à la politique de la préférence impériale (1931-1939) », in BONIN Hubert, HODEIR Catherine, KLEIN Jean- François (s.d), *L'esprit économique impérial (1830-1970). Groupes de pression & réseaux du patronat colonial en France & dans l'empire*, Paris, Société française d'histoire d'outre-mer, p. 287-306.

GBODJE Sékré Alphonse, 2007, « La crise de 1929 et la politique de redressement économique du gouverneur Reste dans les centres urbains de Côte d'Ivoire : le cas de Bouaké (1930 - 1935) », *Revue Ivoirienne d'Histoire*, 10, p. 74-99.

KEÏTA Mohamed, 2019, « Le gouverneur reste et le développement de l'économie de plantation en Côte d'Ivoire : 1930-1939 », *Revue d'histoire et d'archéologie africain, GODO GODO*, n° 33, p. 7-16.

KIPRE Pierre, 1976, « La crise économique dans les centres urbains en Côte d'Ivoire, 1930-1935 », *Cahiers d'études africaines*, 16, 61-62, Histoire africaine : constatations, contestations, p. 119-146.

PEHAUT Yves, 2001, « Les maisons de négoce bordelaises face aux mutations du négoce dans les années 1920/1960 (notamment à travers le cas de Maurel & From) », *Négoce blanc en Afrique noire. L'évolution du commerce à longue distance en Afrique noire du 18e au 20e siècles. Actes du colloque du Centre d'étude d'Afrique Noire (Institut d'Études Politiques de Bordeaux), 23-25 septembre 1999*, Paris : Société française d'histoire d'outre-mer, p. 171-185.

ROBIN Régis, 1976, « La Grande Dépression vue et vécue par une société d'import-export en A.O.F. Peyrissac. (1924-1939) », *Revue française d'histoire d'outre-mer*, 63, 232-233. L'Afrique et la crise de 1930 (1924-1938), p. 544-554.

SEKA Jean-Baptiste, 2016, « Les stratégies de développement du commerce français en Côte d'Ivoire de 1843 à 1908 », *SIFOE, Revue d'Histoire, d'Arts et d'Archéologie de l'Université de Bouaké - Côte d'Ivoire*, 6, p. 199-213.

SEKA Jean-Baptiste, 2018, « La gouvernance des crises économiques en Côte d'Ivoire. Cas de la crise commerciale de 1927-1937 », *Cahiers d'études africaines*, 229, p. 209 - 229.

SURET-CANALE Jean, 1964, *Afrique noire occidentale et centrale. L'ère coloniale (1900-1945)*, Paris, éditions sociales.

VITAUX Alain, DOULOUROU André, 1989, *Histoire des douanes ivoiriennes, premier centenaire, 1889-1989*, Abidjan, Imprimerie de l'IPNETP.

Les marqueurs de la présence allemande dans l'économie du Cameroun colonial et postcolonial

Noé Serge LOBHE BILEBEL,
Dr en Histoire des Relations internationales
Enseignant-assistant, Université de Douala,
sernolobil@gmail.com

Résumé

Le Cameroun est actuellement engagé dans la politique de réalisation des grands projets structurants dans la perspective de l'émergence à l'horizon 2035. Le présent article a pour objectif principal de questionner l'origine des investissements en vigueur au Cameroun et voir dans quelle mesure ceux-ci tirent leur essor de l'œuvre coloniale allemande. S'y trouve formulée l'hypothèse selon laquelle le développement économique du Cameroun tirerait son essence du vaste chantier de détection des ressources agricoles et minières amorcées par les Allemands et exploitées à moitié par l'administration française et britannique. Notre recherche examine en profondeur le bassin agro-industriel hérité de la colonisation allemande et aboutit au résultat selon lequel les projets structurants amorcés résultent en réalité de la mise en valeur des ressources identifiées et laissées en ''friche'' par le colon allemand et l'administration mandatrice ou tutélaire franco-britannique initialement orientés vers les produits de base et les dérivés du pétrole.

Mots-clés : Marqueurs - présence allemande - libéralisme planifié - développement autocentré - libéralisme communautaire - croissance économique - socle agro-industriel et minier au Cameroun.

Abstract

Cameroon is actually dealing with the achievement policy of many important project for his further development for a time horizon of up to 2035. The present article aims to question the origin of the investment built in Cameroon and see to what extent these related to German colonial enterprise. It is formulated there an assumption according to which the economic development of Cameroon is coming from the vast field of detection of agricultural and mining resources initiated by the Germans and half exploited by French and British administration. Our research examines deeply the agro-industrial farming area inherit from the Germans and leads to the result that the structuring project initiated actually results to the development of the rest of the resources identified and left by the German settler and French-British administration focus on base product and petroleum derivatives.

Keywords: Markers - German occupation - planned liberalism - self-centered development - community liberalism - economic growth - agro-industrial and mining base of Cameroun.

Introduction

La thématique sur les marqueurs de la présence allemande dans l'économie du Cameroun colonial et postcolonial se justifie par la perspective d'une analyse comparative des réalisations économiques et socioculturelles de la colonisation allemande et l'administration mandatrice ou tutélaire franco-britannique en Afrique centrale. Le Cameroun est actuellement engagé dans l'ère des grandes réalisations. La problématique principale de cette recherche consiste à questionner l'origine des investissements en vigueur et voir dans quelle mesure ceux-ci tirent leur essor de l'œuvre coloniale allemande au Cameroun. La réflexion soutient l'idée que le développement économique du Cameroun tirerait son essence du vaste chantier de détection des ressources agricoles et minières amorcées par les Allemands et exploitées à moitié par l'administration française et britannique. L'objectif est de montrer que les bases de l'économie coloniale et postcoloniale du Cameroun puisent leurs racines dans l'investissement allemand. Autrement dit, le tissu industriel précaire ou embryonnaire actuel du Cameroun est issu de l'héritage colonial allemand.
L'étude de l'héritage colonial allemand sur l'économie du Cameroun colonial et postcolonial nécessite la maîtrise des paradigmes contribuant aux classements des faits historico-économiques dans un registre théorique bien défini. L'approche historique combine à la fois l'analyse et l'interprétation des données relatives à l'œuvre allemande au Cameroun. Plusieurs approches sont explorées notamment la mise en exergue de la dimension historico-économique de notre recherche à travers l'examen du modèle de développement appliqué par les Allemands. En dépit des dérives telles que l'expropriation ou des travaux forcés, le modèle allemand serait plus bénéfique que celui de l'administration mandatrice ou tutélaire franco-britannique.
Le présent article est subdivisé en trois grandes parties. La première évalue la politique allemande de développement du territoire Kamerun. La seconde s'intéresse à la politique de développement de

l'administration franco-britannique du Cameroun. La troisième aborde la politique de développement du Cameroun postcolonial.

1. La politique allemande de développement du territoire Kamerun

La première partie du présent article s'appesantit sur trois points essentiels à savoir l'évaluation du projet de développement porté par la colonisation allemande au Kamerun, l'analyse du climat des affaires favorable à l'exploitation et la détermination du socle agro-industriel hérité de la colonisation allemande.

1.1. La colonisation allemande porteuse d'un projet de développement

L'empire colonial allemand était porteur d'un projet de développement contrairement aux autres puissances coloniales. Ce projet est issu d'une profonde réflexion et initiative des tenants de firmes, Woermann, Jantzen et Thormahlen qui effectuent une espèce d'appel d'offre en présentant progressivement et avec persévérance les potentialités agricoles et minières du territoire Kamerun afin de convaincre le chancelier sceptique et indécis Otton Von Bismarck qui éprouvait *a priori* une réticence à s'engager dans l'entreprise impérialiste à cause de la position centrale de l'Allemagne et son hégémonie politique en Europe à l'issue de la guerre franco-prussienne en 1871[1]. La présence allemande sur la côte camerounaise est un atout. Car, le Botaniste Mann entreprend de reconstituer les potentialités de la flore camerounaise à partir de 1861 et les Maisons de commerce Woermann, Jantzen et Thormahlen exerçaient sur la côte à partir de 1868. Il faudrait rappeler que le 30 janvier 1883, le roi Akwa signe un important accord commercial avec Édouard Schmidt, représentant de la Maison Woermann. En 1884, Édouard Woermann, Ministre de l'Intérieur auprès du Gouvernement d'Otto Von Bismarck et frère cadet d'Adolf Woermann, propriétaire de la Maison de commerce

---

1. ANY/AZ IV B, 11, 7, (1897), Hamburg west african plantation company de Victoria, p. 45-56.

Woermann, arrive au Cameroun et prépare le terrain à la conquête du territoire[2].

Les premières explorations majeures du territoire camerounais sont effectuées sous le commandement de Richard Kund, Hans Tappenbeck et Curt Morgen. Ceux-ci explorent l'intérieur de la côte des Batangas. L'explorateur Eugen Zintgraff parcourt la savane du Cameroun occidental et fonde le poste de Baliburg à 300 km au nord-est du fleuve Cameroun. Le poste de Jeundo (Yaoundé) : base arrière du sud-est et du centre Kamerun fut créé par Kund et Tappenbeck. Le projet colonial allemand au Cameroun était fondé sur l'exploitation du territoire Kamerun par des intérêts économiques privés ou les entreprises allemandes. Les Allemands au Cameroun recherchaient des débouchées pour leur production et l'amélioration de leur condition d'approvisionnement à des prix réduits. Ils furent donc résolus à briser le monopole du commerce sur la côte détenu par les populations côtières et créer des conditions nécessaires à la mise en place des plantations[3].

Toutefois, les richesses agricoles de la région du Mont-Cameroun furent l'objet de plusieurs rapports transmis aussi bien par les voyageurs que par les explorateurs. F. R. Burton, Consul britannique de la baie du Biafra et Fernando-Poo releva que les basses plantes du Massif du Mont-Cameroun étaient propices à la culture du café, cacao et la canne à sucre. Les archives de la Chambre de commerce de Hambourg relevaient en juillet 1883 à propos des terres du Mont-Cameroun que :

> L'acquisition de ladite région s'impose tout particulièrement pour la raison qu'elle se prête très bien à l'installation de plantations. La richesse de la brousse en épices, caoutchouc, café, etc., donne un témoignage indéniable de la fertilité des sols comme le montrent les rapports des expéditions d'Henri Barth, Gustave Nachtigal ou Flegel[4].

Par conséquent, l'intérêt de Bismarck pour l'entreprise coloniale est motivé par un ensemble de rapports résultant, entre autres, des

---

2. ANY/AZ IV B, 13, 7, (1900), Prine Alfred plantation, p. 34-67.
3. ANY/AZ IV B, 15, 16, (1903), German Rubber company, p. 13-20.
4. Archives de la Chambre de commerce de Hambourg, Mémoire du 6 juillet 1883, N° 8271, p. 226.

expéditions d'Henri Barth (1849-1855), de Gustave Nachtigal (1870-1884) ou de Flegel (1879-1882). Ces explorateurs ravivent les intérêts politiques et commerciaux des territoires découverts et font connaître les richesses du pays. Qui sont ces acteurs majeurs de la colonisation allemande du Cameroun ? Henri Barth est né à Hambourg en 1821. Il part en 1849 avec Overveg pour une aventure qui aboutit à la découverte du lac Tchad. Le 7 mai 1851, il prend la route de l'Adamaoua. Il passe par Uba, Mubi, Sorao et Demsa. Le 18 juin 1951, il arrive sur les abords de la Bénoué et le 20 juin 1851, il atteint l'Émirat de Yola. Accusé de faire l'espionnage par l'Emir Lawal de Yola, il est expulsé du pays et en prenant la route des royaumes du Kanem, du Baguirmi et du Sokoto, il arrive à Tripoli en 1855 en provenance de Tombouctou. Ces voyages ont permis à Barth de réunir une documentation précieuse sur la connaissance du nord - Cameroun[5].

Flegel, quant à lui, suit la rivière du Mayo Deo jusqu'à l'embouchure du Faro. Il poursuit sa route vers Chamba, Gurin et Guna en direction de Yola[6]. Gustav Nachtigal est né à Eichstedt en 1834. Médecin militaire de son état, il arrive en Afrique du Nord en 1862. Il explore respectivement le lac Tchad (le 20 juin 1870), le Bornou (le 6 juillet 1970), le Wadai, l'Égypte et regagne l'Europe en 1875. En 1882 il est nommé Consul général de l'Empire allemand à Tunis. Il part de Tunis en 1884 avec pour mission de prendre possession des nouveaux territoires occupés par l'Allemagne sur la côte occidentale d'Afrique et il atteint Douala le 12 juillet 1884. Il signe le traité Germano-Douala qui constitue l'accord juridique et institutionnel de base de la colonisation allemande du territoire Kamerun. Au-delà du rôle d'ensemble de ces différents acteurs, la politique coloniale allemande s'appuya également sur l'attractivité du climat des affaires favorable à l'exploitation[7].

1.2. L'attractivité du climat des affaires favorable à l'exploitation

L'entreprise coloniale allemande trouve un climat des affaires dont les indicateurs en termes d'attractivité sont favorables à l'exploitation.

---

5. ANY/AZ IV B, 13, 19 : les expéditions d'Henri Barth (1849-1855), p. 89.
6. ANY/AZ IV B, 13, 15 : les expéditions de Flegel (1879-1882), p. 13.
7. ANY/AZ IV B, 13, 17 : les expéditions de Gustave Nachtigal (1870-1884), p. 21.

Cette aventure n'était pas seulement motivée par des raisons humanitaires ou le prestige impérialiste. L'une des particularités de l'entreprise coloniale allemande au Cameroun est qu'elle était une initiative qui s'inscrivait dans la durée et elle était caractérisée par une étude préalable de terrain qui recensait les matières premières agricoles et minières disponibles produites par chaque région. Le territoire Kamerun était intégré dans un projet pilote d'exploitation des colonies au même titre que le Togo, le Tanganyika, Ruanda-Urundi et le Sud-ouest africain (La Namibie actuelle). Le triangle camerounais avait une superficie de 478 000 km² de 1885 à 1895 allant du sud-ouest de l'océan au nord du lac Tchad et du sud-est au confluent de la Sangha et la Ngoko. Les accords conclus après le coup d'Agadir le 4 novembre 1911 élargissent la superficie du Cameroun de 275 000 km² soit 750 000 Km² englobant l'Oubangui, une partie du Congo et une partie de la Guinée espagnole[8].

L'économie coloniale du Kamerun allemand fut placée sous exploitation des firmes de Hambourg qui voulaient constituer une colonie commerciale encore appelée : *"HandelsKolonie"* au Cameroun. La « Hamburg west african plantation company» de Victoria fondée en 1897 était chargée de la culture du cacao et caoutchouc à Neutagel, Molyko, Bolivamba, Isoka, Moli, Malende, Toli. Aussi W. Kemner, ancien directeur et l'un des principaux actionnaires de la West Afrikanische Pflanzung Victoria affirmait-il qu'il n'existait que la petite plantation Woermann à Kriegsschiffhafen (Man of War Bay) et celle de la 'Kakao und Plantagen Tabakben Geselschaft' (Jantzen-Thormahlen) à Bibundi. Un jardin botanique expérimental fut également créé à Victoria[9].

Jesko Von Puttkamer obtint l'autorisation du 'ReichsKolonialamt' de concéder 10 000 ha pour une plantation expérimentale aux abords du Mont-Cameroun à partir de 1895. Zintgraff quant à lui réussit à attiser la convoitise des milieux d'affaires allemands vis-à-vis du Cameroun. Il s'agissait notamment du consortium composé des industriels de la

---

8. ANY/AZ IV B, 37, 70, (1912), Bimbia plantation compagny, p. 78.
9. ANY/AZ IV B, 37, 67, (1912), Africa fruit company, p. 24.

Rhénanie et de plusieurs banques d'affaires favorables à l'acquisition et l'exploitation des terres en Afrique tropicale. Zintgraff profita de son affinité avec l'un des industriels de Duren, Victor Hoesch, pour le convaincre de faire passer sa mission d'étude par Sao Tomé et le Cameroun au détriment de l'Angola initialement choisi (W. Kemner, 1937, p165).

En outre, la «Prinz Alfred plantation» produisait du cacao, café et caoutchouc. La «German Rubber company» produisait du cacao, du caoutchouc et de l'huile de palme. La «Maenja Rubber compagny», la «Bimbia plantation» et l'«Africa Fruit company» furent créés dans la zone de Tiko, Penja et Bimbia à partir de 1912. Les colons allemands développent les cultures d'exportation au détriment des cultures vivrières et posent les jalons de l'économie de plantation au Cameroun. Pour conforter ce modèle d'exploitation, les Allemands mettent sur pied le comité colonial économique (CCE) '' *Kolonial Witschaftliches Komittee*'' en 1898 chargé de l'importation des produits en provenance des colonies allemandes[10]. Ces différentes données recueillies sur les potentialités économiques du Kamerun montrent que les bases agricoles et industrielles du territoire sont issues de la colonisation allemande.

1.3. Le socle agro-industriel camerounais héritier de la colonisation allemande

En janvier 1897, la plus grande société agricole du Cameroun est créée à Victoria sur les terres de Zingraff, Spengler et Douglas. C'est l'avènement de la ''West Afrikanische Pfanzung'' composée de 10 000 ha de terres cultivables. Le capital de 2 500 000 marks en actions de 1000 marks était versé à 65 % à la fin de 1899. Il augmenta par la suite et atteint le seuil de 3 millions de marks en 1914. Le développement agro-industriel du Kamerun allemand se mesura par l'ampleur ou la dimension des concessions territoriales et celle des capitaux investis. À partir de 1913, les plantations agricoles camerounaises étaient constituées de 115 147 ha dont 28 225 ha en exploitation et 90.000ha de

---

10. ANY/AZ IV C, 15, 56, (1913), "Moliwe Pfantzung", p. 43.

concessions sur les pentes du Mont-Cameroun. Les plantations les plus récentes se situaient le long du ''Nordbahn'' de Douala à Nkongsamba. Elles étaient concentrées sur la culture du tabac (46 km à Mbanga, 87 km à Pendja), la banane (Njombe) et le palmier à huile (palmeraies du Syndikat fur Oelpalmenkultur à Maka sur 12 km). Le troisième groupe de plantation était constitué de plusieurs petites entreprises basées à Campo, Kribi, Lolodorff et aux abords de la Sanaga (U. Preuss, 1897, p. 46).

Cependant, la concession des plantations aux Allemands entraîna plusieurs problèmes notamment l'acquisition abusive des contrats frauduleux et les malentendus avec les populations locales qui ne comprenaient pas l'interdiction de l'utilisation des terres non cultivées et refusaient l'aliénation définitive de leurs sols. Le second problème est celui de la main d'œuvre. En 1913, les responsables de la "Moliwe Pfantzung" constatent que le manque de main-d'œuvre est devenu un handicap pour

plusieurs entreprises. Les Bahweri (Kpe) de la région de Buea, Balong, Isubu, et Wowea autour de Victoria, Bakolle, Efik, Fish town dans le Rio Del Rey étaient très peu nombreux pour satisfaire aux besoins des plantations. Les Allemands optèrent pour l'importation des travailleurs à l'instar du recrutement forcé des Boulous dans la région de Kribi-Lolodorf. Ces ouvriers (Boulous, Bamilékés ou originaires de la côte du Cameroun) furent soumis à des conditions de vie très radicales à savoir l'absence de visite médicale, difficultés d'adaptation dans les zones côtières infestées de malaria[11].

Pour apporter une solution aux différents conflits avec les travailleurs locaux, les Allemands mettent sur pied une législation du travail. Le recrutement des travailleurs fut réglementé par les décrets en 1902, 1909 et 1913 qui contraignent les employeurs à préciser dans les contrats traduits les conditions d'emploi des travailleurs recrutés. La journée de travail fut limitée à 10 h. Le salaire est fixé mensuellement à 8 ou 10 marks. La nourriture fut minutieusement réglementée et la discipline de vigueur. Un office du travail fut créé en 1909 doté de

---

11. ANY/AZ IV B, 32, 919 : Bale, 14 septembre, 1899, p. 16.

deux commissaires dont l'un chargé d'enrôler des hommes valides pour le compte des entreprises et plantations. En 1914, l'inspection du travail fut créée en charge du contrôle des conditions sanitaires dans les quartiers des ouvriers africains (J-Y. Martin, 1918, p. 298).

En outre, les Allemands furent les pionniers à initier la diversification et reconversion des cultures pour pallier certains déficits. Dès 1912, les sociétés agricoles de Victoria furent confrontées à la baisse des prix à cause du ralentissement du marché dû à la concurrence. Les revenus de la vente du caoutchouc de plantation sont menacés par l'exportation du caoutchouc de cueillette indigène. Les Allemands initièrent une reconversion de certaines plantations de caoutchouc en palmeraies. À la veille de la Première Guerre mondiale, des palmeraies commencèrent à remplacer progressivement certaines cacaoyères vieillissantes. La banane constitua également une autre possibilité agricole de reconversion à travers l'exploitation de près de 800 ha de la variété de bananes 'Gros Michel' par la société « Afrikanische Frucht Kie » sur les pentes de Victoria. Le jardin botanique de Victoria joua un rôle fondamental dans la recherche, l'assistance et la formation agricoles (L. Fourneau et C. Annet, 1918, p. 148-224).

Les voies de communication sont également le fruit de l'exploitation coloniale allemande. À l'arrivée des Allemands au Cameroun, le transport des marchandises s'effectuait presque exclusivement à dos d'hommes. Les porteurs, chargés de ballots de caoutchouc, allaient de Yokadouma à Kribi à pied. Les véhicules ne sont pas utilisés à cause de l'inexistence des routes ou de leur mauvaise qualité. C'est dans ce contexte que la société Automobile du sud-Cameroun, lancée en 1912 entreprend de créer les routes dans tous les districts du territoire. Après la première route Kribi-Yaoundé en passant par Lolodorf, la route Kribi-Lolodorf-Ebolowa fut engagée par les Allemands. En 1914, la route de Kribi à Ngoulemakong est praticable en voiture. Sur le plan maritime, le transport fluvial est relativement développé sur la côte et dans l'estuaire du Wouri. Une amorce de spécialisation des ports fut initiée. Il s'agit notamment de la création du port bananier de Tiko et Victoria, la mise en place d'un port à bois à Kribi et l'installation d'un port à diverses marchandises à Douala. Le port de Douala est la porte d'entrée du territoire Kamerun. Les compagnies hambourgeoises de Hapag et les firmes Woermann desservent l'Afrique et l'Allemagne. Des navettes furent établies entre le port de Douala et les petits ports de Campo, Kribi, Rio del Rey et Victoria[12].

Sur le plan ferroviaire, les travaux de l'historien Louis Delavaud mettent en exergue le développement des infrastructures ferroviaires du Kamerun allemand. Le syndicat des chemins de fer au Cameroun a été créé en 1902. Il obtient des concessions du gouvernement allemand pour construire des voies ferrées. Un projet de liaison entre Douala et le lac Tchad fut initié et marqué par l'accord de construction d'un premier tronçon de 160 km vers les monts Manengouba grâce à un financement de près de 17 millions de marks. Le chemin de fer Douala-Nkongsamba est achevé et inauguré le 11 avril 1911. À cette époque, la colonisation allemande avait déjà prévu un plan de construction de voies ferrées desservant les grandes régions et villes du nord (pays bamoum, Banyo, Garoua, Maroua jusqu'à Dikoa au Niger). Une autre ligne de chemin fer relie Douala et Widimenge sur la rivière Nyong en direction de Yaoundé. Quand la Guerre éclate en 1914, près 173 km de voies ferroviaires restent ouverts à la circulation. On peut seulement aller de Douala à Eséka par les rails (L. Delavaud, 1987, p. 543).

En outre, le chemin de fer du centre qui devait plus tard relier le Cameroun et le Tchad est en chantier et a été amorcé pendant la colonisation allemande[13]. Sur le plan maritime, les ports de Douala, Victoria, Kribi et Tiko sont fonctionnels. En 1911, la colonisation allemande du Cameroun met en place un réseau postal de près de 37 stations et 11 stations de télégraphe qui envoient plus d'un million de lettres et 70 000 télégrammes.

Les voies téléphoniques et télégraphiques de (Buea, Garoua, Yaoundé, Edéa, Dschang) sont fonctionnelles. Un câble sous-marin relie Monrovia au Togo et au Kamerun permettant d'assurer aux Allemands

---

12. ANY/AZ IV B, 11, (1939), Production agricole et minière au Cameroun, p. 19.
13. C'est un projet qui bénéficie actuellement des retombées du pipeline Tchado-camerounais et qui est envisagé par l'État tchadien.

leur indépendance par rapport aux transmissions britanniques. C'est l'ancêtre de la fibre optique développée au Cameroun.

En somme, à la veille du départ des Allemands, l'œuvre allemande est importante au Kamerun. L'agriculture est en essor. Les voies de communication, certaines villes (Douala, Yaoundé, Victoria, Buea), les écoles (l'école de Deido est créée par Von Soden et tenue par Théodor Christaller), les hôpitaux (Ayos et Victoria) sont fonctionnels. L'administration franco-britannique du Cameroun a-t-elle évolué dans la même optique de développement?

2. La politique de développement de l'administration franco-britannique du Cameroun

La seconde partie de cet article s'articule autour de trois axes majeurs notamment l'analyse des effets du départ des Allemands sur le ralentissement de la croissance économique du Cameroun sous administration française et britannique, la différence entre l'administration allemande et franco-britannique du Cameroun ainsi que les plans d'investissement franco-britanniques calqués sur le modèle allemand.

2.1. Le départ des Allemands et le ralentissement de la croissance économique

Le départ des Allemands fut certes une source de satisfaction pour les puissances de l'Alliance, mais elle constitua un coup d'arrêt ou une source de stagnation pour le territoire Kamerun si nous comparons les modèles économiques appliqués par le système colonial allemand et l'administration mandatrice ou tutélaire franco-britannique au Cameroun. Lors de la conquête du Cameroun par les alliés, les chantiers d'extension de la voie ferroviaire du Cameroun initiés par les Allemands ne furent pas perpétués par les Français et les Anglais. Ceux-ci privilégient la ligne du Centre *"Mittellandbahn"* en direction de Yaoundé avec pour terminus Éseka à 174 km. La triple offensive des forces alliées dirigées par les Colonels Brisset et Ferandi venus du Tchad ; le Général Aymerich de l'AEF[14] et le Colonel Mayer en provenance du Nigéria ont contribué à interrompre momentanément l'effort d'investissement allemand au Cameroun. L'économie camerounaise repart avec lenteur comme le souligne le Commissaire de la république Lucien Fourneau en tournée à l'intérieur du territoire :

> L'ère de prospérité matérielle réelle dont commençait à jouir la colonie dans les années qui ont précédé la guerre alors que le Cameroun faisait un commerce de 80 millions de francs par an… On ne fait plus de grands travaux, les bateaux sont rares et le commerce s'en ressent (à Lomié, il y'avait 80 commerçants européens avant la guerre, un seul aujourd'hui (L. Fourneau et C. Annet, 1918, p. 120).

Le réseau ferroviaire a été très endommagé par les combats et remis en circulation après la reconstruction des ponts. Les populations locales furent réquisitionnées pour la réfection de la chaussée à l'aide de houes, pelles, brouettes ou la construction de nouvelles routes à l'instar de celle de Kribi - Campo. Le départ des Allemands favorisa la mise à l'abandon de plusieurs entreprises. Les biens de l'ancienne puissance coloniale sont placés sous scellé. Leur valeur globale est estimée à 26,5 millions de francs en décembre 1918 (L. Fourneau et C. Annet, 1918, p. 179). Lorsque le 20 février 1916, les Allemands quittent le Cameroun, une question lancinante se pose : la France et l'Angleterre peuvent-elles définir une identité spécifique et appliquer une politique de développement comme celle de l'Allemagne ?

2.2. La différence entre la gestion allemande et franco-britannique du Cameroun

Sur le plan forestier et minier, l'économiste Jacques Champaud relève que le Cameroun est riche en essence forestière précieuse et exportait déjà l'acajou, l'ébène et l'ivoire pendant la période coloniale allemande. L'exploitation du sous-sol était déjà amorcée. Car l'administration allemande a consenti un financement important pour procéder à la prospection des gisements de pétrole de Logbaba à Douala. Mais

---

14. Afrique Équatoriale Française.

ces recherches seront interrompues par la Première Guerre mondiale (J. Champaud, 1966, p. 105).

Par conséquent, l'administration mandatrice ou tutélaire a trouvé un territoire suffisamment exploré et domestiqué. Elle s'est engagée dans une initiative de continuité sans aucune prospection au préalable. Celle-ci consistait à exploiter les ressources préalablement définies par l'investissement économique allemand au Cameroun. Le départ des Allemands contribua à passer de l'investissement, qui constitue le moteur du développement, à une simple exploitation des ressources et création des infrastructures pour se justifier devant la commission de mandat ou de tutelle. L'historien et essayiste Abel Eyinga questionne la soudaine faillite de l'industrie camerounaise mise en place par l'administration mandatrice et tutélaire franco-britannique du Cameroun. Pour lui, celle-ci n'est qu'une pâle copie du modèle d'exploitation coloniale allemande et elle ne pouvait que connaître un épuisement quelques années plus tard (A. Eyinga, 1959, p. 21).

Les archives nationales de Yaoundé relèvent que les Allemands font l'inventaire des richesses du pays. Ils organisent les missions d'enquêtes et de recherche scientifique et entreprennent la création des grandes plantations et des voies de communication. Sur le plan agricole, les compagnies allemandes cultivent la banane, le cacao, le café, l'hévéa, le palmier à huile et le tabac sur la côte, les pentes du mont Cameroun, le Moungo et les forêts du sud. Le géographe allemand Max Moisel dressa une carte du Cameroun dont les détails et les précisions furent longuement exploités par le mandat et la tutelle franco-britannique du Cameroun[15].

2.3. Les plans d'investissement franco-britannique calqués sur le modèle allemand

Dans la zone francophone, l'exploitation du caoutchouc et de l'huile de palme aboutit à la création de la plantation d'hévéa de Dizangué en 1928. Le vieux bastion économique d'exploitation allemande du Cacao

---

15. ANY/AZ IV B, 42, 919 (14 février 1902), Fonds allemands : Pétition des plantations de Soppo, Molyko et Bolifanga, p. 25-27.

et café dans le Moungo est repris par l'administration française. Les plantations de palmiers à huile sont également exploitées à Dschang, Bafia, Edéa, Kribi et Dibombari. Les domaines miniers prospectés par les Allemands sont également mis en valeur à savoir l'exploitation de divers minerais : rutile, titane, mica, or[16].

Dans la zone anglophone, l'administration britannique prend en charge les grandes plantations allemandes sous forme de coopérative. C'est l'avènement de la CDC (Cameroon Development Corporation) antérieurement appelée la *"Moliwe Pflanzung"* pendant la période coloniale allemande. L'administration franco-britannique du Cameroun a récupéré le plan d'investissement établi par les Allemands. Mais que vaut un plan d'investissement calqué sur le modèle allemand ? L'original ne vaut-il pas mieux que la copie et la réussite d'un plan d'investissement basé sur la création des infrastructures prospectées par les Allemands peut-elle être effective sans une vision de l'investissement ou une volonté politique à la base ?

C'est le malaise de l'administration mandatrice et tutélaire franco-britannique qui voulut reproduire le modèle d'exploitation allemande sans pouvoir véritablement y parvenir. Il existe une profonde inadéquation entre les réalités ou les besoins réels des régions et les potentialités agricoles ou minières exploitées par l'administration française du Cameroun comme le relève le bilan d'activités des dix années de fonctionnement du Fonds d'investissement pour le développement économique et social (FIDES) effectué par Abel Eyinga en ces termes :

Les Français ne connaissent pas profondément les vœux des Camerounais. Ils ne cherchent pas à développer harmonieusement le Cameroun. Ils se lancent dans un programme de construction sur une large échelle portant sur le développement excessif des infrastructures (A. Eyinga, 1959, p. 27).

Les Français récupèrent les principales plantations allemandes à l'instar de la plantation de tabac de Njombe. Ils soumettent les

---

16. ANY/AZ IV B, 07, 03, (1939), Production agricole et minière au Cameroun, p. 1-7.

autochtones au code de l'indigénat. Les populations locales constituent la main-d'œuvre rebaptisée prestations pour les corvées, les réquisitions et les travaux forcés. L'absence de projet d'exploitation se fit très vite ressentir au sein de l'administration mandatrice ou tutélaire franco-britannique du Cameroun (E. Ardener et W. A. Warmington, 1960, p. 256).

Selon le rapport de l'inspecteur Méray en date de 1920, toutes les plantations de tabac sont à l'abandon et celle de Njombe décline, car la société commerciale pour les colonies qui reprend l'exploitation ne paye pas ses impôts. Les bâtiments sont en ruine. Une quarantaine de séchoirs construits par les Allemands se sont effondrés et des tôles ont été volées. Sur le plan forestier, les Allemands laissent près de 250 grosses billes de Zaminguila encore appelée acajou d'Afrique (F. Wassoumi, 2009, p. 149). Ces énormes troncs sont transportés par flottage jusqu'à Douala et sont débités dans les scieries d'Akwa. Le mandat et la tutelle franco-britannique du Cameroun étaient essentiellement caractérisés par le prestige de la mission impérialiste au détriment d'un projet d'exploitation spécifique du territoire. Il s'agissait d'exploiter au maximum de potentiel agro-industriel existant sans un plan d'investissement précis (R. Musset, 1933, p. 64).

L'administration franco-britannique se concentre sur l'exploitation forestière laissée en friche par les Allemands. Le Cameroun produisait en moyenne 31 000 tonnes de bois en grume et 14 700 tonnes de bois débités. Le vieux bastion d'exploitation du cacao, café arabica dans le Sud-ouest et la banane dans Moungo est également repris par les Français et les Anglais. En 1921, les frères Pascalet créent un champ expérimental dans la région du sud à Ébolowa. La production caféière est de 4000 tonnes de café arabica et de 30 000 tonnes de bananes en 1939. Un service minier fut créé et la prospection minière aboutit à la découverte des minerais tels que le rutile, titane, mica, graphite ou or. On pouvait recenser une exportation de 314 tonnes d'étain, 88 kg d'or, 35 tonnes de rutile en 1935[17].

---

17. ANY/AZ IV B, 07, 03, (1939), Production agricole et minière au Cameroun, pp. 3-15.

En bref, l'administration mandatrice et tutélaire franco-britannique du Cameroun demeura tributaire du modèle d'exploitation allemande du Cameroun. Quel est le degré de dépendance du Cameroun postcolonial vis-à-vis de la politique de développement initial amorcée par la colonisation allemande ?

3. La politique de développement du Cameroun postcolonial

La dernière partie du présent article est une évaluation synthétique de deux thématiques majeures notamment l'examen des orientations économiques du Cameroun indépendant et celle des grands projets structurants.

3.1. Les orientations économiques du Cameroun indépendant

La politique de planification économique adoptée par le Cameroun à l'aube des indépendances résulte en théorie d'un mixage ou d'un savant dosage entre les systèmes capitalistes et socialistes et l'adoption du neutralisme ou de la politique de non-alignement. Mais en pratique, l'option économique adoptée par le Cameroun indépendant évolue dans la continuité de la politique de développement des infrastructures initiée par l'administration coloniale allemande et appliquée avec platitude et partialité par l'administration mandatrice et tutélaire franco-britannique[18].

L'économie du Cameroun indépendant est une économie de rente qui reste encore encrée dans l'exploitation des produits préalablement exploités par les Allemands. Les exportations sont basées sur les matières premières telles que les hydrocarbures, le bois, la banane, le cacao ou le café. Ces matières premières demeurent non seulement tributaires de la fluctuation des cours sur les marchés mondiaux, mais aussi elles sont caractérisées par une faible intégration des économies régionales au sein de la Communauté économique et monétaire des États d'Afrique centrale (CEMAC). Dans le domaine de l'hydroélectricité, le Cameroun postcolonial possédait trois opérateurs

---

18. ANY/AZ IV F, 123, 037, (1961), Plans quinquennaux, p. 7.

régionaux d'électricité (ENELCAM[19], POWERCAM[20], EDC[21]) qui fusionnent pour former la SONEL[22] en 1975. Cette nationalisation des entreprises du secteur de l'énergie hydroélectrique connut de bons résultats jusqu'au début des années 80 (D. Oyono, 1992, p. 92).

En outre, l'économie camerounaise repose également sur l'exploitation des sociétés ou plantations dites familiales initialement exploitées pendant la colonisation allemande et le mandat ou la tutelle franco-britannique (cacao, café arabica ou robusta, coton, riz et tabac). La production de café et cacao était respectivement 260 000 et 470 000 unités en 1985-1986 soit 100 milliards de FCFA correspondant à 120 000 tonnes pour le cacao et 96 500 tonnes pour le café. Les revenus moyens étaient de 176 000 f par an pour le cacao, 177 000 f pour le robusta et 98 000 f pour l'arabica. La forte baisse des prix des produits de base engendre la chute des revenus des paysans et la réduction de la production. La capacité de raffinage est très faible. Le Cameroun importe de l'huile raffinée et exporte à perte ses excédents d'huile brute. L'État s'est limité à stabiliser les prix du café ou du cacao et à réglementer leurs achats par les exportateurs agréés (B-A. Ngando, 2002, p. 145).

Cependant, les plantations agricoles issues de la colonisation allemande sont confrontées à plusieurs difficultés : d'une part, l'évolution des prix du café et du cacao n'est pas incitative et elle maintient les producteurs dans la précarité monétaire sans améliorer leurs pratiques culturales ou booster leur investissement. D'autre part, la population rurale est de plus en plus vieillissante et les jeunes sont attirés par l'exode rural. Les paysans sont contraints à réduire leur effort de production sur les cultures de rente et la détérioration des termes de l'échange maintient leurs revenus à un niveau dérisoire (E. Etoga, 1971, p. 67).

---

19. Énergie électrique du Cameroun.
20. Power Cameroon.
21. Electricity Development of Cameroon.
22. Société nationale de l'électricité.

3.2. Les projets structurants et la politique de l'émergence à l'horizon 2035

Le Cameroun s'est engagé dans une politique visant à réduire sa dépendance à l'égard du secteur des hydrocarbures dans le cadre d'une stratégie de diversification de son économie actuellement dominée par le pétrole. L'objectif de cette politique est de faire en sorte que le pays devienne une économie émergente à l'horizon 2035. Signataire depuis 2016 d'un accord de partenariat économique (APE) avec l'Union européenne, le Cameroun a vu ses recettes douanières s'effondrer. En trois ans, les finances du pays ont cumulé des pertes s'élevant à 10,6 milliards de francs CFA (16 millions d'euros).

Pour résorber le déficit énergétique, l'économie camerounaise s'inspire des résultats de la prospection de l'époque coloniale allemande dans le cadre de la réalisation des projets structurants. Il s'agit notamment de la mise en service d'une centrale thermique à fioul lourd de 86 mégawatts (MW) à Yassa à l'entrée de Douala à partir de 2009, la construction d'une centrale de gaz naturel de 216 MW à Kribi, la mise en eau d'un barrage réservoir à Lom Pangar pour régulariser le débit de la Sanaga et saturer les centrales hydroélectriques de Song loulou et Edéa, la construction d'une usine de pied de 25 MW pour alimenter le réseau électrique de la région de l'Est et une centrale hydroélectrique de l'ordre de 10 MW à Mekin. Le renouvellement des anciens viviers agricoles est caractérisé par la pratique de nouvelles techniques agricoles modernes permettant une production rapide. Le secteur minier, laissé en hibernation pendant la période coloniale, constitue le pôle principal de développement de notre pays avec la réalisation des projets structurants. Par conséquent, la politique des grandes réalisations ouvre d'autres perspectives au développement économique du Cameroun.

Plusieurs autres projets (tabl. 1) ont été envisagés à moyen ou long terme (Y. Bahri-Domon, 2016, p. 27).

Ces projets sont associés à la construction des ouvrages tels que le pont-rail de Bankim sur la Mape et Ndokayo dans la région de l'Est.

Ces projets structurants sont susceptibles de faire du Cameroun l'un des leaders de l'exportation de l'énergie sous-régionale et régionale.

Le renouvellement des anciens viviers agricoles est caractérisé par la pratique de nouvelles techniques agricoles modernes permettant une production rapide. Le secteur minier, laissé en hibernation pendant la période coloniale, constitue le pôle principal de développement de notre pays avec la réalisation des projets structurants. La politique des grandes réalisations ouvre d'autres perspectives au développement économique du Cameroun. Par conséquent, les projets à fort potentiel de croissance constituent notamment la construction du port en eau profonde de Kribi : ce port est composé de plusieurs terminaux (aluminium, hydrocarbures, conteneurs) et un appontement en fer à Lolabé. La construction du port en eau profonde de Limbe permet de booster les échanges formels avec le Nigeria. La construction du Yard pétrolier de Limbe permet au Cameroun d'offrir aux pays du golfe de Guinée et aux opérateurs pétroliers un chantier naval moderne et compétitif.

Le Cameroun se fixe pour objectif de faire en sorte que le pays devienne une économie émergente à l'horizon 2035[23]. Cette politique intègre un ensemble d'objectifs intermédiaires qui sont :
- la réduction de la pauvreté,
- l'atteinte du stade de pays à revenus intermédiaires ;
- l'atteinte du stade de nouveau pays industrialisé ;
- la consolidation du processus démocratique de l'unité nationale dans le respect de la diversité qui caractérise le pays.

La réduction de la pauvreté consiste à la ramener à un niveau résiduel socialement tolérable par, d'une part, une croissance forte, soutenue et créatrice d'emplois, et, d'autre part, par une intensification, une généralisation et une amélioration des services sociaux (santé, éducation, logement, formation, eau, électricité, voies de communication).

Le stade de pays à revenu intermédiaire concrétise l'objectif de doubler au moins le revenu moyen pour faire passer le pays de la classe des pays

---

23. ANY/AZ IV B, 117, 56, (2009), Document stratégique pour la croissance et l'emploi (DSCE), p. 1-306.

Projets structurants	Potentiel en Méga Watt (MW)
Centrale de Yassa	86
Barrage de Lom Pangar	25
Centrale de Mekim	10
Barrage de Nachtigal	330
Barrage de Song Mbengue	950
Barrage de Menve'ele	entre 120 et 201
Barrage de Kikot	entre 350 et 550
Barrage de Njock	270
Barrage de Ngodi	475
Barrage de Song Ndong	entre 250 et 300
Barrage de Nyanzom	375
Barrage de Bayomen	470
Barrage de Mouila Mogué	350
Barrage de Bangangté	90
Barrage de Warak	50
Barrage de Gbazoumbé	12
Barrage de Cholet	400
Barrage de Grand Eweng	386
Barrage de Noun-Wouri	1200
Barrage de Mandourou	67
Barrage de Mbinjal	66
Barrage de Vina, Munaya	200
Barrage de Barrage de Kpaf	300

Source : Y. Bahri-Domon, 2016, p. 27.

Tabl. 1 : Les projets structurants et leur potentiel au Cameroun

à faible revenu à celle des pays à revenu intermédiaire à travers une accélération de la croissance qui devait atteindre les deux chiffres en 2017 et se maintenir à ce niveau pendant un nombre d'années suffisant. Sur le plan industriel, l'ambition du Cameroun est de faire passer son économie de la phase primaire à la phase de deuxième import substitution avec une production manufacturière contribuant à plus de 23 % du Produit Intérieur Brut (PIB), contre 11 % actuellement et un secteur secondaire dans son ensemble (y compris les industries extractives) représentant plus de 40 % du PIB. L'émergence qui est le stade final de cette vision vise à intégrer l'économie camerounaise à l'économie mondiale aussi bien d'un point de vue commercial (exportations importantes) que financier (ouverture des marchés financiers locaux aux capitaux extérieurs)[24].

Conclusion

Contribution historique qui évalue la portée de l'investissement allemand au Cameroun, cette recherche aboutit à trois principaux résultats. Premièrement, l'ossature politico-administrative et le socle agro-industriel ou minier actuel du Cameroun tire leurs racines de l'œuvre allemande d'avant-première Guerre mondiale. Deuxièmement, l'administration mandatrice ou tutélaire franco-britannique du Cameroun constitue une pâle copie du modèle allemand d'exploitation. Les Français et les Anglais ne font pas le même travail de prospection. Ils s'engagent simplement dans la continuité de l'exploitation du vivier économique ancien dont les bastions (cacao, café, coton, caoutchouc, palmier à huile, bananes) sont exploités depuis la colonisation allemande et les bastions miniers, en dehors de l'exploitation du pétrole, demeurent sous-exploités. Troisièmement, la majorité de ce qu'on appelle aujourd'hui les projets structurants est issue de la recherche ou la prospection allemande.

Ce travail a permis de retracer les fondements de l'industrialisation au Cameroun. L'analyse comparative entre la période coloniale allemande

---

24. NY/AZ IV B, 237, 03, (2016)), Exportation principale du Cameroun vers l'UE, p. 26 -47.

et la période de mandat ou de tutelle franco-britannique montre que l'administration allemande était plus disciplinée et avant-gardiste par rapport aux modèles d'administration mandatrice ou tutélaire franco-britannique du Cameroun.

L'investissement économique allemand s'avéra être le plus bénéfique pour le Cameroun. Par conséquent, les conclusions de notre investigation évoluent dans la perspective d'une meilleure évaluation des bénéfices de la coopération entre l'Allemagne et le Cameroun. Car, mieux que d'autres, l'Allemagne connaît les bastions économiques anciens ou nouveaux du Cameroun. L'expertise allemande pourrait améliorer la portée ou l'efficacité des grandes réalisations à court, moyen ou long terme. C'est une approche suggérée par le Pr Kum'a Ndoumbe qui affirme que l'opinion publique camerounaise reste profondément attachée au sentiment germanique en dépit de quelques dérives telles que l'expropriation et les travaux forcés (Kum'a Ndumbe III, 1986, p. 234).

Sources et bibliographie

Sources d'archives

ANY/AZ IV B, 32, 919 (1899), Bale, 14 septembre.

ANY/AZ IV B, 42, 919 (1902), Fonds allemands : Pétition des plantations de Soppo, Molyko et Bolifanga, 14 février.

ANY/AZ IV B, 11, 7, (1883), Archives de la Chambre de commerce de Hambourg, Mémoire du 6 juillet N° 8271.

ANY/AZ IV B, 13, 19 : les expéditions d'Henri Barth (1849-1855).

ANY/AZ IV B, 13, 17 : les expéditions de Gustave Nachtigal (1870-1884).

ANY/AZ IV B, 13, 15: les expéditions de Flegel (1879-1882).

ANY/AZ IV B, 11, 7, (1897), Hamburg west african plantation company de Victoria.

ANY/AZ IV B, 13, 7, (1900), Prine Alfred plantation.

ANY/AZ IV B, 15, 16, (1903), German Rubber company.

ANY/AZ IV B, 23, 54, (1905), Meanja Rubber plantation.

ANY/AZ IV B, 37, 67, (1912), Africa fruit company.

ANY/AZ IV B, 37, 70, (1912), Bimbia plantation compagny.

ANY/AZ IV C, 15, 56, (1913), "Moliwe Pfantzung".

ANY/AZ IV B, 07, 03, (1939), Production agricole et minière au Cameroun.

ANY/AZ IV F, 123, 037, (1961), Plans quinquennaux.

ANY/AZ IV B, 117, 56, (2009), Document stratégique pour la croissance et l'emploi (DSCE).

ANY/AZ IV B, 237, 03, (2016), Exportation principale du Cameroun vers l'UE.

MINEPAD, 1987, Plan Directeur de l'Document MINEPAD, *Plan Directeur de l'industrialisa*tion au Cameroun, p. 137.

Bibliographie

ARDENER Edwin, WARMINGTON William Alfold 1960, *Plantations and village in the Cameroons*, London, Oxford.

BOUCHART Pierre, 1956, *Le FIDES au Cameroun*, Paris, Civilisation, vol. VI, N° 3.

CHAMPAUD Jacques, 1966, « L'économie cacaoyère du Cameroun », *Cahier des sciences humaines de l'ORSTOM*, 3, p. 105-124.

COQUERY-VIDROVITCH Catherine, MONIOT Henry, 1992, *L'Afrique noire de 1880 à nos jours*, Paris, 1e édition 1974, PUF, Nouvelle Clio.

CORNEVIN Robert, 1972, *Les mémoires de l'Afrique des origines à nos jours*, Paris, Robert Laffont.

DELAVAUD Luc, 1987, « La politique coloniale de l'Allemagne », *Annales libre des sciences politiques*, p. 307-543.

ETOGA Eily, 1971, *Sur le chemin du développement : Essai d'Histoire des faits économiques du Cameroun*, Yaoundé, CEPER.

EYINGA Abel, 1959, « Dix ans de FIDES au Cameroun », *ENFOM 1958-1959*, 66, p. 21-45.

FOURNEAU Lucien, ANNET Claude, 1918, « L'agriculture du Cameroun », *Congres d'Agriculture Coloniale, 4, p. 148-224.*

GANN Luc-Henry, DUIGNAN Peter, 1975, *Colonialism in Africa (1870-1960)*, Cambridge, Cambridge university press, 1969-1975, 5 volumes.

KUM'A NDUMBE III, 1986, *L'Afrique et l'Allemagne de la colonisation à la coopération 1884-1936 : le cas du Cameroun*, Yaoundé, Édition Africavenir.

MARTIN Jean-Yves, 1918, «Recrutement et protection de la main-d'œuvre en pays tropicaux et au Cameroun», *Cahier des sciences humaines de l'ORSTOM*, 2, 3, p. 117-298.

MUSSET René, 1933, «Les forets et les bois du Cameroun sous mandat français», *Annales de géographie*, 42, 235, p. 64-97.

NGANDO Blaise-Alfred, 2002, *La France au Cameroun (1916 - 1939) : colonialisme ou mission civilisatrice ?*, Paris, L'Harmattan.

OWONA Adalbert, 1973, «La naissance du Cameroun (1884 - 1914)», *Cahier d'étude africaine*, 13, p. 45-137.

OYONO Dieudonné, 1992, *Colonie ou mandat? La politique française au Cameroun de 1919 à 1946, Pari*s, l'Harmattan.

PREUSS Ulrich, (1897), «Uber die Aussichten von plantagen unter nehmengen an den Abhangen des Kamerungebirge», *Deutsche Kolonial Blatt*, N° 78, p. 46-106.

RENÉ Carl, 1905, *Kamerun und die deutsche Tsâdsee-Eisenbahn*, Berlin, Ed, Ernst Siegfried Mittler und Sohn.

RUDIN Harry Ray, 1938, *Germans in Cameroon 1884-1914: A case study in modern Imperialism, New Haven, Yal*e University Press.

WASSOUMI François, 2009, «Les autorités coloniales françaises et l'économie artisanale à Maroua (Cameroun) : bilan historique», *Document pour l'Histoire des techniques*, 17, p. 149-161.

La presse écrite aux premières heures de la postcolonie gabonaise : témoin et actrice des mutations socio-politiques (1961-1968)

Serge MBOYI BONGO,
Maître-Assistant (CAMES)
Université Omar Bongo
Département d'histoire et archéologie
mboyibongos@gmail.com

Résumé

Les premières heures de la postcolonie gabonaise se définissent comme des temps de structuration institutionnelle marquée par la quête d'un modèle politique approprié au nouvel État. Face à d'autres projets de constitution, c'est finalement le présidentialisme qui s'impose à tous, par la volonté autocratique d'un homme, Léon Mba qui, passant outre les dispositions constitutionnelles, établit par la force ce régime auquel il tenait tant. Toute chose qui affecte le fonctionnement des institutions, y compris la presse écrite, conduisant à un immobilisme explosif. Dans ses désirs autocratiques, le nouveau pouvoir s'appuie fortement sur une presse acquise à sa cause, reléguant au silence toute autre forme d'expression publique jugée subversive. Bientôt l'unique voix discordante ne vient plus que de la seule presse basée à l'étranger.

Mots-clés : Presse écrite - postcolonie gabonaise - témoin - actrice - mutations socio-politiques.

The written press in the early days of the Gabonese postcolony: witness and actor of socio-political changes (1961–1968)

Abstract

The first hours of the Gabonese postcolony are defined as times of institutional structuring marked by the quest for a political model appropriate to the new state. Supported by parliamentarism by various constitution projects, it is ultimately presidentialism that is imposed on everyone, by the autocratic will of a man, Léon Mba who, bypassing the constitutional provisions, establishes by force this regime to which he held out so much. Anything that affects the functioning of institutions, including the written press, leading to explosive standstill. In his autocratic desires the new power relies heavily on a press won over to its cause, relegating to silence any other form of public expression deemed subversive. Soon the jarring voice came only from the one press based abroad.

Keywords: Written press - Gabonese postcolony - witness - actress - socio-political changes.

Introduction

Après la proclamation de l'indépendance du Gabon, l'un des enjeux du nouvel État est la détermination de son régime politique. Ce dernier induit la mise en place d'institutions fortes susceptibles de répondre aux aspirations du peuple (M. Delsione Ovoundaga, 2019, P3). De cet enjeu va pourtant naître une véritable crise institutionnelle au sommet de l'État, qui laisse transparaître des velléités personnelles des différents acteurs politiques portés par une obsession de contrôle totale du pouvoir. Il en est ainsi de la volonté présidentialiste de Léon Mba d'une part et le rejet de ce système politique jugé inadapté au jeune État, y compris par des membres de sa propre famille politique dont Indjendjet Gondjout, d'autre part (W. A. Ndombet, 2009). Cette crise traduit la difficile «transmission de l'État colonial» à une élite locale qui peine à s'approprier et pérenniser les mécanismes de gestion démocratique et pluraliste hérités de l'État colonial. L'obsession d'un présidentialisme affichée par Léon Mba et les crispations qui en découlent génèrent un réel immobilisme dans le fonctionnement institutionnel du jeune État, au-delà du seul cadre politique.

En effet la volonté de contrôle de l'ensemble des leviers du pouvoir de la part de Léon Mba, encore plus marquée après le coup d'État militaire de février 1964 (M. Nsole Biteghe, 1990 ; W. A. Ndombet, 2009) réduit considérablement l'espace public à l'affirmation de la pensée unique, aussi bien dans le domaine politique que dans les outils qui animent ce champ politique et le fonctionnement de l'État au quotidien telle que la presse dans son ensemble et surtout la presse écrite. Le niveau de la psychose qui s'empare du chef de l'État est alors tel que «[...] sous la pression de certains éléments, le président Léon Mba paraît décidé à mener la guerre à tout ce qui n'est pas Bloc Démocratique Gabonais (BDG)[1]. Par décret il s'arroge le droit de suspendre et même de révoquer les fonctionnaires [...]» (J. Lacouture, 1964, p. 3). Pierre Biarnes évoque l'idée «qu'une épuration systématique de tous les éléments de l'administration favorables à l'opposition avait

---

1. Parti dont il était membre et qu'il codirigeait avec Paul Marie Gondjout.

été brutalement déclenchée» (P. Biarnes 1980, p. 353). Ceci sonne comme une fin prononcée du débat démocratique hérité de l'État colonial, avec pour corollaire la fin d'une presse pluraliste, de toutes sensibilités politiques, qui a animé le débat politique jusqu'à l'accession à l'indépendance[2].

La presse écrite peut s'entendre ici comme l'ensemble des moyens de diffusion de l'information par l'écrit. À ce titre elle englobe les quotidiens, les publications périodiques et les revues, qui permettent à l'Homme de partager sa vision de la société, son mode de vie, ses expériences. C'est « *un lieu où s'expriment les valeurs du groupe social, en particulier ses opinions…* » (P. Le Floch et N. Sonnac, 2013) ; un espace de rencontre de différents acteurs de la société. Sous d'autres aspects, elle apparaît aussi comme un «élément d'inter-indépendance entre les acteurs politiques et la population» *(*A. Lenoble et A. -J. Tudesq, 2008, p.53). À ce dernier titre, elle peut, très vite, se muer en un appareil idéologique au service d'un pouvoir, fût-il politique (S. Moundouga, 2018, p.8). Elle en devient un levier important dans l'édification ou la consolidation d'un système politique par la diffusion d'une idéologie auprès des masses. Et c'est à ce titre que son rôle dans les premières heures de la post colonie, où les plus hautes autorités du nouvel État s'emploient à la fois à la structurer rationnellement et à en faire un instrument de relais d'idées et de contrôle des masses, nous intéresse.

Le choix porté sur cette presse écrite peut être justifié par le fait qu'à la difficulté avérée d'avoir accès aux données visuelles et sonores archivées, faute de réelles politiques de conservation, il paraît plus aisé de disposer d'éléments, de fragments de presse écrite de cette époque à travers les archives de la Bibliothèque de France et de celle du Gabon, ainsi que les archives familiales de certains acteurs politiques de cette époque tels que Jean Hilaire Aubame et Léon Mba. Au regard de ce qui précède, comment la presse écrite accompagne-t-elle les mutations socio-politiques dans les premières heures de la postcolonie gabonaise ?

---

2. Il s'agit d'une presse libre, se présentant sous le statut officiel d'organe de communication rattaché à chacune des formations politiques qui animent le débat dans la colonie. On peut citer l'Effort Gabonais, Gabon d'Aujourd'hui et bien d'autres titres.

La réponse à cette interrogation induit l'examen d'éléments qui rendent compte du rapport de la presse écrite au pouvoir naissant de Léon Mba qui fait suite à l'autorité coloniale. Il s'agit de voir l'évolution du statut de la presse en lien avec les événements politiques qui marquent la vie de la postcolonie gabonaise, à ses premières heures ; lesquels événements impactent peu ou prou le fonctionnement de certaines institutions dont la presse.

Le cadre chronologique choisi est 1961-1968. L'année 1961 marque le début du fonctionnement réel des instituions postcoloniales par la mise en place du premier gouvernement de la République, après les élections couplées[3] du 12 février 1961 qui portent Léon Mba à la tête du pays, en qualité de Président de la République. Dans ce processus d'autonomisation, la presse écrite locale se structure également par le passage d'une presse d'inspiration coloniale à une presse nationale gabonaise. L'année 1968, quant à elle, marque un tournant majeur dans la vie du jeune État par l'adoption officielle d'un régime monopartiste et la création du Parti Démocratique Gabonais qui incarne désormais ce monolithisme politique imposé par le successeur et héritier de Léon Mba, Albert Bernard Bongo. Avec la disparition du pluralisme politique ayant marqué les premières années de la postcolonie s'impose une «dictature de la pensée unique» qui, par définition, ne peut s'accommoder de la diversité d'opinion qu'incarnerait une presse plurielle. À ce niveau également, le monolithisme s'impose.

La réalisation d'une telle étude induit l'examen de sources diverses dont les coupures de journaux de l'époque, encore accessibles grâce à *Gallica*, le site numérique de la Bibliothèque de France, ainsi que les Archives Nationales du Gabon. À celles-ci, il faut associer une bibliographie abondante sur les questions politiques de l'époque qui, en filigrane, abordent indubitablement la situation de la presse écrite.

Ce travail se subdivise en trois parties dont la première décrit la situation politique dans la postcolonie gabonaise immédiatement après l'indépendance. La deuxième évoque le rôle évolutif de la presse écrite.

---

3. Présidentielles et législatives.

La troisième partie traite d'une presse « étrangère » porteuse des idées de liberté et de diversité.

1.1. L'obsession autocratique de Léon Mba, source d'instabilité institutionnelle

L'accession à la souveraineté internationale le 17 août 1960 affirme définitivement la gestion autonome du territoire par les autochtones, l'élite locale essentiellement faite d'évolués (C. Messi Me Nang, 2005). C'est à ce titre que cette indépendance redéfinit profondément les enjeux politiques locaux par la réorientation du combat politique : les formes de luttes n'intègrent plus le colonisateur comme adversaire. L'adversité politique oppose désormais les élites locales dans la quête du pouvoir, mais aussi les administrés, les populations, aux administrateurs, les «évolués». C'est dans cette perspective que naît le débat sur le régime politique à appliquer au nouvel État, ainsi que la prééminence des institutions, très marqué dans ces premières années après l'indépendance. Ce débat est principalement porté par deux figures dominantes du BDG : Paul Marie Gondjout, secrétaire général du BDG et président de l'Assemblée législative et Léon Mba, secrétaire général adjoint du BDG et Premier ministre (W.A. Ndombet, *op. cit,*)[4]. Le premier cité est plutôt favorable à un régime parlementaire qui confère une réelle souveraineté au peuple par l'exercice de la démocratie représentative. Le Premier ministre Léon Mba quant à lui, conscient des difficultés de la mère patrie la France avec le parlementarisme, porte son choix sur un présidentialisme fort comme régime politique, afin d'asseoir, selon lui, l'autorité du chef. Il se défend en ces termes :

> Séparation stricte et équilibrée des pouvoirs dans laquelle le pouvoir exé-cutif appartient au président élu au suffrage universel quasi direct.

---

4. Citant la synthèse générale pour le mois de septembre 1960 (p1) de la Haute Représentation de la France au Gabon en ces termes : «À quelques jours de la session parlementaire qui s'ouvre constitutionnellement le 02 octobre, une grande incertitude continue de régner sur les institutions définitives que le pays va se donner et sur la place qu'occuperont à l'intérieur de celles-ci le Premier ministre (Léon Mba), son rival M. Aubame et M. Paul-Marie Indjendjet Gondjout, théorique et dangereux ami politique de Léon Mba».

Ainsi, le président de la République ne peut être renversé. Il dispose de larges pouvoirs, notamment celui de nommer et révoquer les ministres. Dans l'absolu l'Assemblée ne peut mettre en cause la responsabilité du président de la République et, inversement, il ne dispose que de peu de moyens de contrainte à son égard […] (J. F. Owaye, 2015, p. 93).

Son adversaire de fait, associé à celui d'antan, Jean Hilaire Aubame, prônaient tout au contraire pour un régime parlementaire pour lequel :

> Le gouvernement est politiquement responsable devant le parlement, qui peut faire l'objet d'une dissolution par l'exécutif ; il pose le principe d'une séparation souple (les deux pouvoirs ont les moyens d'action réciproques) et équilibrée […]. Dans ce régime, le Gouvernement est politiquement et collectivement responsable devant l'Assemblée, qui peut le renverser par une motion de censure. Le Gouvernement doit donc disposer de la confiance de la majorité de parlementaires. L'Exécutif, à qui incombe la tâche de nommer le chef du Gouvernement, incarne la continuité de l'État. La conduite de la politique nationale incombe au chef du gouvernement et ses ministres, sous le contrôle de l'Assemblée parlementaire […] (J. F. Owaye, *op. cit.*, p. 93).

L'alliance politique entre ces deux leaders est ainsi mise à mal par leurs velléités personnelles. En réponse à ces postures divergentes, deux projets de constitution, portés par les deux partis majoritaires à l'Assemblée Nationale représentés, le Bloc Démocratique Gabonais et l'Union Démocratique et Sociale Gabonaise, sont soumis à l'appréciation du parlement (W. A. Ndombet, *op. cit*, p.170). Les deux penchent pour le principe d'un régime parlementaire, ainsi que l'affirme W.A. Ndombet (*Ibid*) :

> […] deux projets étaient soumis, dès l'ouverture des travaux, par le Président de l'Assemblée Nationale, Paul Indjendjet Gondjout : l'un rédigé par le BDG et l'autre par l'UDSG. Tous les deux préconisaient un régime parlementaire classique avec séparation des fonctions de Chef de l'État et de Gouvernement […].

Aussi, quand le projet présenté par Gondjout acquiert l'approbation des élus, Léon Mba semble particulièrement contrarié. Ce qui pourrait justifier les événements enregistrés dans la nuit du 17 au 18 novembre durant laquelle Léon Mba met aux arrêts un certain nombre d'élus sans tenir compte de leur immunité parlementaire pourtant clairement définie dans la constitution de 1959[5]. Ces arrestations concernent ses adversaires politiques, principalement issus de son bord politique, le BDG : le président de l'Assemblée législative Paul Marie Gondjout, le questeur Luc Ivanga, les députés Maurice Sossa Simawango et Victor Djabouéni et enfin Simon Augé (G. Rossatanga-Rignault, 2000). Quelques semaines plus tard, Léon Mba dissout l'Assemblée par un décret-loi[6]. Dans sa volonté d'imposer à tout prix un présidentialisme fort, Léon Mba semble avoir bénéficié de quelques soutiens, dont le Prince Birinda qui affirme alors ce qui suit en soutien au Premier ministre : « qui dit Gabon dit Léon Mba, car, le Gabon n'est qu'un agréât dont Léon Mba est le pivot»[7]. Pour lui en effet, il ne faisait aucun doute que le Premier ministre était l'homme de la situation, capable d'entrevoir le développement socio-économique et l'unité nationale du pays.

Outre ces soutiens politiques mineurs, Léon Mba entreprend de rendre son projet de présidentialisme légitime à la faveur d'une campagne de presse très orientée. Il s'appuie principalement sur le journal *L'Union Gabonaise,* proche de sa formation politique et dans lequel il semble bénéficier de nombreux sympathisants. Cette stratégie visait sans nul doute à rallier le plus grand nombre à sa cause, lui qui n'a, les échéances précédant l'indépendance, jamais su se construire une image de leader incontestable. Fort de ces éléments, Léon Mba peut affirmer de manière péremptoire ce qui suit : «[…] Je ne tolérerai plus la démagogie de quelques factieux irresponsables qui sont restés sourds jusqu'ici à mes

---

5. Définie par la constitution du 19 février 1959, en son article 8 du titre 2 qui stipule «Aucun Député ne peut être poursuivi, arrêté, détenu ou jugé à l'occasion des opinions ou vote émis par lui dans l'exercice de ses fonctions. Aucun Député ne peut, pendant la durée des sessions, être poursuivi ou arrêté en matière criminelle ou correctionnelle qu'avec l'autorisation de l'Assemblée, sauf le cas de flagrant délit ». Archives Nationales du Gabon (ANG, carton 523, *Journal Officiel de la République Gabonaise,* septembre 1960).
6. Loi décret N° 3P/PM du 7 janvier 1961, *Journal officiel de la République Gabonaise,* p. 3.
7. ANG, carton 523, *Journal des débats à l'Assemblée Législative,* octobre 1960.

avertissements bienveillants »[8]. Sans doute se sent-il plus rassuré quant à la poursuite de son projet politique d'instauration du présidentialisme tant souhaité. Et il sait compter sur une union circonstancielle avec son ennemi d'hier, Jean Hilaire Aubame de l'UDSG, pour se tailler une place confortable à la tête de l'État sans nécessairement compter sur le soutien des cadres de sa formation politique, le BDG, qui se sont montrés de plus en plus distants au regard d'un Premier ministre aux ambitions autocratiques.

Ainsi, Léon Mba pense-t-il tirer profit d'une situation politique a priori en sa défaveur en réalimentant des sentiments et stratégies politiques pré-indépendances et fondés sur une union sacrée de toutes les forces politiques de la nation dans la direction des affaires de l'État postcolonial. En effet, dans le programme de l'UDSG déjà, le directoire avait inscrit prioritairement de rassembler tous les Gabonais au sein d'un même parti[9]. Dans la même veine, le projet de rassemblement des forces politiques nationales est évoqué par l'UDSG et le PUNGA « [...] dans le courant de juillet 1960, alors que les indépendances n'étaient pas encore faites, l'UDSG et le Parti de l'Unité Gabonaise demandent [la tenue] d'une table ronde avec le BDG pour examiner la possibilité de réaliser l'union nationale [...] » (M. Nsole Biteghe, 1990, p.50).

Cette volonté de regroupement de toutes les forces vives de la nation autour d'un objectif commun, qui reste tout de même à contextualiser, sera ravivée par Léon Mba au moment de l'indépendance, dans le seul but d'en faire un outil de son ascension politique. C'est le sens de cette union circonstancielle avec Jean Hilaire Aubame afin de présenter, aux élections du 12 février 1961, un candidat unique à la présidentielle, puis une liste d'union nationale conduite par l'alliance improbable Jean Hilaire Aubame/Léon Mba aux élections législatives. De cette manière Léon Mba se savait en meilleure posture dans sa marche vers la magistrature suprême. Et on peut affirmer que cette union de circonstance fut un pari politique d'ampleur pour Léon Mba. La coalition formée entre les deux ennemis d'hier devait connaître

---

8. ANG, carton 523, *Journal des débats, op.cit.*, Intervention de Léon Mba, octobre 1960.
9. Jean Marc Ekoh, entretien du 8 novembre 2019.

un grand succès. En effet, l'absence d'adversité entre les deux et la condition du vote obligatoire sous peine d'amende leur ont permis d'obtenir plus de 95 % des voix (H. Essono Mezui, 2006, p. 267). A la suite Léon Mba rendait public, le 21 février 1961, le gouvernement issu de ces élections. Il était constitué de 15 membres dont cinq (5) issus de l'UDSG notamment Jean Hilaire Aubame, Jean Marc Ekoh, Yves Evouna, François Meyet, Étienne Bougougou[10].

Cette composition surprenante n'a été rendue possible que par le génie politique d'un homme : Léon Mba. C'est lui qui, ayant l'Assemblée acquise à sa cause grâce à l'union circonstancielle opérée habilement avec ses adversaires d'hier, pouvait se prévaloir d'être la clef de voûte de toutes les institutions (W. A. Ndombet, *op. cit.*, p.76). Une fois de plus, et certainement de trop, Jean Hilaire Aubame venait de se faire duper ; ce malgré sa présence au-devant de la scène. Il s'était en effet engagé dans une association qui profitait, semble-t-il, davantage à Léon Mba qu'à sa personne. La prééminence de Léon Mba, dans ce jeu politique, était renforcée par la nouvelle constitution de la République de février 1961. Il devenait ainsi le nouvel «homme fort» du pays, et confortait la prédominance du BDG dont il tenait progressivement les reines, sur l'ensemble des institutions. Cette mainmise du BDG est également perceptible à l'échelle des médias, dans le milieu de la presse écrite notamment.

En effet, il semble qu'à partir de ce moment-là, l'aura du BDG déteint fortement sur les lignes éditoriales des organes de presse qui se font le relais de son idéologie, ou plutôt de la pensée de son homme fort du moment, Léon Mba.

On constate une orientation du discours de la presse en faveur du régime en place. Aucun espace de débat contradictoire n'est offert. Dans ce processus, de nombreux auxiliaires de commandement sont utilisés pour interdire tous les articles ou tracts diffusant des analyses opposées[11]. Dans le même élan, des adhésions massives au BDG de

---

10. Mémorial du Gabon 1960-1964, p. 60-61.
11. ANG, Présidence de la République 1845, fiches des activités des neuf provinces, Région du Woleu-Ntem, District de Minvoul, fiche d'activité du mois de novembre 1963, p. 2.

nombreuses personnalités de toutes les couches de la société étaient observées. Le journal *L'Effort Gabonais,* jugé proche du pouvoir par sa ligne éditoriale, s'était fait le principal relais de ce projet en publiant les témoignages de ralliement au BDG :

> [...] nous avons décidé de publier dans ce présent numéro et dans les suivants les noms des personnalités ayant donné leur adhésion au BDG et ayant rallié le parti de la sagesse et du travail fructueux»[12]. Il en est ainsi de Jean Jacques Boucavel qui reconnaît en Léon Mba la lucidité d'avoir initié ce projet à un moment « où une confusion politique risquait de compromettre gravement les destinées du pays[13].

Puis d'ajouter :

> [...] deux ans de coopération et de compréhension mutuelle ont prouvé d'une façon éloquente que les Gabonais en se regroupant autour de vous, avaient choisi la meilleure voie à suivre : celle de la sagesse [...] c'est pourquoi, Monsieur le Président de la République vous pouvez désormais compter sur moi[14].

Au-delà des ralliements d'éléments venant de formations politiques autres, on note des lettres de confirmation des membres du BDG qui réaffirment ainsi leur soutien à la politique du président de la République. Il en est ainsi de François Meye qui déclare que « la seule voie de sagesse pour tous les gabonais d'origine et d'adoption consiste à se rassembler au tour de son excellence M. le président Léon Mba »[15]. C'est dans cette dynamique qu'émerge subtilement l'idée d'un parti unique, émise par Léon Mba. Toutefois, si son principe n'est pas contesté par l'élite politique, la dénomination dudit parti et son directoire posent problème. Pour Léon Mba, il était nécessaire de conserver la dénomination BDG en l'état. Il croyait en la prééminence de cette formation sur l'ensemble du paysage politique national (W. A. Ndombet, *op.cit.* p. 178). Par ailleurs, il croyait en «la confiance internationale dont on le créditait» (W.A. Ndombet, *ibid*).

---

12. *L'Effort Gabonais,* semaine du 09 au 16 mai 1963, p. 3.
13. *Ibid., p. 3.*
14. *Ibid.*
15. *Idem.*

Cette position de Léon Mba ne semblait pourtant pas trouver l'approbation de Jean Hilaire Aubame et des autres opposants. Car pour le groupe des Udegistes et les leaders du PUNGA, il était nécessaire de dissoudre tous les Partis existants afin d'en créer un nouveau. De fait le projet porté par Léon Mba de regroupement de l'ensemble des forces politiques au sein d'un parti unique, le BDG, était voué à l'échec. Chose inacceptable aux yeux de Léon Mba.

En effet il semble que l'échec de ce projet ait ouvert la voie à une purge au sein du gouvernement d'union nationale précédemment mis en place à la faveur de la coalition circonstancielle tantôt évoquée. Les ministres issus des formations de l'opposition étaient ainsi évincés, marquant un coup d'arrêt au projet d'union nationale, tel que défendu par Léon Mba. À vrai dire, ce rassemblement circonstanciel était voué à l'échec, car la seule existence de ce gouvernement d'union nationale était source de critiques diverses et d'inquiétudes quant à la bonne marche des affaires de l'État.

Ainsi la revue *Énergies Syndicales,* publiée par l'Institut Syndical de Coopération Technique Internationale de Paris, attirait déjà l'attention de la classe politique et des masses syndicales sur le fait que

> les principes de démocratie sont bafoués par les gouvernements à parti unique et les régimes autoritaires dont les tracasseries policières et la vie du luxe des dirigeants suscitent un désir de révolte[16].

Il s'agit d'un organe de presse publié par la section information de l'Institut syndical de coopération technique internationale qui a vocation à entretenir le lien du syndicalisme entre les syndicats naissants des anciennes colonies et ceux dont ils se sont inspirés en métropole, du temps des colonies. C'est à ce titre que, dans un élan d'internationalisation du combat syndical cet organe, basé à Paris, peut émettre un avis sur la question démocratique et la condition des masses syndicales dans les ex-colonies (F. Blum, 2013).

Ainsi, aux premières heures de son existence la postcolonie gabonaise apparaît-elle comme un espace instable, ballotté entre les ambitions

---

16. ANG, Présidence de la République 1845, Fiches des activités des 9 provinces. Rapport de synthèse de la région de l'Ogooué Maritime. Novembre 1963.

personnelles de ses plus hautes autorités dans le choix du système politique approprié pour ce jeune État qu'est alors le Gabon. Dans cette querelle de pouvoirs, la presse affiche un rôle de relais des idées politiques en aidant à la structuration du jeu politique et l'édification du nouvel État. Elle est alors une pure émanation de la presse coloniale, mais, bientôt, les autorités politiques du jeune État vont s'atteler à lui façonner un statut national par la mise en place de quelques structures administratives dédiées à sa gestion.

1.2. Du besoin de structurer la presse locale aux premières heures de la post colonie

Les premières heures de la postcolonie gabonaise sont marquées du sceau de la démocratie et du multipartisme. La souveraineté est alors dévolue au peuple à qui incombe le choix de ses dirigeants à la faveur d'élections libres et transparentes. Dans cette organisation, le rôle de la presse se trouve exacerbé en qualité de relais des idées et programmes politiques, un outil de gouvernance tel que l'affirme B. du Granrut en ces termes :

> Pour exprimer son vote, sous quelque forme que ce soit, le citoyen doit être informé : – informé sur les problèmes auxquels son pays est confronté, sur les solutions à y apporter, c'est-à-dire sur les programmes des partis ; — informé aussi, sur la personnalité des éventuels élus et leur capacité à gouverner. (…) Cette information sera nécessairement diffusée par la voie de la presse, prise bien entendu dans son sens le plus large et le plus moderne, c'est-à-dire par la presse écrite, par la radio, par la télévision hertzienne, et par le câble, sans oublier la voie du satellite. (B. du Granrut, 1995, p. 134).

Dans cette perspective, prenant le contre-pied des acquis coloniaux d'une presse libre et plurielle, les nouvelles autorités postcoloniales s'attellent à structurer la presse postcoloniale dans son ensemble.
Il en est ainsi de la création de l'Agence Gabonaise d'Informations (AGI) qui fait suite à la promulgation du décret-loi 26/60 du 08 juin 1960[17]. Celle-ci remplace l'Agence Française de Presse (AFP). Dans

---

17. *Journal officiel de République Gabonaise*, 15 janvier 1960, p. 54-55.

la même veine, quelques mois plus tard, un décret-loi abrogeant la loi 26/60 du 08 juin 1960 en son article premier, est pris. Il fait place à la loi n° 17 du 26 décembre 1960 qui renforce les prérogatives de l'AGI. Ainsi, cette Agence est placée sous la tutelle du Ministère de l'Information. La nouvelle loi, associée au décret n° 36/PM du 27 janvier 1961 relatif à l'organisation et au fonctionnement de l'Agence Gabonaise d'Informations, lui confèrent le statut d'établissement à caractère industriel et commercial, doté de la personnalité civile et de l'autonomie financière. Ce même décret précise que la collecte des nouvelles, en partenariat avec l'AFP, lui est exclusivement réservée. Il lui revient de distiller ces informations auprès des différents organes de presse. Dans le même temps, le quotidien d'informations *Gabon Matin*, alors considéré comme la voix officielle en matière de presse écrite, lui est étroitement rattaché ; de manière à ce que ce bulletin officiel dispose de la primeur de l'information. Ce dernier, au service de la nouvelle administration, doit porter à la connaissance du public l'ensemble des informations liées à l'actualité politique, socio-économique et sportive du pays. Dans ses dépêches, il ne doit émettre aucune opinion.

Le quotidien *Gabon Matin*, dans ce rôle de porte-parole officiel de la politique gouvernementale, est associé à quelques autres organes de presse écrite, dont *Patrie Gabonaise* qui est la nouvelle appellation de l'organe du

BDG depuis 1961. Édité à paris, ce journal est placé sous la direction politique de Léon Mba, qui est accompagné du rédacteur en chef Louis Bigman. Son format est identique aux journaux de la période (40×56 cm). Il est vendu à 25 f l'unité en 1964. Dans ses colonnes, le journal présente en première page, l'actualité politique et gouvernementale du pays, suivie de l'activité économique, puis une rubrique réservée à la femme intitulé « *La page de la femme* » et en fin, la page des sports et des nouvelles de l'intérieur du Gabon.

Un autre journal de l'époque est *L'Effort Gabonais,* hebdomadaire d'informations gouvernementales, qui apparaît en 1962. Il est édité par la presse de l'imprimerie centrale d'Afrique. Il est vendu à 20F la première année, puis 25 F CFA l'unité en 1963. Son format est quasiment identique à celui de *Patrie Gabonaise*, avec les mêmes colonnes. Après le coup d'État manqué de 1964, ce journal fait place à *Gabon d'Aujourd'hui* qui, comme lui, indique à son oreille droite[18], être un organe au service de tous les citoyens. Vendu à 25 F CFA, ce journal a une pagination variant de 6 et 8. Pourtant ses rubriques sont identiques à celles des journaux précédemment cités. Tel est le paysage immédiatement postcolonial, en matière de presse écrite locale.

Le rôle dévolu à cette presse est celui d'accompagner le gouvernement dans la construction du nouvel État en diffusant au plus large les actions de celui-ci. Dans le même temps, cette presse devait s'inscrire dans un processus inédit de décolonisation de l'information. Faut-il le rappeler, dans la période coloniale, l'activité de la presse écrite gabonaise reste empreinte de l'influence métropolitaine. Dans de nombreux articles, une constante référence est faite aux problèmes politiques et socio-économiques de la Mère Patrie, la France. Or la nouvelle presse locale postcoloniale se veut d'abord focalisée sur le Gabon. Elle se voit donc confier le soin de «recueillir, choisir et diffuser les nouvelles en tenant le plus grand compte des réalités sociales, culturelles [économiques] et politiques [du] pays» (T. Perret, 2005, p. 77). Dans cette optique, les Gabonais commis à la fonction de journaliste s'appliquent à la recherche d'un style propre, en même temps qu'ils défrichent les techniques de la profession, de la déontologie ; tout cela en adéquation avec les attentes de l'élite, le gouvernement en particulier (T. Perret, *ibid*). Ambition très relevée pour un métier de journaliste qui, dans ces ex-colonies, ne relevait alors que d'une certaine capacité rhétorique et sophistique, d'une aptitude à discourir par écrit et d'une pertinence dans l'analyse dans ces territoires d'Afrique longtemps placés sous le joug colonial. T. Tenga évoque ainsi

[…] un style «éditorialisant» qui entrait en contradiction et en confrontation avec les discours paternalistes de la presse coloniale. Le style et l'audience populaire des journaux de la décolonisation ont mis en lumière que l'administration coloniale était sensible aux mots qui la mettaient à nue. (T. Tenga, 2018, p. 4).

---

18. Zone détenant des informations encadrées sur l'en «tête» à droite.

Dans cette mission plurielle qui leur est alors dévolue, les journaux *L'effort Gabonais* et *Patrie Gabonaise* affirment pleinement le rôle de porte-parole de l'action gouvernementale. Ces organes sont également des relais au projet d'unité nationale et de développement économique. Ils se constituent comme des instances de socialisation dans une société hétérogène marquée par une situation politique peu stable. Ils aident le gouvernement, à travers leurs analyses, à justifier ses actions. Ainsi, les journalistes de ces organes peuvent paraître comme des militants et des soldats au service de la nation. Cette mission assumée par les premiers journalistes après l'indépendance va se renforcer et se réduire parfois à une véritable propagande pour un homme, Léon Mba. Surtout que certains de ces journalistes ont été transformés en agents de l'État[19]. Ils percevaient des rémunérations mensuelles liées à leur activité de la part de l'État.

2. La presse écrite locale : de la volonté d'organisation à la nécessité de contrôle

2.1. Les journaux locaux : une mise en tutelle au nom de l'unité nationale

Après la mise en place des structures permettant le développement d'une presse locale indépendante et pertinente telle que l'AGI sus-mentionnée, le gouvernement de Léon Mba pense en faire un levier important dans la construction de la nation gabonaise en fédérant la diversité populaire autour d'un idéal commun. À cet effet, Léon Mba conscient du rôle des médias dans cette société en pleine mutation, va charger le ministère de l'information et l'ensemble des personnes associées de développer des stratégies visant l'unification des énergies dans le seul but de la réalisation de l'unité nationale (A. Sabi, 2020. p.128). Obligation est ainsi faite à tous les « fonctionnaires de payer le

---

19. Guy Roger Ogombé, né en 1940, animateur à radiodiffusion devenue Gabon 1ere. Entretien réalisé à la RTG1 le 6 septembre 2019 à 15 h.

journal afin de le faire vivre»[20]. Il s'agit bien sûr des journaux qui font la promotion de l'action gouvernementale, à savoir *L'effort Gabonais* et *Patrie Gabonaise*. Cette contrainte est d'ailleurs étendue aux habitants des différents villages. Ainsi, il est demandé aux secrétariats cantonaux de produire une synthèse mensuelle des nouvelles des villages qui serait ensuite diffusée par voie de presse (A. Sabi, *ibid*). C'est un fait stratégique en ce qu'il permet d'intéresser l'arrière-pays à la lecture des journaux qui rendent compte de l'action gouvernementale.

C'est ainsi que se profile la stratégie d'accaparement des médias de presse écrite les plus en vue, *L'effort Gabonais* et *Patrie Gabonaise*. Très vite, ces organes de presse deviennent de véritables caisses de résonnance du gouvernement, des objets de propagande au service du culte de la personnalité, celle de Léon Mba surtout, à partir de 1961. La *Une* du journal *L'Effort Gabonais* peut ainsi titrer : «un seul Parti, le BDG - un

seul chef, Léon Mba- une seule voix celle du peuple gabonais»[21]. Le contrôle des médias devenait prégnant au nom du sacro-saint principe du respect de l'ordre public mis en place par Léon Mba. Car celui-ci induisait également le contrôle des publications de la presse. Ainsi, ces organes de presse deviennent progressivement des instruments du pouvoir, des appareils idéologiques au service de l'État (S. Moundouga, 1984). Sous le prétexte du respect de l'ordre public en réalité Léon Mba, avait vu en la presse un élément amplificateur de ses actions et de ses ambitions politiques (A. Sabi, *op. cit.*, p. 132).

2.2. Une presse écrite locale exclusivement pro-gouvernementale ou la marche vers un monolithisme de la pensée

Comme il a été fait mention ci-dessus, dès sa création, *Gabon Matin* s'inscrit comme la voix officielle du Gouvernement. À ce titre, ce quotidien bénéficie d'une posture prépondérante, face aux autres

---

20. ANG, Présidence de la République 1845, Fiches des activités des 9 provinces, région de Woleu-Ntem. Procès-verbal de la conférence mensuelle des sous-Préfets novembre 1963.
21. *L'Effort Gabonais*, 14 février 1964.

médias, en ce qu'il travaille en étroite collaboration avec l'AGI et détient donc la primeur de l'information au détriment du reste de la presse nationale et locale. Pour autant, il est loin d'être le seul organe de presse écrite au service du pouvoir en place, en termes de relais d'idées propagandistes. On compte également *L'Effort Gabonais, Gabon d'aujourd'hui et Patrie Gabonaise*. Dès leur création, ces trois derniers organes assument pleinement le rôle de porteur de l'information de l'action gouvernementale. Leurs thèmes favoris sont la politique, l'économie et le social. Ainsi, dans le premier journal mentionné, les rubriques politiques couvrent une proportion sensiblement égale à 40 % du journal dont l'essentiel se résume à la vulgarisation de l'action gouvernementale. Et le reste est partagé entre l'économie, le social, et le sport, comme on peut le relever en examinant les numéros 5, 6, 10, 21, de 1962. L'analyse du contenu révèle ainsi la part belle faite à l'actualité politique, celle concernant l'action gouvernementale surtout ; et ce quelle que soit la conjoncture politique générale. Ainsi, si l'on prend le cas de l'année 1962 qui, du point de vue de la politique intérieure, n'affiche pas d'événement majeur en lien avec les équilibres intérieurs, la Une des journaux se trouve quand même orientée vers cette rubrique. La Une de *L'Effort Gabonais* du 25 octobre 1962 affiche la *participation du Gabon à l'O.N.U,* avec une délégation conduite par Jean Hilaire Aubame, ministre des Affaires étrangères[22]. L'idée ici est de mettre en exergue la démarche d'appropriation de la fonction de ministre des Affaires étrangères par l'opposant farouche d'hier. Toute chose qui traduirait la fin des divergences et la marche vers l'unité nationale que Léon Mba appelle de tous ses vœux.

On peut également trouver des titres tels que «*Douala : le triomphe de l'U.A.M*[23]». Ce triomphe faisait suite à la fin du conflit qui avait opposé le Gabon et le Congo à l'issue d'un match de football. En effet, le 17 août 1962, après les festivités commémoratives de la fête de l'indépendance, le Gabon battait le Congo de trois buts contre un,

22. *L'Effort Gabonais* du jeudi 25 octobre 1962.
23. Union Africaine et Malgache (UAM), créée en 1961, pour développer la coopération économique, sociale, culturelle et politique entre les anciennes colonies françaises. L'UAM se veut aussi une réponse au panafricanisme qui germe au sein des anciennes colonies britanniques.

à l'issue du match aller comptant pour la coupe des tropiques. Cette victoire était apparue comme une « humiliation »
pour les Congolais. Préparant le match retour, les Congolais ne rejetaient pas la possibilité d'une nouvelle défaite. Tous les moyens ont été mis en place afin de garantir une victoire. Le samedi 15 septembre 1962 se jouait le match retour. L'équipe congolaise, visiblement plus motivée et encouragée par un public surexcité, mène le jeu. Au terme des quatre-vingt-dix minutes, le Congo remporte le match avec le même score de trois buts contre un. Cette victoire n'avait pas suffi à calmer la foule survoltée. Bien au contraire, elle a engendré de nombreuses manifestations hostiles des supporteurs de part et d'autre, au point de dégénérer. À la fin, on dénombrait de nombreux morts, suivis d'expulsions massives des ressortissants de l'un et l'autre des deux États. Toute chose qui aurait pu exacerber des tensions latentes entre les deux États, héritées des nationalismes affichés du temps de l'Afrique Equatoriale Française, surtout de la part de certains évolués du Gabon, dont Léon Mba, qui estimaient alors injuste que les richesses du Gabon servent au développement du Congo. Ainsi, la rencontre de Douala au Cameroun lors de la table ronde initiée par le président Ahidjo mettait fin à cette « *querelle de famille* »[24].

En 1963, la ligne éditoriale du journal reste la même. Le numéro 30 de la semaine du 9 au 16 mai rapporte l'inauguration de la télévision gabonaise par le Président de la République. Une réalisation dont le mérite est attribué entièrement au BDG, parti au pouvoir qui entend profiter largement de ce nouveau moyen de communication, considéré comme très efficace en matière d'éducation et d'information. Le Président de la République y trouve le moyen d'être physiquement présent dans la vie des Gabonais, grâce au relais d'images animées. C'est donc un moyen de marquer les consciences et un outil efficace pour mieux faire aboutir son projet d'union nationale.

---

24. Expression utilisée par le président du Cameroun (1960-1982) Ahmadou Ahidjo, pour démontrer l'appartenance de ces deux pays à une même zone. Une position à laquelle Léon Mba souscrit lorsqu'il affirme « comme dans toutes les familles il peut y avoir les disputes [...] »

Le journal *L'Effort Gabonais* se fait également le relais fidèle des opinions politiques du pouvoir en place, distillées en premier lieu par les discours de Léon Mba portés sur l'unité nationale. Il en est ainsi de cette adresse aux Gabonais lors de la deuxième session parlementaire de 1960 :

> Rejeter tout ce qui désunit, cultiver ce qui unit, participer au travail commun dans un idéal commun, une volonté commune de bâtir notre cher Gabon, de lui conserver son indépendance politique, économique, en même temps que ses traditions ancestrales et à sa culture originale puisée à la fois dans le vieux fond africain et dans ses rapports aux Occidentaux[25].

Ce discours d'unité est relayé par de nombreuses autres personnalités politiques nationales, dont René-Paul Sousatte, président du PUNGA, qui affirme dans les colonnes de *L'Effort Gabonai*s :

> La conjoncture politique demande que toutes les forces du pays s'attellent à une tâche commune en vue de la rénovation sociale de la nation. Et c'est pourquoi, faisant confiance au Président de la République, j'ai pris la ferme résolution de participer pleinement aux activités du pays. En conséquence, je porte mon adhésion au B.D.G. dirigé par M. le président Léon Mba qui incarne l'Unité nationale[26].

Cette adhésion est suivie d'une dissolution du parti politique le PUNGA auquel était rattaché René Paul Sousate. Un fait politique relayé par le numéro 39 de *L'Effort Gabonais* de la semaine du 11 au 18 juillet 1963. Le président de ce parti, Pierre Claver Dinvounguy estimait alors que le parti n'avait plus sa raison d'être en tant que force politique autonome, les objectifs qui lui avaient été assignés à sa création étant atteints. Il affirme ainsi :

> Considérant que le premier objectif : l'indépendance du Gabon aurait été atteinte le 17 août 1960 par négociation librement consentie entre la France et le parti gouvernemental [...]. Considérant que l'Unité nationale a été réalisée par son Excellence M. Le Président Léon Mba [...]. Considérant que l'Unité africaine vient d'être concrétisée au sommet des

---

25. *L'Effort Gabonais*, semaine du 9 au 16 mai 1963.
26. *L'Effort Gabonais*, semaine du 9 au 16 mai 1963, p. 3.

chefs d'État et de gouvernements africains lors de la confrontation et de la conciliation des idéologies à la conférence interafricaine d'Addis-Abeba […] avec l'accord des membres du comité directeur […] en date du 18 février 1963, décide de dissoudre le parti PUNGA[27].

Cette dissolution est immédiatement suivie d'un cri de ralliement massif lancé à l'endroit des cadres et militants du parti qui sont tous appelés à rejoindre les rangs du BDG. Un appel auquel Joseph Ikoutsié, chef de l'opposition à Mékambo, répond favorablement. Dans une lettre publiée dans les colonnes de *L'Effort Gabonais*, puis d'un autre journal progouvernemental, *Patrie Gabonaise,* ce transfuge de l'UDSG se félicite de la mise en place de la politique d'union nationale qui, depuis son instauration, a permis de rassembler «tous les Gabonais», mettant ainsi fin au «[…] tribalisme le plus idiot […] à Mékambo[28]». Puis il renchérit, «[…] depuis le début de la concorde, il serait vraiment malhonnête, voir péché grave (de conscience), pour nous, pour un Gabonais de méconnaître l'œuvre de la construction gabonaise dont le Président Léon Mba se dévoue de tout cœur»[29]. Ces adhésions nombreuses et tonitruantes qui semblent volontaires masquent mal la marche vers un État autocratique, marqué par le culte de plus en plus affirmé de la personne du chef, un seul chef, Léon Mba, et une confusion progressive du parti, le BDG et l'État. C'est du moins ce que laisse transparaître le propos d'Ekouaghe Obiang, chef de regroupement de Wo II (limite Mitzic - Médouneu), dans une correspondance publiée dans les colonnes de *L'Effort Gabonais*, qui affirme «[…] que tous les indégistes détenant un poste de commandement doivent se justifier par leur adhésion au BDG […]»[30]. Le chef de regroupement révèle ainsi la contrainte qui sous-tend les ralliements massifs au BDG pour les administratifs surtout. Ainsi dans le souci de préserver ses avantages et ses privilèges, le chef de regroupement n'a d'autre choix que rallier le BDG. C'est aussi le cas pour de nombreuses autres personnalités marquant leur adhésion à la politique prônée par Léon Mba. C'est

---

27. *Idem.*
28. *Idem*, semaine du 23 au 30 mai 1963, p. 3.
29. *Patrie Gabonaise,* n° 18 du 15 juillet au 15 août 1963, p. 3.
30. *L'Effort Gabonais*, n° 33, semaine du 30 au 6 juin 1964, p. 3.

ainsi que se construit le monolithisme de la pensée sous Léon Mba, en réduisant progressivement des espaces de liberté par l'association habile du BDG et l'État gabonais, puis le relais massif d'une politique d'union nationale par une presse totalement à la solde du pouvoir.

En même temps que se construit délicatement l'État autocratique de Léon Mba, se structure un monolithisme médiatique, du moins dans la pensée, relayée par la prédominance de l'information liée à l'activité politique du pouvoir en place et des membres du BDG en particulier, associée à la liberté de circulation de certains organes de presse écrite, au détriment de ceux jugés subversifs par le pouvoir.

Autant dire que le débat contradictoire sur la place publique s'étiole à mesure que des organes de presses locaux et indépendants disparaissent sous l'effet de cette politique exclusive prônée par le pouvoir en place. Ainsi des journaux tels que *Le Pilote* et *Renaissance*, créés en 1950 pour porter les idées socialisme de l'UDSG et son leader Jean Hilaire Aubame, n'ont plus droit de cité (W.A.Ndombet, *op. cit.,* p.60). Il en fut de même de la *Cognée*, journal proche du Mouvement National pour la Révolution du

Gabon (MNRG) de Germain Mba et *Réalités gabonaises*, une revue tenue par les enseignants. Dès lors les voix discordantes, venant d'une presse d'opinion, sont associées à des journaux édités par la diaspora gabonaise, importés et distribués sou cape. Il en est ainsi de *La Cognée,* une initiative du Mouvement d'Action Populaire dont le rédacteur en chef fut Boucka Bu Nziengui Gaston. À cela on peut associer *L'Étudiant du Gabon* qui se définit plus comme un tract à l'initiative de l'Association Gabonaise des Étudiants du Gabon principalement établis en France (A.G.EG.). Très impliqués dans les questions politiques en lien avec leur pays d'origine, les étudiants y tiennent une rubrique politique, expression libre de leurs opinions.

3. Une presse « étrangère » porteuse des idées de liberté et de diversité

Dans un contexte de musellement progressif du débat contradictoire tel que défini précédemment, par la promotion de la pensée unique à travers une presse assujettie au pouvoir en place, l'idée d'un débat contradictoire repose sur la seule tolérance, sur le territoire national, d'une presse étrangère, principalement métropolitaine. Cette presse peut être d'essence totalement métropolitaine, comme elle peut être une production de la diaspora gabonaise. C'est elle qui porte haut les aspirations d'un peuple limité dans un environnement idéologique obnubilé par la promotion de la pensée unique. Elle relaie également l'ensemble des idées portées par une opposition souvent contrainte à l'exil.

3.1. *L'Étudiant Gabonais*, l'incarnation de la pensée divergente

Dans son ouvrage intitulé *Premiers pas d'une nation, vie politique du Gabon 1960-1965* paru aux éditions Raponda Walker en 2015, Michel Raymond Anchouey, évoque la ligne éditoriale de *L'Étudiant Gabonais* qui se présente finalement, au regard de l'orientation des publications politiques, du style direct et véhément, associé à un ton très élevé, apparaît comme une des principales voix discordantes aux manœuvres de Léon Mba, provenant des Gabonais, bien qu'établis à l'étranger. Dans un extrait d'un numéro de ce journal lu sous cape au Gabon, paru en 1961 on peut relever une véritable diatribe à l'endroit de la politique de Léon Mba dont le journal dénonce l'usage des «stratégies malsaines» (M. R. Anchouey, 2015, p. 114) pour affirmer ses ambitions. Le régime de Léon Mba est décrit comme «oppressif, tribaliste, et népotique» (M. R. Anchouey, *ibid.*). Une posture contre laquelle l'auteur appelle le peuple à se soulever et entraîner «*une révolution populaire*» (M. R. Anchouey, *ibid.*). Cette posture semble partagée par l'ensemble des étudiants affiliés à l'association, à en juger par les nombreux mouvements en France dont l'objectif était la lutte contre le néocolonialisme, l'impérialisme de la métropole toujours prégnant sur le territoire du Gabon, ainsi que le caractère dictatorial du pouvoir de Léon Mba.

3.2. Un autre regard sur la situation gabonaise : la presse étrangère

L'idée contraire au discours linéaire présenté par les organes pro-gouvernementaux ne vient véritablement que de la presse occidentale, majoritairement métropolitaine. Celle-ci a su garder un regard étroit sur la vie des ex-colonies, sans doute bien plus pour veiller aux intérêts métropolitains que par affection pour ces territoires autrefois parties de l'empire français. C'est elle qui offre une multitude de titres, avec un grand réseau de distribution bien organisé, susceptible de couvrir le nombre des lecteurs escompté. Ces parutions restent tout de même soumises à une sélection et à de nombreuses censures. Cette démarche des dirigeants peut être perçue comme une tentative de garder un contrôle sur cette presse que l'on ne saurait interdire formellement, aux risques de s'attirer les foudres de la Métropole. Tout au plus, peut-on y exercer un petit contrôle orienté. Il en est ainsi de nombreuses parutions de gauche et particulièrement communistes interdites de circulation au Gabon. Chose tout à fait compréhensible dans un contexte gaullien résolument anticommuniste. L'interdiction de cette catégorie de journaux sert donc préalablement les intérêts de la métropole opposée à cette idéologie d'extrême gauche.

Certains journaux indépendants tels que *Le Canard enchaîné,* peuvent aussi faire l'objet de mesures restrictives lorsqu'ils sont jugés trop critiques à l'égard du pouvoir de Léon Mba. Ainsi, un arrêté pris en novembre 1961 interdisait la parution de ce journal au Gabon suite à la publication d'un article daté du 1er novembre de cette même année sous le titre « Au gnouf». À travers cet article, le journal dénonçait les évènements de novembre 1960 qui avaient entraîné l'arrestation de quelques parlementaires. Une décision qui a suscité une indignation dans plusieurs milieux, notamment celui de la presse métropolitaine. Dans cet article l'auteur présente le secrétaire du BDG comme un homme autoritaire.

Le magazine *Jeune Afrique,* n'échappe pas non plus à l'échafaud du régime de Léon Mba. Il lui est reproché la publication d'un article traitant de la gouvernance de Léon Mba, «comme gouvernance d'amateur »[31]. Avec beaucoup de véhémence, l'auteur relève le caractère oppressif et les choix approximatifs du régime du leader du BDG.

Plus que la presse écrite étrangère dans sa généralité, d'un organe à un autre, l'autorisation de paraître au Gabon est conditionnée par la ligne éditoriale d'un numéro. Selon qu'il est critique ou non-vis-à-vis du pouvoir de Léon Mba il peut être distribué sur le territoire ou non. Autant dire que l'accès au Gabon de la presse écrite étrangère reste soumis à une sélection. De ces titres, on relève en grand nombre ceux qui peignent les actions du président et de son gouvernement de manière positive. Ou du moins, n'émettent aucun commentaire.

Conclusion

Inspirée de la presse métropolitaine du temps de la colonie, la presse écrite gabonaise se structure dès les premières heures de la postcolonie gabonaise grâce à la volonté d'autonomisation affichée par les pouvoirs publics. D'abord plurielle, dans un contexte multipartiste immédiatement postcolonial, elle se singularise, à mesure que son rapport au politique, au pouvoir de Léon Mba, se fait fusionnel. À partir de 1963 la presse écrite nationale n'est plus l'expression du pluralisme hérité de la colonie. Elle se mut très vite en un organe de propagande au service de l'exécutif qui s'en sert comme un levier important dans son désir de centralisation et concentration du pouvoir. Dès lors seuls les organes acquis au pouvoir exécutif ont droit d'exister. Ainsi que l'affirme A. Sabi, la presse devient un «Moyen d'influence, de conditionnement et d'endoctrinement, les médias deviennent souvent des instruments du pouvoir, des « appareils idéologiques d'État » pour orienter les comportements en fonction des objectifs politiques prédéfinis, en vue d'obtenir une adhésion massive des sujets. L'information devient, dans ce cas précis, "support d'une idéologie et un moyen de propagande pour le pouvoir". C'est à ce titre qu'elle devient un instrument de légitimation du présidentialisme de fait

---

31. ANG, Étude Générale, Présidence de la République 1909, Fond du district de Mayumba, 2DF (II) 12, Arrêté ministériel portant interdiction de l'introduction, la circulation, la diffusion en République Gabonaise du journal *Jeune Afrique* de janvier 1964. 1955-1974.

initié par Léon Mba. Le débat contradictoire étant rendu impossible à l'échelle locale par l'omnipotence du pouvoir de Léon Mba, le seul son discordant vient alors de la seule presse à l'étranger, fût-elle portée par la diaspora gabonaise ou par des organes étrangers.

Source et bibliographie

Sources orales

N°	Noms et prénoms	Âges	Fonctions	Dates et lieux des entretiens
1	Aubame Francis	63 ans	Juriste/fils de Jean Hilaire Aubame	18 octobre 2019 à Libreville
2	Kombila Pierre André	79 ans	Médecin, ancien membre de l'AGEG	6 octobre 2020 à Libreville
3	Ogomboue Guy Roger	79 ans	Animateur à Radio Gabon depuis 1960	6 septembre 2019 à Libreville

Sources écrites

ANG, Journal des débats, Intervention de Léon Mba, octobre 1960.

ANG, Présidence de la République 1845, fiches des activités des 9 provinces, région de Woleu-Ntem. Procès-verbal de la conférence mensuelle des sous-Préfets novembre 1963.

ANG, Présidence de la République1845, *fiches des activi*tés des neuf provinces, Région du Woleu-Ntem, District de Minvoul, fiche d'activité du mois de novembre 1963.

ANG, Présidence de la République 1845. Fiches des activités des 9 provinces. Rapport de synthèse de la région de l'Ogooué Maritime. Novembre 1963.

ANG, Étude Générale, Présidence de la République 1909, Fond du district de Mayumba, 2DF (II) 12, Arrêté ministériel portant interdiction de l'introduction, la circulation, la diffusion en République Gabonaise du journal Jeune Afrique de janvier 1964. 1955-1974.

ANG Journal des débats à l'Assemblé Législative, octobre 1960.
Journal officiel de République Gabonaise, 15 janvier 1960.

L'Effort, semaine du 23 au 30 mai 1963.

L'*Effort Gabonais, 14* février 1964.

L'Effort Gabonais, n° 33, semaine du 30 au 6 juin 1964.

L'*Effort Gabonais,* semaine du 09 au 16 *mai 1963.*

L'*Eff*ort Gabonais du jeudi 25 octobre 1962.

Mémorial du Gabon 1960-1964.

N° 3P/PM du 7 janvier 1961, in *journal officiel de la République Gabonaise.*

Patrie Gabonaise, n° 18 du 15 juillet au 15 août 1963.P.3

Bibliographie

ANCHOUEY Michel Raymond., 2015, *Premiers pas d'une nation, vie politique du Gabon 1960-1965,* Libreville, Raponda Walker.

BIARNES Pierre, 1980, *L'Afrique aux Africains : 20 ans d'indépendance en Afrique noire francophone*, Paris, Armand Colin.

BLUM Françoise, 2013, « Syndicalistes croyants et panafricains : Réseaux des années 1960 », *Revue d'histoire*, Presses de Sciences Po « Vingtième Siècle », 119, p. 99-112.

DU GRANRUT Bernard, 1995, « Démocratie et liberté de la presse », *Revue internationale de droit comparé*, 47, 1, Janvier-mars 1995, p. 133-138.

ESSONO MEZUI Hervé, 2006, *Eglise catholique, vie politique et démocratisation (1945-1995),* thèse de doctorat en histoire, dir. Claude Prudhomme, Université Lumière (Lyon).

LACOUTURE Jean, 1964, « Après l'envoi des troupes françaises au Gabon, le coup d'État militaire contre le président Léon Mba aurait échoué », *Le Monde*, 5940.

Le FLOCH Patrick et SONNAC Nathalie, 2013, *Économie de la presse à l'ère numérique Année*, Paris, La Découverte.

LENOBLE-BART Annie et TUDESQ André Jean, 2008, *Connaitre les médias d'Afrique subsaharienne : problématique, sources, et ressources,* Paris, Karthala.

MESSI ME NANG Clotaire, MOUNDZIEGOU Aimé (dirs.), 2005, *Le malaise gabonais. Elites et sociétés au Gabon,* Paris, L'Haramattan.

MOUNDOUNGA Sylvestre, 1984, *La presse et l'obligation d'informer : application à la presse Gabonaise*, mémoire de maîtrise en sciences politiques, CUSPOD, Libreville.

MOUNDOUNGA Sylvestre, 2018, « la liberté de la presse au Gabon », *l'Union*, 12713, jeudi 3 mai 2018, p. 8.

NDOMBET Wilson André, 2009, *La transmission de l'État colonial au Gabon (1946-1966)*, Paris, Karthala.

NDOMBET Wilson André, 2009, *Partis Politique et Unité nationale au Gabon (1957-1989)*, Paris, Karthala.

NSOLE BITEGHE Moïse, 1990, *Échec aux militaires au Gabon, 1964*, Dakar, Chaka.

OVOUNDAGA Marcia Delsionne, 2019, *La télévision publique Gabonaise de 1963 à 1990*, Paris, Éditions Universitaires Européennes.

OWAYE Jean François, 2015, *L'Exclusion de Paul-Marie Indjendjet-Gondjout du Bloc Démocratique Gabonais*, Paris, L'Harmattan.

PERRET Thierry, 2005, *Les temps des journalistes : l'invention de la presse en Afrique francophone*, Paris, Karthala (« Tropiques »).

ROSSATANGA-RIGNAULT Guy, 2000, *L'État au Gabon, Histoire et institution*, Libreville, Raponda-Walker.

SABI Arthur, 2020, « les Médias au Gabonais au temps de Léon Mba », in Flavien Enongoué (dir.), *Léon Mba: une autre histoire franco-africaine*, Paris, Ed. Descartes & Cie.

ATENGA Thomas, 2018, « Mobilisations sociales, médias et pouvoirs en post colonies d'Afrique francophone : identités, dynamiques et enjeux», *Les Enjeux de l'Information et de la Communication*, 19/3, p. 97-110 (disponible sur www. les enjeux.univ-grenoble-alpes.fr, consulté en ligne juillet 2020).

Les relations Cameroun-Congo de 1960 à la décennie 2000 : de l'influence des activités politico-militaires de l'ANLK à la normalisation

Eric Wilson FOFACK,
wilsonfofack2020@gmail.com
Université de Dschang (Cameroun)

Clovis Rodrigue FOUTSOP
foutsop2007@yahoo.fr

Résumé

Liés par l'histoire et la géographie, le Cameroun et la République du Congo ont eu, après les indépendances, des relations caractérisées par la non-convergence de leurs conceptions idéologiques réciproques, bien qu'étant tous deux des anciens territoires français d'Afrique équatoriale. Lancé dans une orientation politico-idéologique socialiste, le Congo s'était montré solidaire de l'Armée Nationale de Libération du Kamerun (ANLK), branche armée de l'Union des Populations du Cameroun (UPC). L'installation de l'ANLK sur le territoire congolais fut la cause de plus de deux décennies de relations tendues entre le Cameroun et son voisin congolais. Ainsi, ce n'est qu'en 1981 que le président de la République du Cameroun nomma le premier chef de la mission diplomatique de son pays à Brazzaville. Son homologue du Congo fit de même en janvier 1982, marquant ainsi le début de la normalisation des relations entre ces deux pays voisins.

L'objectif de cet article est de montrer à partir des sources variées d'archives et documentaires, comment la présence de l'ANLK au Congo a pendant longtemps été un frein à la bonne qualité des relations entre les deux pays, du lendemain des indépendances jusqu'à la normalisation au cours de la décennie 2000.

Mots-clés : Cameroun - République du Congo - ANLK - relations - libération.

Cameroon-Congo relations from 1960 to the decade 2000: from the influence of the ANLK's political-military activities to normalization.

Abstract

Tied by history and geography, Cameroon and the Republic of Congo had, after independence, relations characterized by the lack of convergence of their mutual ideological conceptions, although both are former French territories of equatorial Africa. Launched in a socialist political-ideological orientation, the Congo had shown solidarity with the National Army for the Liberation of Kamerun (ANLK), armed wing of the Union des Populations du Cameroun (UPC). The establishment of the ANLK on Congolese territory was the cause of more than two decades of tense relations between Cameroon and its Congolese neighbour. It was not until 1981 that the President of the Republic of Cameroon appointed the first head of his country's diplomatic mission in Brazzaville. His Congolese counterpart did the same in January 1982, marking the beginning of the normalization of relations between these two neighbouring countries.

The objective of this article is to show from various sources of archives and documentaries, how the presence of the ANLK in Congo has for a long time been a brake on the good quality of relations between the two countries, from the day after independence until normalization during the decade 2000.

Keywords: Cameroon - Republic of Congo - NALK - relations - liberation.

Introduction

Le Cameroun et le Congo-Brazzaville sont deux pays de la sous-région Afrique centrale dont les relations sont anciennes. Il s'agit de deux pays rapprochés et liés par l'histoire, les similitudes culturelles et la proximité géographique. Ces pays ont été marqués du sceau de la colonisation française[1], dont les relations n'ont pas toujours été chaleureuses du fait de la non-convergence de leurs conceptions idéologiques et politiques respectives des décennies 1950 et 1960. De plus, après leurs indépendances respectives au début de la décennie 1960, l'orientation politico-idéologique du Congo a été le socialisme alors que le Cameroun était engagé sur la voie du capitalisme[2].

Cette différence idéologique en tant que fondement de l'action politique des États sur la scène internationale a considérablement influencé les relations entre les deux États jusqu'en 1969[3], car, comme le souligne Marcel Merle : «Aucune politique étrangère ne peut se passer d'un support idéologique [...] elle est inhérente aux éléments d'origine irrationnelle comme les représentations, les perceptions qui forment un système de valeurs. Ce système de valeurs permet de comprendre la cohérence d'une politique étrangère et la crédibilité de celle-ci» (M. Merle, 1982, p. 281).

Ainsi, au début de leur existence en tant qu'États, ces différences d'option idéologiques, longtemps persistantes, n'ont guère favorisé

---

1. Si le Cameroun n'a jamais été une colonie française au sens juridique du terme (territoire sous mandat et plus tard territoire sous tutelle), il n'a cependant pas échappé aux affres de la politique coloniale assimilatrice de la France instaurée dans ses colonies d'Afrique Equatoriale Française (AEF) dont la ville de Brazzaville au Congo était la capitale.
2. Un tel état de choses se justifie par l'ambiance de confrontation idéologique Est-Ouest qui gouverne les relations internationales depuis 1947, connue sous le nom de Guerre froide et dont les jeunes États africains nouvellement indépendants n'en étaient pas épargnés.
3. En 1969, lors de la réunion de la Commission mixte Cameroun-Congo, les autorités des deux gouvernements décident de mettre fin aux activités des rebelles sur leurs territoires respectifs.

l'intimité entre ces deux pays. Une telle situation a été aggravée par l'installation sur le territoire congolais de l'Armée Nationale de Libération du Kamerun (ANLK), la branche armée de l'Union des Populations du Cameroun (UPC), parti nationaliste crée le 10 avril 1948. Les activités de l'ANLK au Congo ont ainsi fortement influencé la qualité et la nature des relations multiformes entre le Cameroun et son voisin le Congo, avant de connaître une normalisation en 1981 lorsqu'Ahmadou Ahidjo, Président de la République du Cameroun, nomme le premier Chef de la mission diplomatique de son pays à Brazzaville. Il sera suivi dans cet exercice par son homologue du Congo en janvier 1982. Quels sont les facteurs de l'implantation de l'ANLK au Congo ? Quel en a été l'impact sur la qualité des relations diverses et multisectorielles entre ce pays et son voisin camerounais ? Pour y répondre, l'étude est circonscrite dans la temporalité 1960-décennie 2000. Si 1960 est pour ces deux pays, l'année d'accession à l'indépendance et donc l'opportunité de nouer et d'entretenir une coopération pour le bien de leurs peuples, la décennie 2000 quant à elle est la période de relance de la coopération et des rapports harmonieux entre les deux pays après la guerre civile qui a secoué le Congo vers la fin de la décennie 1990.

L'objectif ici est de montrer comment la présence d'une branche de la rébellion camerounaise (ANLK) au Congo, par ses actions, a été un frein à la bonne qualité des relations entre les deux pays au lendemain des indépendances jusqu'à la normalisation. À partir des sources d'archives et documentaires variées et, dans une approche synchronique et diachronique, il s'agit de revisiter à travers le présent article, les circonstances de l'implantation de l'ANLK au Congo Brazzaville. Cela permet de mieux questionner la trajectoire des principaux acteurs de l'implantation de la rébellion camerounaise au Congo - Brazzaville, ceci pour comprendre l'impact des activités de l'ANLK sur les relations Cameroun-Congo jusqu'à la fin de la crise et la normalisation de leurs relations économiques et politico-diplomatiques.

1. L'implantation de l'Armée Nationale de Libération du Kamerun (ANLK) au Congo Brazzaville

Les leaders nationalistes camerounais, notamment ceux qui étaient regroupés au sein de l'Union des Populations du Cameroun (UPC), furent contraints à l'exil pour continuer leur lutte contre le pouvoir colonial installé au Cameroun. C'est ainsi qu'une branche de l'armée nationaliste connue sous le nom de l'Armée Nationale de Libération du Kamerun s'implanta au Congo-Brazzaville, pays limitrophe du Cameroun. Les raisons qui justifient l'implantation de la rébellion camerounaise dans ce pays sont nombreuses, parmi lesquelles le bannissement de l'UPC en 1955 et le tournant de 1960.

1.1. Le bannissement de l'UPC en 1955

L'histoire des partis politiques camerounais est complexe (E. Mveng, 1985, p. 190). Avant la fin de la Deuxième Guerre mondiale, le général De Gaulle avait organisé du 30 janvier au 3 février 1944 une conférence impériale à Brazzaville. Celle-ci était la manifestation de la reconnaissance du rôle joué par les Africains dans la libération de la métropole. Elle s'était fixé pour objectif la concession de quelques droits à ces derniers. À cette occasion, le général De Gaulle déclara qu'il était temps d'amener les Africains «à participer à la gestion de leurs affaires» (E. Mveng, 1985, p. 191).
C'est dans cet esprit que des décisions importantes furent prises notamment : la création des Assemblées locales élues, l'accès des autochtones à tous les emplois, la suppression du travail forcé, le financement des projets agricoles africains, le développement de l'instruction, etc. Ces nouvelles orientations, bien que n'envisageant pas l'indépendance des territoires, constituaient néanmoins, dans le contexte de l'époque, une véritable révolution. De nombreux Européens, notamment ceux installés en Côte d'Ivoire, s'opposèrent énergiquement à son application.
Dans cette mouvance, les activités syndicales furent légalisées au Cameroun le 27 août 1944. La Confédération Générale du Travail (CGT), principal mouvement syndical français d'obédience

communiste, installa une filiale au Cameroun : l'Union des Syndicats Confédérés du Cameroun (USCC). Celle-ci servit de cadre pour la formation des futurs leaders indépendantistes camerounais comme Ruben Um Nyobe et Charles Assalé. Elle servit également de tremplin pour la création d'un parti politique nationaliste dénommé Union des Populations du Cameroun (UPC).

Le 10 avril 1948, Um Nyobe et plusieurs autres dirigeants syndicaux créèrent donc l'UPC. Le 18 juin de la même année, l'UPC s'associa au Rassemblement démocratique africain (RDA) dont il devint le satellite au Cameroun (S. Nkainfon Pefoura, 1996, p. 25). Au congrès de Dschang du 10 au 13 avril 1950, Um Nyobe fut confirmé au poste de Secrétaire général du parti. Avec ses camarades du parti, il donna à l'UPC un programme nationaliste et anticolonial. Les revendications s'accentuèrent et atteignirent leur paroxysme en mai 1955 lorsque, à la suite de violentes émeutes à Douala, la France signa le décret du 13 juillet 1955 qui mettait fin aux activités légales de l'UPC au Cameroun (M. Noumbissie Tchouake, 2017, p. 25). Contraints à l'exil, de nombreux militants de l'UPC se replièrent dans la partie britannique du Cameroun, à Khartoum au Soudan, au Caire en Égypte et au Congo-Brazzaville où les activités de l'UPC atteignirent leur vitesse de croisière à partir de 1960.

1.2. Le tournant de 1960

De l'exil, les dirigeants de l'UPC continuèrent de lutter contre l'administration coloniale et leurs collaborateurs locaux. Depuis Conakry en Guinée, Moumié déclara qu'il dirigeait la révolution camerounaise (E. Mveng, 1985, p. 201). Après l'indépendance du Cameroun sous tutelle française le 1er janvier 1960, la lutte continua à travers l'Armée Nationale de Libération Kamerun (ANLK). Dans un premier temps, Ahidjo opta pour une solution militaire. Aidé par les forces françaises, il voulut rétablir l'ordre par tous les moyens. Puis, changeant de stratégie, il adopta la réconciliation nationale avant de proposer aux membres de l'UPC en exil de rentrer au bercail afin de contribuer à l'œuvre de construction nationale. Malgré ces offres de réconciliation, les membres de l'UPC en exil poursuivirent leurs activités de contestation au Cameroun.

L'état d'urgence instauré le 12 janvier 1960 dans certaines régions (V. J. Ngoh, 1990, p. 144), ainsi que l'exposition des têtes des maquisards tués dans les régions du Mungo et le pays Bamiléké constituèrent des actes d'intimidation employés par l'administration pour effrayer les populations, afin qu'elles mesurent les risques encourus lorsqu'on aidait les forces rebelles (M. Domergue et *al.*, 2011, p. 350). Ces mesures furent à l'origine de l'afflux des combattants de l'ANLK au Congo-Brazzaville (V. J. Ngoh, 1990, p. 144). Cet exil des rebelles au pouvoir néocolonial d'Ahidjo sur le territoire congolais s'expliquait également par les enjeux qui sous-tendaient la fin de l'interdiction de l'UPC décrétée par Ahidjo.

Son intention n'était pas de permettre à ce parti de se refaire une santé pour continuer à mener ses activités politiques de façon légale. En réalité, la levée de l'interdiction de l'UPC avait pour objectif principal, l'identification de tous ceux qui, à l'intérieur du pays continuaient à militer dans ce parti qu'Ahidjo considérait comme la source de tous les maux du pays et dont les responsables étaient considérés par lui comme des criminels et des fauteurs de troubles (S. Nkainfon Pefoura, 1996, p. 61). C'est ainsi que le perçurent certains nationalistes, dont Ossendé Afana et Woungly Massaga qui décidèrent de se replier au Congo Brazzaville pour continuer la lutte contre le régime honni d'Ahidjo.

2. Les principaux acteurs de l'implantation de la rébellion camerounaise au Congo - Brazzaville

Si le choix du Congo par les activistes de l'UPC comme base arrière des activités de l'ANLK est la suite logique de la stratégie mise sur pied par les leaders de ce parti et les opportunités qu'offre ce pays, il faut tout aussi reconnaître le rôle joué par quelques leaders à l'instar de Ossendé Afana et de Woungly Massaga.

2.1. Ossendé Afana (1930-1966)

Décrit comme le plus «maoïste» de la bande, Ossendé Afana est né dans la Lékié au Cameroun en 1930. Renvoyé du grand séminaire à cause de ses idées subversives, il fréquenta le Lycée Leclerc de Yaoundé où il obtint le baccalauréat. Par son esprit frondeur et ses élans révolutionnaires, il fut connu très tôt des services de la sûreté coloniale comme un élément remuant et perturbateur (J. Koufan, 2008, p. 7). En France où il obtint un doctorat en sciences économiques, il y défendit la cause du Cameroun. C'est ainsi qu'il mobilisa l'opinion française et internationale en dénonçant les massacres de 1955. En 1957, il défendit la thèse de l'indépendance du Cameroun à l'ONU. Il était en outre le directeur de publication du journal *Étudiant d'Afrique Noire*. Dans ce journal, Ossendé Afana se montrait très acerbe envers la politique française en Afrique noire. Selon lui, la lutte armée était la seule solution pour la libération de l'Afrique. Il s'insurgea contre la France et Houphouët Boigny qu'il considérait comme un collaborateur de la France[4].

Avec la chute de Fulbert Youlou au Congo-Brazzaville en 1965 et l'arrivée au pouvoir d'Alphonse Massamba Debat, Ossendé Afana quitta clandestinement la France pour le Congo à partir duquel il ouvrit un second front de guérilla à l'Est Cameroun en 1966. À la suite d'une incursion sur le territoire camerounais, il fut arrêté le 15 mars 1966 par les forces franco-camerounaises et décapité (M. Dike, 2010, p. 22-23). Sur le front congolais, Ossende Afana n'était pas seul à conduire les troupes upécistes.

2.2. Woungly Massaga

Après la mort d'Ossendé Afana en 1966, Woungly Massaga prit la tête des troupes upécistes basées au Congo-Brazzaville. Au nom du comité révolutionnaire, il entreprit de réorganiser le «*Secteur de Brazzaville*» de la rébellion camerounaise. Le 13 octobre 1966, il nomma Babem-Babem Henri alias Mubemba Moses au poste de représentant

---

4. ARO4OD-5 (8), «Synthèse mensuelle de sécurité», 1957.

permanent de l'UPC au Congo-Brazzaville. Auparavant, il occupait les fonctions de Commissaire politique du 4ème détachement du 2ème front de l'ANLK. Il remplaçait ainsi Emock Thomas, alias Costa Antonio, appelé à d'autres fonctions.

Il forma aussi de nouveaux comités de base de l'UPC et recruta des combattants au Cameroun et au Congo-Brazzaville. Woungly Massaga dirigea le mouvement rebelle installé au Congo-Brazzaville jusqu'en 1969, année où les autorités des deux gouvernements se concertèrent[5] pour mettre fin aux activités des rebelles. Toutes ces réformes furent entreprises dans le but d'assurer un meilleur fonctionnement de la rébellion installée au Congo, et de tenir compte des changements intervenus dans la politique intérieure du Congo-Brazzaville[6]. La présence des rebelles sur le sol congolais fut aussi marquée par certaines activités qui portaient atteinte aux relations entre les deux pays.

3. De l'impact des activités de l'ANLK sur les relations Cameroun-Congo à la fin de la crise

Pendant longtemps, les activités des membres de l'ANLK ont eu un impact fortement négatif sur la qualité des relations entre le Cameroun et le Congo. Heureusement, la fin de la crise donna l'occasion d'un retour à la normalisation.

3.1. Les activités des rebelles et leur impact sur les relations diplomatiques entre les deux pays

Les activités des rebelles installés au Congo allaient du recrutement des combattants à leur infiltration en terre camerounaise, en passant par leur formation. Le recrutement des combattants au sein de l'ANLK n'obéissait à aucun critère. La plupart des personnes recrutées étaient des Camerounais exilés au Congo-Brazzaville. La présence de quelques Congolais et Gabonais était également attestée au sein du mouvement. En 1967, on dénombrait au Congo plus de 202 rebelles parmi lesquels

---

5. Concertations tenues un an plus tôt lors des travaux de la Commission mixte Cameroun-Congo.
6. ANY1AA-7 (3), Synthèse mensuelle de sécurité, 1970.

sept Congolais et deux Gabonais[7]. Ces rebelles étaient formés par des instructeurs chinois et cubains dans divers camps d'entraînement existant au Congo. Il y avait par exemple les camps et les centres d'entraînement de Gamboma, de Loubomo, du «kilomètre 17» près de Brazzaville, de Mfilou, de Kimongo, Makoua et de Ouesso[8].

En terre congolaise, les rebelles vivaient de l'aide que leur apportait le gouvernement congolais. Ce dernier les ravitaillait en vivres et armements. Il les logeait et contribuait à leur formation militaire ou idéologique dans les camps d'entraînement. L'aide des pays communistes était très importante. En 1968, les rebelles camerounais reçurent des mains des ambassadeurs de Chine et de Cuba à Brazzaville, une importante dotation en armes et munitions initialement destinées au corps de la défense civile congolaise dissout par le nouveau gouvernement de Brazzaville[9].

L'infiltration du territoire camerounais se faisait par étapes. Avant toute action, on envoyait certains Camerounais portant des noms congolais espionner les mouvements de l'armée camerounaise. Ces derniers se faisaient passer pour des marchands ambulants[10].

La 1ère infiltration eut lieu en 1966. Elle était conduite par Ossendé Afana. Elle se solda par la mort de ce dernier à Ouesso (T. Ateba Yene, 1988, p. 129). La seconde expédition eut lieu en décembre 1967 et se solda une fois de plus par la victoire des forces armées camerounaises[11]. Le but des rebelles était de porter atteinte à la sûreté intérieure du Cameroun et à l'intégrité du territoire. L'aide du gouvernement congolais aux éléments rebelles camerounais réfugiés dans ce pays était évidente et indiscutable. Non seulement les préparatifs d'infiltration et d'action de ces éléments rebelles dans le sud-Est du Cameroun se faisaient au Congo, mais les rebelles avaient la possibilité de se replier

---

7. ANY1AA-7 (5), Synthèse mensuelle de sécurité, 1967.
8. *Ibid.*
9. *Ibid.*
10. La majorité des Camerounais avait toujours un sobriquet. Cette tactique visait à effacer leur nationalité d'origine pour mieux combattre le gouvernement de Yaoundé. Par exemple, Woungly Massaga était connu sous le sobriquet de Kissamba et Emoc Thomas se faisait appeler Costa Antonio.
11. ANY1AA-7 (5), Synthèse mensuelle de sécurité, 1967.

dans le territoire congolais après avoir commis leurs forfaits au Cameroun, au cas où ils étaient poursuivis par les forces de l'ordre camerounaises. Les activités des rebelles camerounais présents en terre congolaise eurent un impact négatif sur les relations diplomatiques entre les deux pays.

Dans une lettre adressée au ministre de l'Intérieur, en charge de l'Administration territoriale fédérale, le directeur du Service d'Études et de Documentation et de la Sécurité (SEDOC) accusa le gouvernement congolais de complicité avec la rébellion camerounaise. Ses soupçons étaient basés sur les exactions commises par les autorités locales sur les ressortissants camerounais vivant dans la région du nord-Congo. Ceux qui y séjournaient pour des fins de commerce étaient traités d'espions au profit du gouvernement camerounais[12].

Tous ces soupçons jetaient un froid sur les relations entre le Cameroun et le Congo dont le gouvernement avait toujours nié les faits qui lui étaient reprochés. Le climat de méfiance orchestré par la rébellion camerounaise au Congo-Brazzaville donna un coup de frein au rapprochement de ces deux pays voisins et à l'intégration sous régionale en Afrique centrale. La diplomatie des congrès initiée plus tard eut finalement raison en favorisant des rencontres entre les deux pays dans le cadre de la commission congolo-camerounaise.

3.2. La fin de la crise

Dans le but de normaliser leurs relations, les autorités camerounaises et congolaises se réunirent successivement à Yaoundé les 12 et 13 mars 1968 et à Brazzaville les 19 et 20 avril 1968. Toutes ces rencontres restèrent sans effet. Les échecs de ces tentatives étaient inhérents à l'attitude des responsables congolais à l'égard des transfuges camerounais installés sur leur territoire. Or, la présence de ces rebelles au Congo était une menace permanente pour les autorités de Yaoundé. Pour pallier les insuffisances des précédentes rencontres, les autorités camerounaises et congolaises se réunirent une fois de plus à Brazzaville les 9 et 10 octobre 1969 en vue de régler de façon définitive le problème

---

12. *Ibid.*

des rebelles camerounais installés sur le territoire congolais. Les points inscrits à l'ordre du jour portaient sur l'expulsion des rebelles et la sécurité des frontières entre les deux pays.

Pour les autorités camerounaises, l'expulsion pure et simple de tous les éléments camerounais reconnus comme rebelles consistait à les déloger du territoire congolais et à les livrer aux autorités camerounaises. Ce n'était pas le point de vue des autorités congolaises. Ces derniers tenaient à faire une distinction entre les Camerounais simplement sympathisants de l'UPC, et les rebelles. Pour résoudre ce problème, les deux gouvernements décidèrent de procéder à un recensement et une identification systématique des Camerounais installés au Congo, afin d'éviter tout amalgame.

Les mesures de sécurisation, quant à elles, visaient à mettre sur place des dispositifs permettant la neutralisation des rebelles vivant dans la région frontalière. À cet effet, chaque force devait agir sur son territoire. Cette sécurisation des frontières, bien que renforçant le repli sur soi, constitua malgré tout, le début de la normalisation des relations entre les deux pays.

4. La normalisation des relations économiques et politico-diplomatiques

À partir du début de la décennie 1970, l'on assiste à un début de normalisation des rapports entre le Cameroun et son voisin le Congo, ceci avec l'arrivée au pouvoir à Brazzaville de Marien Ngouabi. Sous sa présidence, les deux pays adoptent des mesures de confiance et dans ce sens, le Congo avait fait des avancées en traduisant dans les faits son renoncement au soutien des activistes de l'UPC[13]. Cette normalisation concerne d'abord les relations économiques.

---

13. La problématique de ce renoncement au soutien des activistes de l'UPC avait déjà fait l'objet d'âpres débats lors des travaux de la Commission mixte Cameroun-Congo tenue à Brazzaville du 19 au 20 avril 1968.

4.1. Les relations économiques

L'avènement du président Marien Ngouabi[14] au Congo avait
généré des effets positifs pour les relations entre les deux pays, car,
contrairement à son prédécesseur Massamba Debat qui semblait se
complaire dans une confrontation avec les autorités camerounaises en
soutenant les activistes de l'UPC, Ngouabi prônait plutôt une politique
d'apaisement, de rapprochement et d'ouverture avec le Cameroun. Il
s'était ainsi rendu plusieurs fois au Cameroun à la rencontre de son
homologue Ahmadou Ahidjo, voyages qui avaient pour effet de
relancer la coopération bilatérale entre les deux pays avec un point
d'honneur sur le volet économique. Même s'il faut reconnaître le
caractère faible du volume des échanges commerciaux entre les deux
pays à cette période, les transactions des produits variés à la frontière
entre les deux pays sont une réalité incontestable[15], avec un impact réel
sur leurs économies respectives.

Entre 1970 et 1980 par exemple, les échanges commerciaux étaient
déséquilibrés en faveur du Cameroun. Le Cameroun
avait exporté les produits d'une valeur totale de 16 milliards 293 millions
de FCFA et n'avait importé du Congo que 6 milliards 749 millions de
FCFA (Y. Ngamondi Karie, 2011, p. 94). Bien plus, fort du caractère
diversifié de son économie, le Cameroun n'avait pas cessé d'accroître
ses échanges avec le Congo dont il avait l'ambition d'en faire un de ses
débouchés dans la zone UDEAC qui recevait déjà à cette date, plus de
70 % de ses exportations (Y. Ngamondi Karie, 2011, p. 94).

D'une valeur de 819 millions de FCFA en 1970, elles ont atteint la
somme de 6 milliards 749 millions de FCFA en 1980[16]. Toutefois,
ce déséquilibre ne remet pas en cause l'existence d'une coopération
économique réelle entre les deux pays. L'instauration des relations
économiques entre le Cameroun et le Congo traduit d'une certaine

---

14. Marien Ngouabi succède à Alphonse Massamba Debat le 31 décembre 1968 et
rebaptise le pays qui devient «République Populaire du Congo». Il est assassiné en
mars 1977.
15. INS, Rapport annuel, 1977, p. 43.
16. INS, Rapport annuel, 1984, p. 75.

manière la volonté des autorités camerounaises et congolaises d'approfondir un processus de coopération ; l'objectif étant de mettre en valeur l'énorme potentiel des deux pays, et, singulièrement du Cameroun, car, «dans les années 1980, le Cameroun est, à l'instar de la Côte d'Ivoire en Afrique de l'Ouest, le leader économique de la sous-région. En dix ans, notamment de 1980 à 1989, le Cameroun a exporté les produits vers le Congo pour une valeur de 60 milliards 040 millions de FCFA et a reçu de ce pays, des biens d'une valeur de 6 milliards 517 millions de FCFA» (Y. Ngamondi Karie, 2011, p. 91). A contrario, les exportations du Congo vers le Cameroun n'ont pas connu une telle progression. Elles sont restées constantes. D'une valeur de 6 milliards 749 millions entre 1970 et 1979, elles ne représentent que 6 milliards 517 millions au cours de la période 1980-1989[17]. Le tableau 1 (page suivante) nous donne un aperçu de la réalité des échanges commerciaux entre le Cameroun et la République du Congo de 1980 à 2015.

À l'observation du tableau (tabl. 1), il ressort que ces échanges étaient largement en faveur du Cameroun dont la balance commerciale est excédentaire. Cependant, cette domination camerounaise cachait mal l'interdépendance commerciale entre les deux pays. À ce sujet, Paul Ango Ela relève que : «à l'occasion d'une fermeture de frontière, la zone camerounaise subit un blocus sur les produits manufacturés de première nécessité provenant des villes frontalières congolaises de Ouesso et Souanké. À l'inverse, la zone congolaise subit une asphyxie alimentaire» (P. Ango Ela, 2001, p. 138).

Quoi qu'il en soit, le Cameroun a toujours vendu plus qu'il ne reçoit de son partenaire congolais ; cela, pas seulement du fait de son statut de leader économique de la sous-région, mais aussi du fait des effets pervers de la guerre civile sur l'économie congolaise[18]. La même réalité a continué de s'observer depuis le début de la décennie 2000, bien que

---

17. Voir Tableau des échanges commerciaux entre le Cameroun et le Congo de 1980 à 2015.

18. Tout au long de son histoire, le Congo a souvent connu des périodes de guerre ou d'instabilité dont la plus emblématique a été la guerre civile qui a duré de 1993 à 1999, à l'issue de laquelle Denis Sassou Nguesso a retrouvé le pouvoir perdu en 1993 au profit de Pascal Lissouba.

le Congo soit engagé depuis lors dans une politique de diversification de son économie, l'objectif à terme étant de réduire sa dépendance en termes d'importations vis-à-vis de l'étranger et donc du Cameroun.

Années	Exportations	Importations	Années	Exportations	Importations
1980	6 749	712	1998	11 083	1277
1981	4 173	537	1999	10 663	801
1982	5 225	733	2000	11 636	5864
1983	5193	1878	2001	13 817	3623
1984	6739	392	2002	14 775	7057
1985	6782	640	2003	11 813	8656
1986	5593	343	2004	19 904	3981
1987	5368	240	2005	11 048	3853
1988	9815	1011	2006	12 254	3912
1989	9821	1009	2007	11 965	3934
1990	9685	965	2008	12 254	4002
1991	8932	1002	2009	12 564	4086
1992	8721	998	2010	13 218	4025
1993	7531	791	2011	13 825	4137
1994	6227	302	2012	14 965	4985
1995	8618	516	2013	15 124	5001
1996	10 730	687	2014	16 852	5135
1997	9 207	889	2015	17 362	5162

Source : Synthèse des rapports de l'Institut National de la Statistique (Cameroun).

Tabl. 1 : Les échanges commerciaux entre le Cameroun et le Congo de 1980 à 2015 (Valeur en millions de francs CFA)

4.2. Les relations politico-diplomatiques

Sur le plan politico-diplomatique, la construction des relations entre le Cameroun et le Congo s'est toujours faite au rythme des réalités socio-politiques inhérentes à chacun de ces pays. Des périodes d'accélération ayant souvent alterné avec des périodes de ralentissement, puis de relance.

Après les premières années d'indépendance, les divergences idéologiques, notamment le soutien apporté par le Congo aux activistes de l'UPC ont fortement influencé les relations entre les deux pays. Avec la mise hors d'état de nuire des derniers leaders de l'UPC parmi lesquels Ernest Ouandié arrêté, jugé et fusillé à Bafoussam le 15 janvier 1971, le Congo y avait trouvé l'occasion de traduire dans les faits l'engagement pris lors des travaux de la Commission mixte Cameroun-Congo tenue à Brazzaville du 19 au 20 avril 1968. C'était le début d'une normalisation des rapports qui s'était accélérée au début de la décennie 1980 avec l'arrivée au pouvoir à Brazzaville de Denis Sassou Nguesso en février 1979. Ce dernier mit fin à la spirale de violence enclenchée depuis l'assassinat par coup d'État de Marien Ngouabi en 1968. De l'autre côté de la frontière, le Cameroun connaissait un changement de régime avec l'arrivée au pouvoir de Paul Biya qui remplaçait Ahmadou Ahidjo, démissionnaire en novembre 1982.

Avec Sassou Nguesso, la politique étrangère du Congo vis-à-vis de ses voisins trouvait ses principes dans la première Constitution de la République populaire du Congo, notamment celle de 1977 ; principes repris dans celle de 2002. Concrètement, ces principes se structuraient autour de la quête des relations de bon voisinage et de coexistence pacifique[19]. Pour Alfredo Varela, «Ces notions de bon voisinage et de coexistence pacifique semblent synonymes avec toutefois, des contenus différents» (A. Valera, 1971, p. 14-27). Ainsi, la coexistence pacifique serait plutôt un principe qui régirait les rapports entre les États à systèmes socio-politiques différents. Elle aurait pour but principal de favoriser la détente et d'atténuer les conflits. Alfredo Varela ajoute que

---

19. Tel est aussi le cas pour le Cameroun.

la coexistence pacifique signifie avant tout que les contradictions antagonistes entre les pays socialistes et capitalistes, la confrontation des deux systèmes dont chacun part de ses propres positions de classe, ne rendent aucunement inévitable un conflit militaire entre eux (A. Valera, 1971, p. 25).

Appliquées au Cameroun et au Congo, les notions de relations de bon voisinage et de coexistence pacifique excluent leur intervention dans les affaires intérieures d'autres États, la violation de leur intégrité territoriale et de leur souveraineté. Dès lors, il apparaît très clairement que la notion de coexistence pacifique met l'accent sur la sécurité et la paix, la coopération économique, les échanges culturels, etc.

Le bon voisinage par contre, implique non seulement le maintien et le développement de bonnes relations politiques, mais aussi et surtout, le renforcement des alliances et de la coopération. Cette dernière doit être souhaitée, active et recherchée. La décennie 1980 fut donc caractérisée par une relative stabilité[20] au Congo pendant que son voisin le Cameroun se remettait difficilement, mais progressivement des répliques de la tentative de coup d'État dont le Président Paul Biya avait fait l'objet le 06 avril 1984. Malgré tout, les deux pays étaient engagés dans une logique d'amplification d'une coopération mutuellement bénéfique.

Bien que les deux pays aient noué des relations diplomatiques depuis novembre 1962, ce n'est finalement qu'en 1981 que le premier ambassadeur plénipotentiaire extraordinaire camerounais fut affecté à Brazzaville. Un an plus tard, et conformément à la tradition diplomatique, le Congo accrédita à son tour son premier ambassadeur plénipotentiaire à Yaoundé.

La suite fut ponctuée d'une intensification des rencontres au niveau des deux chefs d'État et la signature d'accords utiles à la consolidation de la coopération entre les deux pays. Parmi ces accords figuraient en bonne place ceux relatifs au transport aérien et à la coopération

---

20. C'est une stabilité qui reste fragile, car pendant cette période, le Congo est tout de même traversé par des remous sociaux plus ou moins importants, liés aux assassinats politiques et aux difficultés inhérentes aux difficiles conditions de vie des populations.

culturelle, scientifique et technique entre les deux pays. L'animation de cette coopération se fait dans le cadre de la Grande commission mixte[21] Cameroun-Congo qui est finalement le principal cadre de concertation et de collaboration permettant aux deux pays d'évaluer l'ampleur de leur coopération. Au-delà de la Grande commission mixte, les commissions *ad hoc* étaient créées pour régler les problèmes relevant de leur coopération sectorielle. À ce jour, il existe entre les deux pays une dizaine de commissions *ad hoc* chargées de gérer la coopération en matière de transport, de tourisme et de coopération rurale; les relations commerciales, frontalières, consulaires, etc. Cette embellie observée dans les relations politico diplomatiques entre le Cameroun et le Congo au cours de la décennie 1980 a cependant connu un ralentissement à partir de 1990.

Le début de la décennie 1990 fut marqué par les effets politiques dévastateurs de la chute du mur de Berlin et de la fin de la Guerre froide. Le vent de démocratisation qui balayait la plupart des régimes politiques en Afrique n'épargna ni le Congo, ni le

Cameroun et se manifesta par des violences politiques graves qui eurent sans surprise, un impact négatif sur les relations entre les deux pays.

Au Congo, la tenue de la Conférence nationale souveraine déboucha sur le pluralisme politique et l'organisation de l'élection présidentielle à l'issue de laquelle Dénis Sassou Nguesso fut battu par Pascal Lissouba. Ce dernier prit les rênes du pouvoir à Brazzaville le 16 avril 1992. Après une année de pouvoir, une guerre civile[22] éclata et en 1997, Sassou Nguesso revint au pouvoir après avoir contraint Lissouba à l'exil en France. Malgré le retour au pouvoir de Sassou Nguesso, la guerre s'était tout de même poursuivie jusqu'à la signature d'un cessez-le-feu en décembre 1999 (Y. Ngamondi Karie, 2011, p. 93-95).

---

21. Au cours de la décennie 1980, cette Grande commission mixte s'est réunie de façon annuelle en 1982 et 1983 et de façon biennale entre 1983 et 1985.

22. Cette guerre civile qui fait de milliers de morts et de déplacés oppose deux factions de milices tenues respectivement par Bernard Kolelas, Maire de Brazzaville, Dénis Sassou Nguesso ex-président, contre l'armée gouvernementale sous le contrôle de Pascal Lissouba, président élu en avril 1992. Elle s'achèvera par la victoire de Sassou Nguesso qui reprend le pouvoir en 1997 et force Lissouba à l'exil en France.

Le Cameroun n'échappa pas au vent de démocratisation qui soufflait en Afrique. Le retour au multipartisme en décembre 1990 fut marqué par une série de turbulences socio-politiques ponctuées par des violences de toutes sortes et des villes mortes dans de nombreuses villes du pays qui, à défaut de déboucher sur une conférence nationale souveraine comme au Congo, conduisirent à l'organisation d'une conférence tripartite[23] et plus tard, la promulgation d'une nouvelle constitution qui vint décrisper l'atmosphère politique dans le pays.

Malgré tout, ces évènements socio-politiques survenus dans ces territoires n'avaient pas mis un terme aux relations bilatérales camerouno-congolaises. On pourrait tout de même relever le fait que ceux-ci aient eu un impact négatif sur leur politique extérieure bilatérale en entraînant un ralentissement des activités.

À la fin de la décennie 2000, l'on a assisté à une évolution positive de ces relations Cameroun-Congo à travers la matérialisation d'un certain nombre de projets intégrateurs non seulement de la sous-région Afrique centrale, mais aussi des deux pays. C'est le cas de la création et de la construction des projets tels, l'Université inter-États Cameroun-Congo à Sangmélima au Cameroun ; institution appelée à former l'élite intellectuelle et à favoriser la coopération scientifique interuniversitaire entre les deux pays. Cette coopération scientifique et interuniversitaire se poursuit dans de nombreuses Universités du Congo et surtout du Cameroun, à l'instar de l'Institut des relations internationales du Cameroun (IRIC) dont l'essentiel des étudiants du parcours Stage diplomatique est constitué des étudiants congolais[24]. Globalement, l'on assiste à un accroissement des effectifs des étudiants congolais dans les Universités et grandes écoles de formation au Cameroun depuis le

---

23. Cette réunion tripartite, convoquée du 30 octobre au 15 novembre 1991 par le Président Paul Biya, réunit autour d'une table le pouvoir, l'opposition et la société civile.

24. Depuis 2009, les étudiants congolais représentent chaque année, plus de 50 % de l'effectif des étudiants étrangers du parcours « Stage diplomatique » de cette illustre institution. Voir Statistiques du service de la Scolarité de l'Institut des relations internationales du Cameroun (IRIC).

début de la décennie 2000, ceci grâce aux accords de coopération[25]. Ces étudiants congolais sont soumis au même traitement financier que les étudiants nationaux. Ceci permet, au passage, une mobilité plus visible et plus flexible dans le cadre d'une intégration communautaire. Bien plus, le domaine des transports est l'un des éléments clés de la coopération entre les deux pays. Depuis la décennie 2000, ils ont progressivement renforcé leur coopération dans les sous-secteurs aérien, ferroviaire, maritime, fluvial et routier. Il existe désormais une desserte régulière des lignes aériennes entre les deux pays et l'évolution des travaux de la route Sangmélima-Ouesso, ainsi que la coopération entre le Conseil national des chargeurs du Cameroun et celui du Congo. Tout ceci vise à améliorer les conditions de transit des marchandises congolaises
à destination du port de Douala et est la preuve de la volonté exprimée par les deux parties de maintenir un niveau de coopération favorable au développement.

Le projet routier Sangmélima-Ouesso revêt un caractère régional structurant, car il permettra de relier le Congo au Cameroun par le seul tracé direct existant et constitue également l'un des principaux maillons du corridor alternatif au corridor Windhoek-Tripoli tel que défini dans le NEPAD pour relier Bertoua à Yaoundé au Cameroun, le Gabon vers le sud et assurer l'interconnexion avec la route Brazzaville-Pointe-Noire au Congo. Ce projet fait partie du premier programme prioritaire de Développement à Court Terme-Afrique Centrale (PDCT-AC) qui s'inscrit par ailleurs dans le Programme d'Action à Court Terme (PACT) du NEPAD.

La création d'un marché frontalier à vocation communautaire à Aboulou au Cameroun et à Ouesso au Congo, la promotion de la circulation des produits originaires de la Communauté Économique

---

25. Le cadre juridique de la coopération camerouno-congolaise comporte effectivement quatre instruments conventionnels : un protocole d'accord en matière de personnel, un accord portant institution de la grande commission mixte, un accord relatif aux transports aériens et un accord de coopération culturelle, scientifique et technique.

et Monétaire d'Afrique Centrale (CEMAC)[26], le renforcement de la coopération entre les organismes de promotion commerciale et les chambres consulaires, et, enfin, la participation concertée aux foires transfrontalières de la CEMAC s'inscrivent dans la même logique de rapprochement et de coopération.

Conclusion

Liés par l'histoire et la géographie, le Cameroun et le Congo-Brazzaville ont été frappés dès le début de leur histoire moderne par les effets pervers de la colonisation française que combattait la branche armée de l'Union des Populations du Cameroun (UPC), l'Armée Nationale de Libération du Kamerun (ANLK). Les activités de l'ANLK ont ainsi marqué d'une empreinte négative la qualité des relations entre le Cameroun et le Congo.

Cet impact négatif a été tel que bien qu'ayant noué des relations diplomatiques depuis 1962, ce n'est qu'en 1981 et 1982 que les deux pays désigneront leurs ambassadeurs respectifs pour les représenter dans l'un et l'autre pays.

De plus, la divergence de leurs conceptions idéologiques et politiques respectives après leurs indépendances n'était pas de nature à favoriser des relations harmonieuses, car, le Congo avait choisi une orientation politico-idéologique socialiste tandis que le Cameroun était engagé sur la voie du capitalisme. Vers la fin de la décennie 1960, les bonnes intentions du Congo, qui renonce à tout soutien à l'égard des activistes de l'ANLK installés sur son sol et perçus du côté de Yaoundé comme une menace réelle à sa stabilité, permettent d'amorcer une normalisation des rapports entre les deux pays.

Avec l'arrivée au pouvoir à Brazzaville du président Marien Ngouabi en décembre 1968 et plus tard Denis Sassou Nguesso, les relations entre le Cameroun et le Congo sont entrées dans une phase de normalisation et d'intensification progressive. Le moins que l'on puisse relever est que ces relations sont plus marquées sur le plan commercial et technique. Le Congo demeure le deuxième partenaire commercial du Cameroun

---

26. Organisme de coopération sous régionale dont les deux pays sont membres.

en Afrique centrale. Les exportations de l'État camerounais vers son voisin n'ont pas cessé d'augmenter en volume depuis la décennie 1970. Toutefois, ces échanges commerciaux sont déséquilibrés et ne profitent véritablement qu'au Cameroun. Il convient tout aussi de relever le caractère diversifié de la coopération entre les deux pays. Celle-ci concerne désormais divers aspects, notamment les aspects culturels, scientifiques, infrastructurel, militaires, etc.

Sources et bibliographie

Sources

ANY1AA-7 (5), Synthèse mensuelle de sécurité, 1967.

ANY1AA-7 (3), Synthèse mensuelle de sécurité, 1970.

ARO4OD-5 (8), Synthèse mensuelle de sécurité, 1957.

Rapport de l'INS, Les échanges commerciaux Cameroun-Congo, 1970-1975.

Rapport de l'INS, Les échanges commerciaux Cameroun-Congo, 1980-2015.

Bibliographie

ABWA Daniel, 1998, *Commissaires et Hauts-commissaires au Cameroun : ces hommes qui ont façonné politiquement le Cameroun* (1916-1960), Yaoundé, PUY et PUCAC.

ANGO ELA Paul, 2001, *La prévention des conflits en Afrique centrale : prospective pour une culture de la paix*, Paris, Karthala.

ATEBA YENE Théodore, 1976, *Cameroun : Mémoire d'un colonisé*, Paris, L'Harmattan.

AWOUMOU Jean, 2009, «Ossende Afana : Un héros méconnu», *La voix du peuple*, 8, p. 23-46.

DIKE DELANCEY Mark, 2010, « Afana, Osende (1930-1966) », in DIKE DELANCEY Mark, MBUH Rebecca et DELANCEY Williams, *Historical Dictionary of the Republic of Cameroon*, Scarecrow Press, Lanham, Md, (4e éd.), p. 34-53.

DOMERGUE Manuel, TATSITSA Jacob, DELTOMBE Thomas,
2011, *Kamerun! une guerre cachée aux origines de la françafrique, 1948-1971*,
Paris, La Découverte.

IMBERT Jean, 1976, *Le Cameroun*, Paris, PUF.

KOUFAN Jean, 2008, «Des parcours différents pour un destin
national : Sur les traces des icônes du nationalisme camerounais»,
Cahiers de mutations, 51, p. 6-9.

MERLE Marcel, 1982, *Sociologie des relations internationales*, Paris,
Dalloz.

MVENG Engelbert, 1985, *Histoire du Cameroun*, Yaoundé, CEPER.

NGAMONDI KARIE Youssoufou, 2011, *La politique étrangère du
Cameroun en Afrique centrale : constances et fluctuations*, Thèse de Doctorat
Ph. D en science politiques, Université de Yaoundé II, Yaoundé.

NGOH Victor Julius, 1990, *Cameroun 1884-1985 : Cent ans d'histoire*,
Yaoundé, CEPER.

NKAINFON PEFURA Samuel, 1996, *Le Cameroun : Du
multipartisme au multipartisme*, Paris, L'Harmattan.

NOUMBISSIE TCHOUAKE Maginot, 2017, *Bamileke ! La naissance
du maquis dans l'Ouest-Cameroun*, Yaoundé, Ifrikiya.

VARELA Alberto, 1979, «La coexistence pacifique et coopération
pacifique», *La nouvelle revue internationale (Problème de la paix et du socialisme)*,
7, p. 14-27.

Le dialogue social entre le Syndicat des enseignants de l'éducation nationale (Seena) et l'État gabonais de 1990 à 2003 : un instrument efficace de progrès social

Clotaire MESSI ME NANG,
Maître-assistant en histoire de l'Afrique,
Département d'Histoire et Archéologie,
Université Omar Bongo (Gabon)
messiclotaire@gmail.com

Résumé

Le début des années 1990 a vu l'émergence de divers mouvements sociaux dans le paysage social gabonais. Dans le secteur de l'éducation nationale, est apparu le Syndicat des enseignants de l'éducation nationale (Seena) pour porter les revendications des enseignants auprès des pouvoirs publics. Grâce à une intense activité syndicale, marquée par des grèves et des débrayages répétitifs, le Seena a su pousser les gouvernants à la table des négociations, afin d'obtenir une amélioration des conditions de travail et de vie des enseignants gabonais. Ainsi, la question centrale ici est celle de savoir quel a été l'impact de ces négociations sur la condition enseignante au Gabon. La présente réflexion montre que le dialogue social entre le Seena et les autorités publiques a été un instrument efficace pour la transformation de l'ordre social des enseignants, sur la période 1990-2003. Pour valider cette hypothèse, la méthodologie de recherche consiste en l'analyse des faits à la lumière des sources de première main provenant du ministère de l'Éducation nationale, de la presse écrite et d'une enquête orale auprès de certains acteurs enseignants, témoins directs des différents rounds de négociations avec les gouvernants gabonais.

Mots clés : Dialogue social – Seena – Changement social – Mouvement social – Gabon.

Social dialogue between Seena and the Gabonese state from 1990 to 2003 : an effective instrument of social progress.

Abstract

The early 1990s saw the emergence of various social movements in the Gabonese social landscape. In the national education sector, the National Education Teachers Union (Seena) has emerged to bring teachers' demands to the public authorities. Thanks to intense union activity, marked by repeated strikes and walkouts, the Seena was able to push the rulers to the negotiating table in order to obtain a transformation of the working and living conditions of Gabonese teachers. So the central question here is what was the impact of these negotiations on the status of teachers in Gabon? This reflection shows that the social dialogue between the Seena and the public authorities was an effective instrument for the transformation of the social order of teachers, over the period 1990-2003. To validate this hypothesis, the research methodology consists of analyzing the facts in the light of first-hand sources from the Ministry of National Education, the written press and an oral survey of certain teachers witnesses direct from the various rounds of negotiations with the Gabonese rulers.

Key words : Social dialogue - Seena - Social change - Social movement - Gabon.

Introduction

Le «renouveau démocratique» (W.-A. Ndombet, 2009) du début des années 1990 a favorisé l'éclosion de divers mouvements sociaux dans le paysage social gabonais, aussi bien dans l'administration publique que dans le monde de l'entreprise privée. Dans le secteur de l'éducation nationale, des coordinations des enseignants ont vu le jour dans des établissements d'enseignement secondaire de Libreville, respectivement au lycée d'État de l'Estuaire et au lycée technique Omar Bongo[1]. Ces coordinations ont donné, en 1991, le Syndicat des enseignants de l'éducation nationale (Seena), organisation syndicale appelée à mobiliser tous les enseignants du Gabon pour obtenir des pouvoirs publics une amélioration substantielle des conditions de travail et de vie des membres de la corporation. Dans cette perspective, le Seena engagea aussitôt une vigoureuse action syndicale, à travers des grèves répétitives qui poussèrent les autorités à ouvrir une série de négociations avec les représentants des enseignants. Ainsi, la question centrale, qui structure la présente réflexion, est celle de savoir quel a été l'impact de ces négociations syndicales entre le Seena et l'État sur la condition sociale des enseignants gabonais ? Je soutiens que le Seena et l'État ont mené plusieurs rounds de négociations qui ont permis une amélioration notable des conditions de travail et d'existence des enseignants gabonais entre 1990, moment du rétablissement des libertés démocratiques fondamentales, et 2003, année de la signature de la trêve sociale qui a mis en veilleuse l'activité syndicale au Gabon pendant trois ans. De ce point de vue, le dialogue social, entendu comme «tous types de négociation, de consultation, ou simplement d'échange d'information entre les différents représentants des gouvernements, des employeurs et des travailleurs [...]»[2], a été ici un formidable instrument pour apporter des solutions aux problèmes

---

1. Entretien réalisé avec Samuel Ngoua Ngou, le 17 juillet 2018 à Libreville.
2. Convention 154 de l'Organisation internationale du travail (OIT), [en ligne] https://www.ilo.org/global/lang--fr/index.htm. Consulté le 20 août 2020 à 20 heures 32 minutes.

professionnels des enseignants. Ce travail est novateur dans le champ des recherches sur le syndicalisme au Gabon, lesquelles traitent essentiellement des conditions d'apparition et d'évolution du mouvement syndical, de la représentation des syndicats et de la lutte syndicale (G. Ondimba Epigat, 1978 ; E. C. Nkeze Igouwe, 1983 ; Ella King Zock, 1998 ; C. Guibounou, 2007 ; A. Moudjègou Moussavou, 2007 ; S. F. Ndangouna, 2009 ; C. Messi Me Nang, 2012 et 2014). Pour valider les hypothèses de travail, je m'appuierai sur des sources de première main, en l'occurrence des documents administratifs provenant du ministère de l'Éducation nationale, des coupures de presse et des témoignages oraux issus d'une enquête de terrain pour la réalisation d'un mémoire de master conduit sous ma direction (M. K. Minto'o Menie, 2018). De là, la structuration de cette étude en trois points : le premier présente les revendications syndicales du Seena qui font l'objet de négociations avec le gouvernement ; le deuxième soutient l'idée d'un dialogue soutenu entre le Seena et l'État ; enfin, le troisième point montre les résultats découlant de ce dialogue social.

1. Une multitude de revendications syndicales

Dès sa mise en place en 1990, la Coordination des enseignants de l'éducation nationale, qui se mua plus tard, en 1991, en Seena, déploya une intense activité revendicative auprès des autorités publiques. En effet, au cours de cette décennie des années 1990, et même au début des années 2000, le Seena multiplia les grèves et les débrayages pour dénoncer les mauvaises conditions de travail et d'existence des enseignants gabonais. Il est difficile de retrouver les cahiers de charge de ce syndicat sur cette période du début des années 1990, mais les sources disponibles sur le sujet permettent de dégager l'essentiel des doléances des enseignants. L'examen de ces divers documents révèle une multitude de revendications syndicales, comme l'atteste ce passage du journal *L'Union* du mardi 13 février 1990 :

Des renseignements recueillis [...], il ressort que les enseignants du primaire sont en butte à une multitude de difficultés, qu'ils résument en six chapitres : le statut particulier de l'enseignant, la révision à la hausse de leurs salaires, des indemnités de logement et de transport, ainsi qu'une bonne planification des affectations, l'intégration dans la Fonction publique pour les nouveaux, le recyclage dans les CFPP, un plan de carrière bien défini et enfin l'augmentation des structures d'accueil[3].

Conditions de travail	Conditions d'existence
Augmentation des structures d'accueil	Des logements pour les enseignants
Réouverture des concours professionnels	Augmentation des salaires
Gratuité du matériel pédagogique et didactique	Augmentation des indemnités de logement et de transport
Statut particulier de l'enseignant	Octroi des postes budgétaires
Plan de carrière bien défini	
Création d'un syndicat des enseignants	
Maintien des classes maternelles à l'Éducation nationale	
Bonne planification des affectations des enseignants	
La sécurité physique des enseignants	

Sources : *L'Union* n° 4232 du mardi 13 février 1990, p. 4 ; *L'Union* n° 4235 du vendredi 16 février 1990, p. 4 ; Ministère de l'Éducation nationale, *Procès-verbal de la réunion quadripartite ministère de l'Éducation nationale, chefs d'établissement, associations des parents d'élèves et la Coordination des enseignants de l'éducation nationale,* décembre 1990 ; Ministère de l'Éducation nationale, *Compte rendu de la réunion ministère de l'Éducation nationale et la Coordination des enseignants de l'éducation nationale,* janvier 1991 ; Ministère de l'Éducation nationale, *Compte rendu de la réunion ministère de l'Éducation nationale et la Coordination des enseignants de l'éducation nationale,* février 1991 ; Ministère de l'Éducation nationale, *Compte rendu de la réunion ministère de l'Éducation nationale et la Coordination des enseignants de l'éducation nationale,* mars 1991 ; Ministère de l'Éducation nationale, *Compte rendu de la réunion ministère de l'éducation nationale et le bureau national du Syndicat des enseignants de l'éducation nationale,* août 1991.

Tabl. 1. Doléances des enseignants entre 1990 et 2003

L'ensemble des revendications des enseignants sur la période 1990-2003, dont le tableau 1 donne un aperçu global, peut être réparti en deux grandes catégories : les réclamations axées sur les conditions de travail et les doléances portant sur les conditions d'existence.

En effet, on dénombre ici treize grandes doléances du Seena, lesquelles

---

3. *L'Union* n° 4232 du mardi 13 février 1990, p. 4.

traduisaient les aspirations des enseignants pour le changement social, en l'occurrence pour l'amélioration de leurs conditions de travail et d'existence. Comme le montre ce tableau des doléances, on note une dominance des revendications d'ordre professionnel : les conditions de travail font l'objet de neuf points de revendications, alors que les conditions de vie ne concentrent que quatre points. Ce qui infirme d'ailleurs l'opinion selon laquelle les enseignants ne posent que des problèmes liés à leur condition salariale. Les doléances du Seena montrent bien que les enseignants se souciaient du bon exercice de leur métier, comme en témoignent ces propos de Samuel Ngoua Ngou :

> De 1990 à 1995, nous posions beaucoup plus les problèmes liés aux conditions de travail du personnel de l'Éducation nationale. Nous mettions en avant les revendications sur les conditions de travail de l'enseignant, d'autres questions venaient après. Nous estimions que ces questions étaient très essentielles dans notre champ de bataille. Par exemple, les effectifs pléthoriques dans le primaire, pour nous, c'était une question très essentielle à laquelle il fallait des solutions immédiates[4].

Le problème des effectifs pléthoriques tenait une place importante dans les revendications professionnelles. Les classes bondées étaient (et sont encore aujourd'hui) une réalité criarde de l'école gabonaise, notamment dans le primaire où «la situation était alarmante, [car] il y avait des classes à 100 élèves pour un seul enseignant [...] placé dans une salle prévue pour une quarantaine d'élèves»[5]. Le quotidien *L'Union* abonde dans ce sens en citant le cas d'un établissement primaire qui comptait neuf salles de classe pour un effectif de 1 400 élèves, soit théoriquement 155 écoliers par classe[6]. L'augmentation des structures d'accueil était donc une revendication justifiée, qui visait à améliorer les conditions de travail des enseignants confrontés à la problématique de la massification des effectifs scolaires.

Une autre doléance concernait les concours professionnels. Les enseignants réclamaient la réouverture de tous les concours

---

4. Entretien réalisé avec Samuel Ngoua Ngou, le 17 juillet 2018 à Libreville.
5. Entretien réalisé avec Magloire Memiaghé, le 20 octobre 2018 à Libreville.
6. *L'Union* n° 4232 du mardi 13 février 1990, p. 4.

professionnels, dont ceux des instituteurs adjoints et des moniteurs suspendus depuis 1974[7]. Il s'agissait, là aussi, d'une préoccupation importante qui montrait le souci d'une évolution dans la carrière. D'où d'ailleurs, les revendications sur l'adoption d'un statut particulier de l'enseignant, fixant les droits et obligations des professionnels de l'éducation, et sur la codification d'un plan de carrière, afin que chaque enseignant puisse progresser dans la profession. Outre ces préoccupations pour l'évolution de carrière ou le bien-être au travail, l'on relève également des doléances d'ordre pédagogique, comme la gratuité du matériel pédagogique et didactique, pour faciliter les apprentissages, et le maintien des classes maternelles sous la tutelle du ministère de l'Éducation nationale. Les enseignants réclamaient aussi une bonne planification des affections, lesquelles se faisaient davantage selon un système clientéliste bien connu à l'époque. Dans le même temps, ils demandaient la sécurisation des établissements en raison de l'agitation scolaire que connaissait le monde l'éducation avec les grandes grèves des années 1990. Enfin, le Seena exigeait la reconnaissance officielle des syndicats dans un contexte de prohibition du syndicalisme.

Les doléances portant sur les conditions de vie concernaient tout d'abord le relèvement des conditions salariales des enseignants. C'était une question centrale pour le Seena, qui trouvait son origine dans la situation précaire des travailleurs gabonais du secteur de l'éducation et aussi dans les injustices au travail dont ils faisaient l'objet par rapport à leurs collègues expatriés. Dans le monde de l'éducation, les enseignants expatriés étaient, à l'époque, bien mieux traités que les enseignants nationaux, comme le souligne Samuel Ngoua Ngou dans les propos suivants :

[…], dans le secteur de l'éducation, la situation des travailleurs était pré-caire. Par exemple, il y avait de nombreuses injustices sociales. Des enseignants expatriés percevaient de gros salaires par rapport aux nationaux.

---

7. *L'Union* n° 4235 du vendredi 16 février 1990, p. 4.

> Ils avaient des indemnités de transport et de logement importantes. [...], lors des grandes vacances, l'État leur délivrait des billets d'avion pour leur séjour à l'extérieur du pays[8].

Ainsi, pour les enseignants gabonais, il fallait absolument finir avec cette différence de traitement entre personnels d'une même corporation. Dès lors, on comprend la pertinence des revendications sur la revalorisation des indemnités de transport et de logement. Tout cela participait de l'amélioration du niveau de vie des enseignants, lequel avait indubitablement un impact sur leur rendement. L'on sait, par exemple, que le logement est un outil indispensable de travail pour un enseignant, car c'est en ce lieu que se fait l'essentiel du travail de conception, de préparation des séquences de cours et de correction des devoirs. Enfin, un dernier point important concernait l'octroi des postes budgétaires aux personnels de l'éducation nationale. Il s'agissait, ici, de l'intégration des enseignants dans la Fonction publique gabonaise, dont plusieurs d'entre eux cumulaient jusqu'à dix ans de travail sans postes budgétaires, donc sans possibilité de jouir de l'ensemble de leurs droits de fonctionnaires de l'État gabonais. Une situation anormale, juridiquement, qui suscitait les récriminations des enseignants.

Quoi qu'il en soit, comme on le voit, le Seena portait à l'attention des autorités publiques une multitude de doléances, au double plan des conditions de travail et d'existence. Sur la base de ces revendications, le gouvernement gabonais amorça une série de négociations avec les représentants des enseignants.

2. Un dialogue social soutenu

Entre 1990 et 2003, on observe un dialogue social soutenu entre le Seena et le gouvernement gabonais. Celui-ci se manifeste à travers une série de rounds de négociations entre les représentants des enseignants et les pouvoirs publics.

À la lumière des sources disponibles, la concertation du mardi 12 février 1990, entre le ministre de l'Éducation nationale, Guy

---

8. Entretien réalisé avec Samuel Ngoua Ngou, le 17 juillet 2018 à Libreville.

Nzouba Ndama, et des instituteurs de Libreville, marque le premier round des négociations entre les enseignants et l'État[9]. Mais, il s'agissait d'une réunion quelque peu improvisée par le ministère suite à une grève déclenchée par les instituteurs de Libreville, lesquels n'avaient pas d'ailleurs eu le temps de formaliser leurs doléances dans un document. Le jeudi 14 février, une autre rencontre se tint à l'auditorium de l'École normale supérieure (ENS). Cette fois-ci, face au ministre de l'Éducation nationale et au gouverneur de la province de l'Estuaire, la Coordination des enseignants de l'Éducation nationale, conduite par son porte-parole, André Meyo[10]. Le gouvernement n'avait plus comme interlocuteurs les seuls instituteurs de Libreville, mais tous les enseignants du Gabon, constitués en coordination. Le porte-parole le signifia bien au cours de cette rencontre, avant de décliner, sommairement, le cahier de charge des enseignants en trois grandes articulations : les revendications d'ordre pédagogique, les revendications d'ordre statutaire et les revendications d'ordre social. Il précisa que la coordination avait élaboré un document détaillé à ce sujet, mais elle entendait en discuter uniquement avec le président de la République, Omar Bongo. Elle n'eut cependant gain de cause.

Pour autant, une concertation plus poussée se tint le 5 décembre 1990 avec de nouveaux acteurs : du côté du gouvernement, le ministre de l'Éducation nationale, Marc Louis Ropivia, et du côté de la coordination, Samuel Ngoua Ngou. Aux deux interlocuteurs directs, s'étaient joints un représentant des chefs d'établissement scolaire et le président des associations des parents d'élèves[11]. Lors de cette rencontre, les différents partenaires avaient débattu des modalités pratiques de la construction des infrastructures scolaires, de la fourniture aux établissements du matériel pédagogique et didactique, de l'accélération de la procédure de création d'un syndicat des enseignants de l'éducation

---

9. *L'Union* n° 4232 du mardi 13 février 1990, p. 4.
10. *L'Union* n° 4235 du vendredi 16 février 1990, p. 4.
11. Ministère de l'Éducation nationale, *Procès-verbal de la réunion quadripartite ministère de l'Éducation nationale, chefs d'établissement, associations des parents d'élèves et la Coordination des enseignants de l'éducation nationale*, décembre 1990.

nationale et du maintien de la section maternelle dans le giron du ministère de l'Éducation nationale.

D'autres rounds de négociations eurent lieu durant l'année 1991 avec différents ministres de l'Éducation nationale. D'abord, avec le ministre Michel Antchouey, les 13 février[12] et 4 mars 1991[13]. Les concertations permirent aux négociateurs de faire le point sur les questions querellées : l'organisation des concours professionnels, le statut particulier des enseignants, les premières constructions scolaires, le matériel pédagogique et didactique, la situation sur l'octroi des postes budgétaires, les indemnités de logement et de transport. Ensuite, ce furent les rencontres des 15, 18 et 30 juillet 1991 avec la ministre Paulette Moussavou Missambo[14], négociations engagées à la suite d'une autre grève du Seena, déclenchée quelques jours auparavant. Au cours de ces séances de concertation, il fut question de faire le bilan à mi-parcours de l'état d'avancement des différentes doléances des enseignants. À la différence des précédentes rencontres, les représentants des enseignants exigèrent l'adoption d'une fiche de suivi des négociations indiquant un échéancier de réalisation des points de revendications. Puis, ce fut la grande rencontre de la Présidence de la République du jeudi 26 mars 1992[15]. Cette audience intervenait à la suite d'une autre grève du Seena, déclenchée le 27 janvier et qui paralysait l'école gabonaise depuis plusieurs mois, exposant les élèves à une année blanche. Un incident malheureux s'était d'ailleurs produit lors de cette grève, avec la blessure d'un jeune élève au cours de la manifestation de la RTG. La rencontre concernait l'ensemble des acteurs syndicaux et gouvernementaux en négociation. La délégation du Seena était composée de mesdames Mwalango, Rosine Ndombi, Rose Allogo et monsieur Janvier Ngeuma Mboumba. Y étaient également représentés, les membres des bureaux du Syndicat autonome des enseignants du

---

12. Ministère de l'Éducation nationale, *Compte rendu de la réunion ministère de l'Éducation nationale et la Coordination des enseignants de l'éducation nationale*, février 1991.
13. Ministère de l'Éducation nationale, *Compte rendu de la réunion ministère de l'Éducation nationale et la Coordination des enseignants de l'éducation nationale*, mars 1991.
14. Ministère de l'Éducation nationale, *Compte rendu de la réunion ministère de l'Éducation nationale et le bureau national du Syndicat des enseignants de l'éducation nationale*, août 1991.
15. *L'Union* n° 4859 du vendredi 27 mars 1992, p. 6.

Gabon (Saeg), de la Coordination des parents d'élèves, de SOS enfants, du Comité de réflexion et de propositions ainsi que la Coordination des coopératives et des élèves délégués des établissements de Libreville. Côté gouvernement, on notait la présence du Premier ministre Casimir Oye Mba, des ministres de l'Éducation nationale, Paulette Moussavou Missambo, de l'Habitat, Andrien Nkoghe Essingone, des Finances, Paul Toungui, et de la Planification, Emmanuel Ondo Methogo. Le but de cette rencontre était, pour le président de la République, Omar Bongo, de communiquer au monde de l'éducation «les nouvelles mesures en vue de répondre favorablement aux attentes des uns et des autres, avant de trouver des solutions définitives à la crise de l'enseignement»[16].

Cette audience à la Présidence de la République est la dernière mention, dans les documents écrits, du dialogue social entre enseignants et gouvernement gabonais. Même le quotidien *L'Union* est muet sur ce fait entre 1993 et 2003. Ce silence s'explique, peut-être, par une espère de lassitude qu'aurait éprouvé le journal, de relayer sans cesse les mêmes faits de grèves et de négociations syndicales. Cela dit, des témoins directs affirment que les négociations entre le Seena et les autorités publiques n'ont point été interrompues après le passage à la Présidence de la République. Samuel Ngoua Ngou, premier secrétaire général du Seena, l'atteste formellement en ces termes : «Je dois vous dire, de votre humble serviteur à Christiane [Bitougat], que la dynamique fut maintenue dans la tenue des négociations avec les pouvoirs publics»[17]. Un fait que corrobore Alice Andeme Ella, membre du bureau exécutif du Seena, conduit par Christiane Bitougat :

> Pendant le premier mandat de Christiane Bitougat (1996-1999), le Seena négociait régulièrement avec la tutelle, c'est-à-dire qu'à chaque fois que nous posions nos cahiers de charge, on nous appelait au ministère pour discuter. Par exemple, sous le feu ministre André Mba Obame de 1999 à 2001, le Seena n'avait pas grevé [sic] parce que nous discutions régulière-ment et les résultats étaient toujours au rendez-vous[18].

---

16. *L'Union* n° 4859 du vendredi 27 mars 1992, p. 6.
17. Entretien réalisé avec Samuel Ngoua Ngou, le 17 juillet 2018 à Libreville.
18. Entretien réalisé avec Alice Andeme Ella, le 13 novembre 2018 à Libreville.

Ainsi, entre 1990 et 2003, le dialogue social entre le Seena et les pouvoirs publics était régulier. Et, comme le suggère le dernier informateur, ce dialogue faisait avancer la cause des enseignants.

3. Des résultats progressistes

Incontestablement, les différents rounds de négociations entre le Seena et les pouvoirs publics ont eu un impact mélioratif sur la condition enseignante au Gabon entre 1990 et 2003. En effet, l'analyse des sources, aussi bien écrites qu'orales, montre des résultats progressistes, issus du dialogue social entre les enseignants et l'État. Ces résultats ont permis la transformation de l'ordre social des enseignants. En ce sens, on est ici en présence d'un mouvement social, comme l'enseigne le sociologue français E. Neveu (2015, p. 9) pour qui un mouvement social comporte trois dimensions essentielles, dont la première porte sur son action collective, autrement dit un agir-ensemble intentionnel marqué par la volonté des acteurs de se mobiliser de concert. Les acteurs, dans la présente étude, sont les enseignants du Gabon, mobilisés autour d'un syndicat, le Seena. Ensuite, la deuxième dimension renvoie à la logique de revendication qui guide un mouvement social, lequel se développe dans une dynamique de défense d'un intérêt matériel ou d'une cause. Dans le cas du Seena, il apparaît que ce mouvement incarne clairement un projet de changement social, à en juger par les multiples doléances qui mobilisent les enseignants. Enfin, un mouvement social revêt une dimension politique. Il s'agit de la relation que le mouvement social entretient avec les autorités politiques ou publiques. Les différentes rencontres de négociations organisées dans le secteur de l'éducation attestent bien du rapport du mouvement enseignant avec les pouvoirs politiques. Cette relation a été un moteur du progrès social dans la période 1990-2003, comme le montre le tableau 2.

Revendications	Résultats
Construction des infrastructures scolaires	1.200 salles de classe
Équipements scolaires	19.350 tables-bancs, 579 bureaux, 657 chaises
Matériel pédagogique et didactique	Dotations budgétaires de près 350 millions de francs CFA
Réouverture des concours professionnels	Concours des catégories C et B, formation des inspecteurs et conseillers pédagogiques, recyclages des maîtres et professeurs du second degré général
Maintien de la section maternelle	Effectif
Statut particulier des enseignants	Effectif, loi n° 20/92 du 8 mars 1993 fixant les statuts particuliers des fonctionnaires du secteur éducation
Droit syndical des enseignants	Effectif, loi n° 18/92 du 18 mai 1993 fixant les conditions de constitution et le fonctionnement des organisations syndicales des agents de l'État
Postes budgétaires	3.000 recrutements
Indemnités de logement et de transport	Augmentation de 50 % de la prime de logement
Allocation mensuelle forfaitaire	85.000 francs CFA pour les enseignants stagiaires
Logements	300 parcelles de terrain

Sources : Ministère de l'Éducation nationale, *Rapport EPT-Gabon*, 2000, p. 10 ; Ministère de l'Éducation nationale, *Programme de construction et d'équipement scolaire*, 1991-1998 ; Ministère de l'Éducation nationale, *Procès-verbal des rencontres, le ministre de l'Éducation nationale et le Syndicat des enseignants de l'éducation nationale*, août 1991 ; *L'Union* n° 4850 du mardi 17 mars 1992, p. 5 ; *L'Union* n° 4859 du vendredi 27 mars 1992, p. 6 ; *L'Union* n° 5327 du mercredi 13 octobre 1993, p. 3.

Tabl. 2. Résultats du dialogue social Seena – État (1990-2003)

Ce tableau présente les résultats issus des négociations entre le Seena et les autorités publiques entre 1990 et 2003. Comme on peut le constater, plusieurs doléances des enseignants ont été satisfaites au cours de cette période de dialogue social soutenu. Sur le plan des conditions de travail, il faut d'abord noter le lancement d'un vaste programme de construction des bâtiments scolaires, notamment dans le primaire où les besoins étaient importants. Celui-ci a permis la construction de 1 200 salles de classe sur toute l'étendue du territoire national, sur la période 1991-1998[19]. À Libreville, par exemple, plusieurs complexes scolaires furent construits, dans les quartiers de derrière l'ENSET, Nzeng-Ayong, Beau-Séjour, Mindoubé, Batavéa, Jean-Paul II, Akébé-Ville, Cité Damas, Cité Mébiame, Sorbonne…, soit dans l'ensemble 361 salles de classe, 25 bureaux de directeurs d'école, 21 logements, 26 blocs sanitaires, le tout pour un montant global de dix milliards de francs CFA[20], rien que sur la période 1991-1993. À l'intérieur du pays, sur la même période, 323 salles de classe ont été construites[21].

La construction de ces infrastructures était accompagnée de la livraison des équipements scolaires nécessaires aux enseignements, soit 19 350 tables-bancs, 579 bureaux et 657 chaises sur la période 1992-1998[22]. En outre, des dotations budgétaires de près de 350 millions de francs CFA avaient été prévues sur la période 1990-1991 pour l'achat du matériel pédagogique et didactique[23]. Les enseignants avaient également obtenu la réouverture des concours professionnels pour les catégories C et B, et aussi la mise en place d'un programme de formation des inspecteurs et conseillers pédagogiques, et un programme de recyclage de 1 500 maîtres et professeurs du second degré général ; tout cela dans le cadre de la déclinaison du plan de carrière de l'enseignant[24]. Tout comme, ils avaient aussi obtenu le maintien de la section maternelle sous la tutelle du ministère de l'Éducation nationale ; et, surtout, l'adoption du statut particulier de l'enseignant avec la loi n° 20/92 du 8 mars 1993 fixant les statuts particuliers des fonctionnaires du secteur éducation. Enfin, les enseignants jouissaient dorénavant de la liberté syndicale grâce à l'adoption de la loi n° 18/92 du 18 mai 1993 fixant les conditions de constitution et le fonctionnement des organisations syndicales des agents de l'État.

---

19. Ministère de l'Éducation nationale, *Rapport EPT-Gabon*, 2000, p. 10.
20. *L'Union* n° 5327 du mercredi 13 octobre 1993, p. 3.
21. *Ibidem.*
22. Ministère de l'Éducation nationale, *Programme de construction et d'équipement scolaire, 1991-1998.*
23. Ministère de l'Éducation nationale, *Procès-verbal des rencontres, le ministre de l'Éducation nationale et le Syndicat des enseignants de l'éducation nationale*, août 1991.
24. *L'Union* n° 4850 du mardi 17 mars 1992, p. 5.

Les enseignants obtinrent également des résultats favorables sur le plan des conditions d'existence. Ainsi, sur la période 1990-2000, 3 000 postes budgétaires furent mis à la disposition du ministère de l'Éducation nationale pour l'intégration dans la Fonction publique des enseignants[25]. De même, l'État avait consenti une augmentation de 50 % de l'indemnité de logement, et le versement d'une allocation mensuelle forfaitaire de 85 000 francs CFA aux stagiaires en attente de postes budgétaires[26]. Au sujet du problème de logement, l'État promettait 300 parcelles de terrain aux enseignants[27]. Toutefois, une enquête plus poussée est nécessaire afin de vérifier l'effectivité de cette mesure au bénéfice des enseignants. Autre bémol, les enseignants n'obtinrent pas l'augmentation des salaires, dans la mesure où la satisfaction de cette doléance impliquait l'ensemble des fonctionnaires gabonais.

On le voit, toutes ces mesures constituaient des réponses concrètes des autorités publiques aux revendications des enseignants. Ces décisions permettaient effectivement une amélioration de la condition sociale des enseignants, laquelle était la résultante d'un dialogue social productif entre partenaires engagés et volontaires. En exprimant des revendications, dans le cadre unique de l'action syndicale, c'est-à-dire sans intention de remise en cause du pouvoir politique établi, le Seena avait su poser les bases d'un dialogue de confiance avec les pouvoirs publics, comme en témoigne l'engagement suivant du syndicat des enseignants au cours d'une séance de travail avec le gouvernement : « […], le SEENA a promis, au nom des enseignants, de ne jamais faire l'amalgame entre les activités syndicales et extra-professionnelles »[28]. Du côté des autorités politiques, on notait une volonté affirmée de dialoguer avec les partenaires sociaux afin de trouver des solutions idoines susceptibles de résoudre les nombreuses revendications des enseignants. Un témoin de ces négociations de l'époque, Apollinaire

---

25. Ministère de l'Éducation nationale, *Rapport EPT-Gabon*, 2000, p. 20.
26. *L'Union* n° 4850 du mardi 17 mars 1992, p. 5.
27. *L'Union* n° 4859 du vendredi 27 mars 1992, p. 6.
28. Ministère de l'Éducation nationale, *Compte rendu de la réunion ministère de l'Éducation nationale et le bureau national du Syndicat des enseignants de l'éducation nationale*, août 1991.

Mve Mba, reconnaît cette attitude positive des gouvernants :

> À l'époque du feu président Bongo, surtout entre 1990 et 2001, les choses bougeaient dans les lignes. On ressentait une réelle volonté des gouvernants à discuter avec les partenaires sociaux, le Seena le plus souvent. Ils répondaient favorablement à nos doléances, ils privilégiaient le dialogue. C'est vrai qu'on pouvait leur reprocher d'un certain nombre de choses, mais ils avaient vraiment cette envie de négocier avec nous. Sous le feu ministre André Mba Obame, nous n'avons pas connu de grèves parce qu'il tenait régulièrementdes rencontres avec les partenaires sociaux. Avec lui, plusieurs importantes [doléances] avaient été réalisées. Par exemple, le plan de carrière de l'enseignant[29].

Conclusion

Il appert que le dialogue social fut un instrument efficace pour l'amélioration de la condition enseignante entre 1990 et 2003. Créé à la faveur de la restauration démocratique du début de l'année 1990, le Syndicat des enseignants de l'éducation nationale (Seena) fut le véritable porte-étendard de la corporation des enseignants pour porter auprès des gouvernants leurs revendications, lesquelles exprimaient leurs aspirations au changement social. Grâce à une intense activité syndicale, marquée par des grèves et des débrayages répétitifs, le Seena avait su pousser les pouvoirs publics à la table des négociations, afin d'obtenir une transformation des conditions de travail et de vie des enseignants gabonais. S'ouvrit alors un dialogue social régulier entre le Seena et les autorités publiques à travers une série de rounds de négociations, dont les résultats furent progressistes pour le monde de l'éducation. Les conclusions issues de ces négociations permirent, en effet, un progrès social, au double plan des conditions de travail et d'existence. La bonne disposition des acteurs, syndicaux et gouvernementaux, pour le dialogue social a été le facteur essentiel de l'évolution de la condition sociale des enseignants sur la période 1990-2003, en dépit de ce que pense A. Moudjègou Moussavou (2007) qui souligne que

---

29. Entretien réalisé avec Apollinaire Mve Mba, le 13 août 2018 à Libreville.

l'action syndicale des enseignants est marquée par l'inertie de l'État employeur et le comportement corruptible des leaders syndicaux.

Même si elle est avérée, cette assertion est toutefois à nuancer au regard de la complexité du monde syndical gabonais ; laquelle appelle, au final, des études plus approfondies des chercheurs gabonais en sciences sociales et historiques.

Sources

Archives du ministère de l'Éducation nationale

Ministère de l'Éducation nationale, *Procès-verbal de la réunion quadripartite ministère de l'Éducation nationale, chefs d'établissement, associations des parents d'élèves et la Coordination des enseignants de l'éducation nationale*, décembre 1990.

Ministère de l'Éducation nationale, *Compte rendu de la réunion ministère de l'Éducation nationale et la Coordination des enseignants de l'éducation nationale*, janvier 1991.

Ministère de l'Éducation nationale, *Compte rendu de la réunion ministère de l'Éducation nationale et la Coordination des enseignants de l'éducation nationale*, février 1991.

Ministère de l'Éducation nationale, *Compte rendu de la réunion ministère de l'Éducation nationale et la Coordination des enseignants de l'éducation nationale*, mars 1991.

Ministère de l'Éducation nationale, *Compte rendu de la réunion ministère de l'Éducation nationale et le bureau national du Syndicat des enseignants de l'éducation nationale*, août 1991.

Ministère de l'Éducation nationale, *Procès-verbal des rencontres, le ministre de l'Éducation nationale et le Syndicat des enseignants de l'éducation nationale*, août 1991.

Ministère de l'Éducation nationale, *Rapport EPT-Gabon*, 2000.

Ministère de l'Éducation nationale, *Programme de construction et d'équipement scolaire, 1991-1998.*

Presse écrite

L'Union n° 4232 du mardi 13 février 1990, p. 4.
L'Union n° 4235 du vendredi 16 février 1990, p. 4.
L'Union n° 4850 du mardi 17 mars 1992, p. 5.
L'Union n° 4859 du vendredi 27 mars 1992, p. 6.
L'Union n° 5327 du mercredi 13 octobre 1993, p. 3.

Enquête orale

N°	Noms et prénoms	Âges	Fonctions	Dates et lieux des entretiens
1	Andeme Ella Alice	55 ans	Ancienne trésorière du Seena (1995-2005)	14/11/2018 à Libreville
2	Memiaghé Magloire	40 ans	Membre du bureau national du Seena	20/10/2018 à Libreville
3	Mve Mba Apollinaire	43 ans	Secrétaire national du Sena	13/08/2018 à Libreville
4	Ngoua Ngou Samuel	58 ans	Ancien secrétaire général du Seena (1991-1995)	17/07/2018 à Libreville

Bibliographie

ELLA KING ZOCK, 1998, *Le mouvement syndical au Gabon de 1968 à 1990*, mémoire de maîtrise d'histoire, Libreville, Université Omar Bongo.

GUIBOUMOU Christelle, 2007, *Action syndicale et impact sur la situation socioéconomique des populations ouvrières au Gabon de 1960 à nos jours*, thèse de doctorat de sciences économiques et sociales, Lille, Université des sciences et technologies de Lille 1.

MESSI ME NANG Clotaire, 2012, «Le syndicalisme gabonais entre 1940 et 1960 : une force anticoloniale?», *Les Cahiers d'Histoire et Archéologie*, 14, p. 67-78.

MESSI ME NANG Clotaire, 2014, *Les chantiers forestiers au Gabon. Une histoire sociale des ouvriers africains*, Paris, L'Harmattan.

MINTO'O MENIE Marlaise Kévin, 2018, *Dialogue social au Gabon de 1990 à 2015*, mémoire de master d'histoire, Libreville, Université Omar Bongo.

MOUDJEGOU MOUSSAVOU Aimé, 2007, *Le syndicalisme des enseignants du secteur public au Gabon de 1990 à nos jours : contribution au fondement d'une sociologie du pouvoir au Gabon*, thèse de doctorat de sociologie, Paris, Université Paris 5 Descartes.

NDANGOUNA Sylviana Fanny, 2009, *Les syndicats et les conflits sociaux au Gabon de 1944 à 2003*, mémoire de maîtrise d'histoire, Libreville, Université Omar Bongo.

NKEZE IGOUWE Edwige Claire, 1983, *La vie politique et syndicale dans l'Ogooué-Maritime de 1945 à 1960*, mémoire de maîtrise d'histoire, Libreville, Université Omar Bongo.

NDOMBET Wilson-André, 2009, *Renouveau démocratique et pouvoir au Gabon*, Paris, Karthala.

NEVEU Erik, 2015, *Sociologie des mouvements sociaux*, Paris, La Découverte.

ONDIMBA EPIGAT Gilbert, 1978, *Les mouvements syndicalistes et les mouvements politiques du Congo et du Gabon (1940-1964)*, thèse de doctorat de 3e cycle d'histoire, Paris, Université Paris 1 Panthéon-Sorbonne.

Les opérations de maintien de la paix des Nations Unies au Rwanda et en Centrafrique de 1993 à 2000 : cas de la MINUAR et de la MINURCA

Conchita Nelya DINGUENZA NZIETSI,
Dr en Histoire des Relations internationales
Département d'Histoire et Archéologie,
Université Omar Bongo (Gabon)
dingueza@yahoo.fr

Résumé

Avec le développement des conflits asymétriques au lendemain de la guerre froide, l'ONU a vu ses missions se multiplier tout au long de la décennie 90. La complexité des interventions liée à des affrontements internes a placé l'organisation au centre des attentions, au point d'en faire la cible principale des échecs sur le terrain. Les dysfonctionnements internes de son organisation et le coût des opérations ont parfois entravé le bon déroulement de ses missions jugées quelquefois hasardeuses. L'Afrique qui est devenue un théâtre des opérations de maintien de la paix avec la multiplication des conflits a amené les Nations Unies à jouer un rôle au Rwanda et en Centrafrique. Pendant qu'au Rwanda, l'intervention a suscité indignation et malaise de la communauté internationale, le déploiement en Centrafrique a au contraire redoré l'image de l'organisation. Par ailleurs, les interventions menées par les Nations Unies ne doivent pas faire oublier qu'en matière de paix, les différents partis en conflit doivent montrer leur bonne volonté. La réussite ou l'échec d'une opération dépend de la coopération de tous les acteurs impliqués dans la résolution d'un conflit.

Mots-clés : Nations Unies – Rwanda – Centrafrique – opérations – Paix.

United Nations peacekeeping operations in Rwanda and the Central African Republic from 1993 to 2000: the case of UNAMIR and MINURCA

Abstract

With the development of asymmetric conflicts in the aftermath of the Cold War, the UN saw its missions multiply throughout the 1990s. The complexity of the interventions linked to internal clashes placed the organization at the centre of attention, at the point of making it the main target of failures in the field. The internal dysfunctions of its organization and the cost of operations sometimes hampered the smooth running of its missions, which were sometimes considered hazardous. Africa, which has become a theatre of peacekeeping operations with the proliferation of conflicts, has led the United Nations to play a role in Rwanda and the Central African Republic. While in Rwanda, the intervention aroused indignation and unease in the international community, the deployment in the Central African Republic has on the contrary improved the image of the organization. In addition, the interventions carried out by the United Nations must not make us forget that in matters of peace, the various parties in conflict must also show their good will. The success or failure of an operation depends on the cooperation of all actors involved in resolving a conflict.

Keywords: United Nations - Rwanda - Central African Republic - operations - Peace.

Introduction

Selon S. Le Gouriellec (2016, p. 15), «plus que n'importe quelle partie du globe, après la guerre froide, le continent africain a été associé aux conflits et à l'insécurité». De tels propos trouvent leur justesse, entre autres, au Rwanda et en Centrafrique. Fraction de l'Afrique centrale et des Grands Lacs engluée dans la violence armée, le Rwanda et la Centrafrique n'ont cessé d'attirer l'attention de la communauté internationale. Les violences qui touchent le Rwanda dès 1990 et la Centrafrique à partir de 1996 conduisent les Nations Unies à s'investirent dans des opérations de maintien de la paix, afin de ramener la stabilité dans les deux pays en crise.

Effectivement, l'exacerbation des tensions qui sont un facteur d'instabilité amène l'Organisation des Nations Unies (ONU), sous la demande des différents protagonistes, à jouer son rôle de garant de la paix et de la sécurité internationale. De la diplomatie préventive au rétablissement de la paix, les Nations Unies jouent un rôle central dans le règlement des conflits rwandais et centrafricain. En outre, il faut préciser que

> les missions de paix déployées en Afrique en général et en Afrique centrale en particulier pendant plus de quarante ans ont considérablement évolué afin de s'adapter à la variété des situations auxquelles les Casques bleus ont eu à faire face (A.D. N'Dimina-Mougala, p. 122).

Aussi, les différentes opérations de maintien de la paix à savoir la MINUAR[1] pour le Rwanda et la MINURCA[2] pour la Centrafrique, bien qu'initiées par l'ONU au sortir des différents accords de paix, sont-elles loin d'avoir la même évolution sur le terrain. Si en Centrafrique,

---

1. Mission des Nations Unies pour l'assistance au Rwanda. Résolution du 05 octobre 1993. S/RES/872 (1993).
2. Mission des Nations Unies en République centrafricaine. Résolution du 27 mars 1998. S/RES/1159 (1998).

on observe une volonté des parties à respecter le déroulement de la mission, la situation est loin d'être la même au Rwanda. De fait, le problème est celui de savoir comment la MINUAR et la MINURCA se sont illustrées sur le terrain. Autrement dit, les opérations de maintien de la paix au Rwanda et en Centrafrique ont-elles aidé à instaurer un climat de sérénité dans ces deux pays ? Notre hypothèse de recherche tend à nuancer notre réponse au regard de la réalité de terrain. De la tragédie rwandaise en 1994, à la tenue des élections en 1998 et 1999 qui ont abouti à une paix relative en Centrafrique, il ressort que les opérations de maintien de la paix dans ces deux pays n'ont pas eu les mêmes résultats.

Réflexion sur l'implication de l'ONU au Rwanda et en Centrafrique, l'étude se propose de montrer comment chaque mission s'est illustrée tout au long de son mandat. L'exploitation des différentes résolutions et l'interprétation de leur application sur le terrain permettent de mener une analyse holistique de la question, à travers l'usage des sources diplomatiques onusiennes, mais également de différents ouvrages. Pour être menée à bien, l'étude est circonscrite dans la temporalité 1993-2000. L'année 1993 correspond à la mise en place de la mission de paix au Rwanda. Quant à l'année 2000, elle marque la fin de la mission en République centrafricaine.

L'étude se compose de trois parties. Elle s'intéresse d'abord à l'intervention au Rwanda en 1993 ; elle examine ensuite l'implication de l'ONU en Centrafrique à partir de 1998. Elle dresse enfin un bilan mitigé du maintien de la paix.

1. L'intervention au Rwanda en 1993

Le conflit rwandais qui oppose les rebelles du FPR[3] au gouvernement rwandais depuis l'attaque d'octobre 1990 a plongé le pays dans une instabilité politique et sécuritaire. Il a conduit les États de la sous-région et l'Organisation de l'Unité Africaine (OUA) à initier une médiation entre les différentes parties en conflit. Afin de mettre un terme à ce

---

3. Front patriotique rwandais créé en décembre 1987 en Ouganda par Paul Kagamé et Fred Rwigema.

différend, des pourparlers de paix sont menés à Arusha en Tanzanie à partir de juin 1992, après l'échec des précédentes médiations. À l'issue de l'accord final, les Nations Unies sont appelées à jouer un rôle central.

1.1. Garantir le respect des Accords d'Arusha

Depuis l'attaque perpétrée par le Front Patriotique Rwandais (FPR) en octobre 1990, plusieurs négociations sont menées dans la sous-région. Par ailleurs, celles initiées à Arusha inaugurent une nouvelle étape des pourparlers de paix dans le conflit qui oppose les rebelles du FPR et le gouvernement rwandais. Dans la perspective de parvenir à une paix définitive dans ce conflit, les accords d'Arusha qui s'étendent de juin 1992 à août 1993 sont menés par étapes successives. L'accord final, signé le 4 août 1993 à Arusha, comprend l'accord de paix proprement dit, l'accord de cessez-le-feu et les différents protocoles d'accord. Selon les accords d'Arusha, l'ONU doit jouer un rôle central dans leur application. Interpellé par les différentes parties depuis l'enlisement du conflit, le Conseil de sécurité doit jouer un rôle de garant de la paix.

En effet, l'implication des Nations Unies dans le conflit rwandais s'inscrit dans le cadre de la préservation de la sécurité internationale. À ce titre l'organisation tient, depuis sa création une place importante dans le règlement des conflits. L'application des accords d'Arusha sous l'égide des Nations Unies renvoie à un encadrement du dispositif mis en place par les différentes parties en conflit. Ce travail d'accompagnement confié à l'ONU au Rwanda est lié au respect du chapitre VI de sa charte, c'est-à-dire au règlement pacifique des différends.

Dès lors, la promotion des négociations devient un défi majeur pour les Nations Unies, qui doivent à la fois veiller au respect desdits accords et à un retour de la paix dans l'ensemble du pays. Dans le souci de garantir la bonne marche des accords, les acteurs en conflit sont tous d'accord pour que l'ONU joue un rôle pendant la phase transitoire de 22 mois, c'est-à-dire jusqu'à l'organisation des élections.

Par ailleurs, engagées dans une logique de règlement pacifique de ce conflit, les Nations Unies doivent user de tous les moyens pour réussir cette mission qui se déroule dans un climat de grande insécurité. Afin d'y parvenir, il est important non seulement de surveiller le respect desdits accords, mais aussi d'amener les protagonistes à établir un climat de confiance dans tout le pays. Il est important de souligner que la bonne marche du processus de paix nécessite aussi une stabilité générale, afin de neutraliser toutes les forces en conflit. Pour y arriver, toutes les mesures préventives permettant d'installer un climat de confiance doivent être mises en place. À cet effet, Koffi Annan[4], dans un rapport sur l'activité de l'Organisation en 1999, indique : «les principales stratégies à court et à moyen terme, qui visent à empêcher que des affrontements dégénèrent en guerre et que les hostilités éclatent, comprennent trois volets : la diplomatie, le déploiement et le désarmement». (K. Annan, 1999, p. 13).

Effectivement, l'accompagnement des accords de paix d'Arusha passe inéluctablement par une présence sur le terrain. En observant la situation chaotique sur le terrain, il devient important que la mission joue un rôle plus actif. Bien qu'intervenant dans le cadre d'un règlement pacifique du conflit, il ne s'agit pas pour la future force d'observer le déroulement des événements, mais au contraire de contrôler et de monopoliser les activités sur le terrain. Il faut également préciser que la mise en place de la force onusienne s'inscrit dans la logique d'une force de maintien de la paix. De ce fait, un déploiement des Casques bleus et le désarmement des protagonistes en conflit sont nécessaires pour créer un climat favorable au déroulement de la transition. L'application des Accords, sous la surveillance de l'ONU, est loin d'être une tâche aisée, dans la mesure où plusieurs événements entravent considérablement le bon déroulement de la transition.

En outre, la future force n'est pas mise en place de manière fortuite. C'est «[…] par requête commune déposée le 15 juin sur le bureau du Conseil, le gouvernement rwandais et le FPR souhaitent qu'une mission de reconnaissance étudie le mandat d'une éventuelle force des Nations Unies à qui seraient confiées plusieurs tâches» (G. Dive, 1997,

---

4. Ancien Secrétaire général des Nations Unies de 1997 à 2006, mort le 18 août 2018.

p. 152). Afin de trouver des solutions à la crise rwandaise, une bonne connaissance des enjeux et des problèmes est nécessaire pour mettre en place une force de maintien. C'est dans ce contexte qu'une mission de reconnaissance menée par le Général canadien Roméo Dallaire, déjà commandant de la MONUOR[5], a lieu du 19 au 31 août.

Au cours de cette mission, les hauts fonctionnaires rencontrent non seulement les acteurs en conflit, mais aussi les différents médiateurs ; à savoir les dirigeants tanzaniens et le secrétaire général de l'OUA. Lors de ces entretiens, il est répété à la mission de reconnaissance que le déploiement d'une force internationale dans les plus brefs délais est nécessaire pour accompagner le processus d'Arusha. Le but des différents signataires des accords est que l'ONU joue un rôle central dans la conduite du processus de paix, car,

> la force internationale contribuerait au maintien de l'ordre et de la sécurité publique, à l'acheminement de l'aide humanitaire, à la recherche des caches d'armes, à la neutralisation des bandes armées et des civils, au déminage et à l'apaisement des hostilités[6].

Aussi, c'est fort de ces observations qu'est décidée la création d'une force internationale.

1.2. Difficile intervention sur le terrain

La mission de reconnaissance menée du 19 au 31 août 1993 a permis de constituer, une fois les conclusions validées par le secrétaire général Boutros Boutros Ghali[7], une force internationale devant accompagner le pays dans son processus de paix. C'est en ce sens que

---

5. Mission d'observation de l'ONU en Ouganda et au Rwanda. Son rôle est d'empêcher le passage des armes et des munitions par la frontière commune entre le Rwanda et l'Ouganda. Les troupes sont stationnées du côté ougandais. S/RES/846 (1993) du 22 juin.
6. Département de l'information des Nations Unies : Les Casques bleus. Les opérations de maintien de la paix des Nations Unies, New York, Troisième Ed. 1996, p. 329.
7. Ancien Secrétaire général des Nations Unies de 1992 à 1996. Il est décédé le 16 février 2016 au Caire.

le Secrétaire général a recommandé au conseil de sécurité de créer la Mission des Nations Unies pour l'Assistance au Rwanda, ou MINUAR, et de la charger de contribuer à l'instauration d'un climat permettant la mise en place et le fonctionnement du gouvernement de transition[8].

Pour atteindre ces objectifs, le 5 octobre 1993, le Conseil de sécurité prend la décision de :

[…] créer une opération de maintien de la paix, intitulée Mission des Nations Unies pour l'assistance au Rwanda, pour une période de six mois, étant entendu que celle-ci ne sera prolongée au-delà de la période initiale de quatre-vingt-dix jours qu'une fois que le Conseil aura examiné un rapport du Secrétaire général indiquant si des progrès appréciables ont été réalisés ou non dans la mise en œuvre de l'Accord de paix entre le gouvernement de la République rwandaise et le Front patriotique rwandais[9].

À la lecture de cette résolution, nous pouvons dire que le Conseil de sécurité, dès le départ, impose des conditions de déploiement en fonction de l'évolution de la situation sur le terrain. L'instauration d'un climat de paix et la volonté des dirigeants rwandais de garantir le respect des accords restent les conditions nécessaires pour la réussite de cette mission. Cette pression du Conseil de sécurité est un moyen d'inciter les protagonistes au respect des accords.

Malgré le déploiement d'envergure voulu par le Conseil de sécurité et son Secrétaire général, la mission des Nations Unies au Rwanda (MINUAR) reste limitée par son action sur le terrain. Déjà, lors de l'adoption de la résolution 872, il est précisé :

le Conseil de sécurité invite également le Secrétaire général à étudier les moyens de réduire l'effectif maximum total de la mission, notamment en procédant à un déploiement échelonné, sans que cela affecte sa capacité

---

8. Département de l'Information des Nations Unies : Les Casques bleus. Les opérations de maintien de la paix des Nations Unies, *op. cit.*, p. 329.
9. ONU, S/RES/872 (1993). Résolution (1993) adoptée par le Conseil de sécurité à sa 3288e séance, le 5 octobre 1993.

d'exécuter son mandat, et demande au Secrétaire général, lorsqu'il préparera et réalisera le déploiement échelonné, de chercher des économies et de faire rapport régulièrement sur les résultats[10].

De même, on assiste à un non-respect du déploiement bien que le gouvernement rwandais et le FPR ont indiqué dès le 15 septembre au Secrétaire général comme le souligne le rapport Carlsson[11], l'importance d'un déploiement rapide d'une force internationale. En effet,

les accords d'Arusha qui ont été signés le 4 août 1993, après de pénibles et laborieuses négociations, prévoyaient la mise en place d'une force militaire internationale de l'ONU qui devait être déployée lors de l'installation du gouvernement de transition élargi prévu pour le 10 septembre 1993 (J. C. Willame, 1996, p. 21).

Toutefois, la décision de déployer une force internationale dès le 10 septembre n'est pas envisageable pour le secrétaire général et le Conseil de sécurité. Diverses raisons sont évoquées, bureaucratiques notamment, ainsi que l'insuffisance des moyens. La force internationale ne peut voir immédiatement le jour malgré l'urgence de la situation. La MINUAR est créée le 5 octobre 1993, soit plusieurs semaines après la signature des Accords.

Parallèlement, le déploiement des troupes sur le terrain prend aussi du retard. Bien que la résolution fût votée le 5 octobre, les premiers éléments de la MINUAR ne débarquent au Rwanda qu'à partir du 22 octobre. Il s'agit de l'arrivée du commandant de la force, le Général canadien Roméo Dallaire qui est accompagné de quelques officiers. La venue tardive du personnel militaire est loin d'être un cas isolé, car le représentant spécial du secrétaire général, qui incarne le volet politique et diplomatique de la mission ne parvient que le 23 novembre, soit un mois après l'arrivée du commandant de la force militaire.

---

10. ONU, S/RES/872 (1993). Résolution (1993) adoptée par le Conseil de sécurité à sa 3288ᵉ séance, le 5 octobre 1993.

11. Rapport de la commission indépendante d'enquête sur les actions de l'Organisation des Nations Unies lors du génocide de 1994 au Rwanda, publié le 15 décembre 1999. (S/1999/1257).

Dans le cas de la mission au Rwanda, les moyens humains et matériels tardent à arriver. Déjà, bien avant la création de la MINUAR, la question des moyens avait été évoquée par le Secrétaire général Boutros Boutros Ghali au cours d'une rencontre avec les dirigeants rwandais à New York. À ce titre, le rapport Carlsson rapporte les propos du secrétaire général de la manière suivante :

> Le Secrétaire général fit entendre la voix du réalisme : même si le Conseil devait approuver une force de cette envergure, il faudrait au moins deux ou trois mois pour la déployer. L'ONU réussirait peut-être à envoyer quelques observateurs supplémentaires en plus des 72 déjà sur place, mais même cela prendrait plusieurs semaines. Il fallait donc prévenir le peuple rwandais que, dans l'intervalle, il ne pouvait compter que sur lui-même. Le gouvernement et le FPR devaient faire un effort pour respecter le cessez-le-feu, poursuivit le Secrétaire général, parce que si les combats devaient reprendre, il serait encore plus difficile de trouver des contingents. Le secrétaire général mentionna aussi les demandes de troupes considérables qui étaient aux Nations Unies, en particulier pour la Somalie et la Bosnie, et évoqua la crise que traversait l'organisation[12].

C'est face à toutes ces difficultés organisationnelles et administratives que la mission de l'ONU assiste à partir du 6 avril 1994 au crash de l'avion qui transportait le président rwandais, Habyarimana et son homologue burundais, Cyprien Ntayamira. Aussi, c'est comme spectateur que la force onusienne assiste à l'hystérie meurtrière qui se déclenche à partir du 07 avril 1994. Les atermoiements observés à partir du 21 avril avec la réduction des effectifs[13] de la force, suite à l'assassinat des dix Casques bleus belges, illustrent parfaitement le non-contrôle de la situation par la MINUAR. De même, en plein génocide, alors que les effectifs des troupes sont réduits à 270 hommes avec la résolution 912, le Conseil de sécurité décide d'élargir[14] le 17 mai 1994, le mandat de la force en lui attribuant de nouvelles missions. Les

---

12. Rapport Carlsson, S/1999/1257.
13. ONU, S/RES/912 (1994). Résolution 912 (1994) adoptée par le Conseil de sécurité à sa 3368ᵉ séance, le 21 avril 1994.
14. ONU, S/RES/918 (1994). Résolution 918 (1994) adoptée par le conseil de sécurité à sa 3377e séance, le 17 mai 1994 le conseil de sécurité.

difficultés d'intervention sur le terrain, dans le cadre de la mission au Rwanda, résultent de l'errance d'une stratégie non définie dès le départ. Qu'en est-il de la mission de maintien de la paix en Centrafrique ?

2. Implication en Centrafrique à partir de 1998

Les vives tensions que connaît la Centrafrique à partir de 1996 ont amené les Nations Unies à porter un regard sur la sortie de crise de ce pays de l'Afrique centrale. Même si au départ, la sortie de crise est menée par les pays de la sous-région, il n'en demeure pas moins que l'ONU a très tôt porté son attention sur la crise en Centrafrique, au point de s'engager directement en 1998.

2.1. Le suivi des Accords de Bangui

L'implication des Nations Unies dans le conflit en Centrafrique s'inscrit dans un contexte de vives tensions entre le gouvernement et les mutins. La montée de l'insécurité dans tout le pays et la menace de la paix dans son ensemble interpellent la classe politique centrafricaine, mais également la communauté internationale. Comme le prévoit la Charte des Nations Unies en matière de gestion de conflit, la gestion de la crise en Centrafrique, comme c'est le cas du conflit rwandais, a d'abord mobilisé les acteurs régionaux afin de parvenir à une stabilisation du pays.

En effet, les Accords de Bangui font suite aux différentes implications des acteurs africains dans la recherche de la paix en Centrafrique. Les trois mutineries[15] menées en 1996 par les mutins ont considérablement fragilisé le pays en proie à une insécurité grandissante. Il faut dire que

l'exercice de la démocratie, nouveau pour les uns, mal compris par les autres, a conduit les acteurs politiques à s'égarer dans des jeux politiciens, perdant ainsi de vue le caractère responsable et national des enjeux, l'unicité de l'État et le sens du service public. Le projet politique des protagonistes, se résumant à l'accession au pouvoir et à son contrôle, a

---

15. Si la première mutinerie d'avril 1996 porte sur un aspect corporatiste à travers des revendications salariales, il faut noter que celles de mai 1996 et de novembre mettent l'accent sur des enjeux d'ordre politique.

imperceptiblement conduit le pays à un état de négligence caractérisée des paramètres du développement et de la bonne gouvernance (I. Diallo, 2001, p. 118).

Cette gestion peu orthodoxe du pays a inévitablement accentué les inégalités et surtout la pauvreté. Celle-ci est devenue un amplificateur des tensions sociales, car comme nous l'indique Isidore Ateba (2001, p. 79)

> … quels que soient les objectifs ambitieux que la politique peut mettre en place pour le développement d'un pays, la priorité doit d'abord aller à la satisfaction des besoins primaires des populations [...].

Or, en Centrafrique, l'essor de la pauvreté a largement contribué au clivage entre les autorités politiques et le reste de la population. Il faut également signaler que «parmi les pays faiblement développés, 56 % ont connu la guerre civile entre 1997 et 2001 » (Smith Dan, 2004, p. 10). Les revendications sociales qui ont débouché sur des revendications de changement de régime politique ont profondément fragilisé la société centrafricaine en proie à une insécurité qui ne pouvait attirer de potentiels investisseurs, capables de faire redémarrer l'économie du pays.

Aussi, c'est fort de ces revendications, que les chefs d'État africains réunis en décembre 1996 au Sommet France-Afrique de Ouagadougou au Burkina Faso dépêchent quatre chefs d'État[16] pour jouer le rôle de médiateurs entre les militaires mutins et le gouvernement. L'objectif est de trouver des solutions à la crise centrafricaine, en instaurant une trêve entre les belligérants. La mise en place du Comité International de Suivi (CIS) par les quatre chefs d'État et dirigé par le président Amani Toumani Touré, président du Mali, permet dès lors d'obtenir tant bien que mal une trêve et de mener des négociations avec l'ensemble de la société centrafricaine. Effectivement, afin d'installer un climat de confiance entre les différentes parties, une large consultation nationale est menée par les médiateurs avec l'ensemble de la classe politique, la

---

16. Il s'agit ici du président Omar Bongo du Gabon, Idriss Deby du Tchad, Blaise Compaoré du Burkina Faso et Amadou Toumani Touré du Mali.

société civile, les chefs religieux, les chefs de quartiers, les militaires de tout bord et les diplomates. C'est à l'issue de ces consultations que les Accords de Bangui sont signés le 25 janvier 1997 en présence des présidents Omar Bongo et Idriss Deby. Ces Accords prévoient :

> un gouvernement d'union nationale, un désarmement des mutins et de la population civile, la suspension de l'audit parlementaire, la tenue d'une conférence de réconciliation, la sécurisation de Bangui, la présence d'une force africaine à Bangui. C'est ainsi que le projet de la création de la MI-SAB[17] est né, à l'initiative des médiateurs, après une grande consultation nationale et en concertation avec les autorités françaises sur place. (D. Bangoura, 2001, p. 106).

Par ailleurs, le déploiement des troupes africaines de la MISAB, soutenu logistiquement par la France, doit respecter le calendrier de déploiement. La date du 15 avril étant celle qui marquait la fin de cet engagement, le Conseil de sécurité bien que reconnaissant les efforts de la MISAB, dans ses résolutions 5 du février[18] et 16 mars[19] 1998, reste vivement préoccupé par le climat précaire en Centrafrique. Comme souligne Ismaël Diallo :

> la discontinuité imminente de l'appui logistique de la France à la MI-SAB, l'insuccès du lancement du fonds d'affection spéciale devant aider la MISAB à proroger son mandat en l'absence de l'assistance française, l'impérieuse nécessité de garantir le bon déroulement du processus de réconciliation nationale, l'angoisse de l'ensemble de la classe politique de se trouver dans l'insécurité après le départ inévitable de la MISAB, la demande du chef de l'État pour le déploiement d'une force des Nations Unies en RCA et son engagement à appliquer un certain nombre de mesures découlant des accords de Bangui, ont amené le Secrétaire général des Nations Unies à recommander le déploiement de la MINURCA à Bangui. (I. Diallo, 2001, p. 122).

---

17. Mission de Surveillance des Accords de Bangui.
18. S/RES/1152 (1998). Résolution 1152 (1998) adoptée par le conseil de sécurité à sa 3853e séance, le 5 février 1998.
19. ONU, S/RES/1155 (1998).). Résolution 1155 (1998) adoptée par le conseil de sécurité à sa 3860e séance, le 16 mars 1998.

En effet, le Conseil de sécurité des Nations Unies reste informé de la situation en Centrafrique comme en témoigne la résolution[20] du 6 août 1997. Dans celle-ci, il soutient la mise en place de la MISAB. Les différentes correspondances diplomatiques aussi bien avec le président centrafricain Ange Félix Patassé[21] et le président Omar Bongo[22] au nom des membres du Comité international de suivi des Accords de Bangui attestent de son intérêt à la crise centrafricaine. De fait, le 27 mars 1998, le Conseil de sécurité

> décide d'établir, avec effet au 15 avril 1998, une Mission des Nations Unies en République centrafricaine (MINURCA), et décide aussi que l'élément militaire de la MINURCA sera doté d'un effectif n'excédant pas 1350 hommes[23].

L'objectif est bien évidemment d'assurer une transition sans heurt dès la fin de la MISAB fixée au 15 avril 1998. Aussi, c'est dans ces conditions que les Nations Unies à travers la résolution 1159, s'impliquent-elles véritablement sur le terrain en apportant tout son soutien au processus de paix en Centrafrique.

2.2. La dynamique d'un engagement

L'implication des Nations Unies en Centrafrique n'a souffert d'aucune hésitation. Avant son engagement sur le terrain, l'organisation internationale s'investit déjà à travers l'aide financière du Programme des Nations Unies pour le développement (PNUD). Les inquiétudes du conseil de sécurité, faut-il le rappeler, ont amené ce dernier à élaborer une véritable stratégie de déploiement à travers un calendrier clairement établi. La faisabilité du déploiement des troupes sur le terrain ainsi que le respect des accords ont été, dès le départ, au cœur de la

---

20. ONU, S/RES/1125 (1997). Résolution 1125 (1997) adoptée par le conseil de sécurité à sa 3808e séance, le 6 août 1997.
21. Lettre adressée au président du Conseil de sécurité datée du 11 mars 1998. S/1998/219.
22. Lettre datée du 13 mars 1998 adressée au président du Conseil de sécurité. S/1998/233.
23. ONU, S/RES/1159 (1998). Résolution 1159 (1998) adoptée par le conseil de sécurité à sa 3867e séance, le 27 mars 1998

stratégie du Conseil de sécurité et de son Secrétaire général.

En effet, avec l'adoption de la résolution 1159 du 27 mars 1998, créatrice de la MINURCA, le conseil de sécurité décide, au travers du paragraphe 10 de ladite résolution, de doter la mission d'un mandat qui va de la sécurisation de la ville Banqui, en passant par le désarmement et l'appui technique aux organismes électoraux. Votée pour une période de trois mois, c'est-à-dire jusqu'au 15 juillet 1998, la MINURCA bénéficie dès sa constitution d'un soutien du Conseil de sécurité qui

> autorise le Secrétaire général à prendre les mesures nécessaires pour assurer le déploiement intégral de la MINURCA d'ici le 15 avril, de façon qu'elle puisse s'acquitter de son mandat et prendre le relais de la MISAB en bon ordre[24].

Aussi, c'est avec satisfaction que le 14 juillet 1998, le Conseil de sécurité note «le déploiement rapide et efficace de la Mission des Nations Unies en République centrafricaine (MINURCA)[25].» Effectivement, à travers cette nouvelle résolution qui proroge le mandat de la force onusienne jusqu'au 25 octobre 1998, le Conseil de sécurité relève les efforts consentis aussi bien par les Nations Unies, mais également par la partie centrafricaine à travers par exemple la constitution de la Commission électorale dirigée par un président neutre et indépendant. Le Conseil de sécurité par la résolution 1182, appelle le gouvernement centrafricain à mettre en œuvre un plan pour la restructuration des forces armées centrafricaines (FACA) et marque l'intérêt de la tenue d'élections législatives. Il faut préciser que ces observations s'inscrivent dans un contexte où, le nouveau mandat élargit le rôle de surveillance de la MINURCA au-delà de Bangui et que le Conseil de sécurité encourage la mission à jouer un rôle politique en vue de la préparation des élections législatives.

---

24. ONU, S/RES/1159 (1998). Résolution 1159 (1998) adoptée par le conseil de sécurité à sa 3867e séance, le 27 mars 1998
25. ONU, S/RES/1182 (1998). Résolution 1182 (1998) adoptée par le conseil de sécurité à sa 3905e séance, le 14 juillet 1998

L'on peut dire que le bon déroulement du cahier de charge sur le terrain s'observe bien évidemment par le respect des engagements des autorités centrafricaines. Avec l'annonce de la tenue des élections législatives le 22 novembre et le 13 décembre 1998, le Conseil de sécurité par sa résolution 1201 du 15 octobre 1998, «décide d'étendre le mandat de la MINURCA jusqu'au 28 février 1999[26].» Par cette résolution, de nouvelles prérogatives sont données à la MINURCA qui doit jouer un rôle dans la tenue des élections, notamment en matière de suivi du processus électoral et de la sécurité. Avec le succès de cette première étape politique qui s'est distinguée par le respect du calendrier électoral, les améliorations notables sont observées sur le terrain. Le retour des bailleurs de fonds qui est un élément essentiel pour la reprise économique, marque en effet le climat de confiance qui s'installe peu à peu dans le pays, d'autant plus les progrès socioéconomiques sont étroitement liés à la consolidation de la paix en République centrafricaine, comme l'indique le souligne le Conseil de sécurité. Dans l'ensemble,

> la résorption de la situation conflictuelle, grâce […] à la MINURCA, a permis les efforts de réhabilitation des institutions, de meilleur fonctionnement des services publics, de réactivation du secteur économique, de remise en train de l'État de droit (I. Diallo, 2001, p. 118).

De fait, c'est sur ces améliorations que le Conseil de sécurité à travers les rapports de son Secrétaire général «décide de proroger le mandat de la MINURCA jusqu'au 15 novembre 1999[27].» Par ailleurs, en fonction des progrès des FACA, une réduction progressive des effectifs de la MINURCA est évoquée depuis octobre 1998. Aussi, avec cette nouvelle résolution, le Conseil de sécurité réitère une démarche cohérente, dans la mesure où les tensions étaient plus ou moins contrôlées. Dans la perspective d'un retour durable de la paix, le Conseil de Sécurité, à travers la résolution 1230 du 26 février 1999,

---

26. ONU, S/RES/1201 (1998). Résolution 1201 (1998) adoptée par le conseil de sécurité à sa 3935e séance, le 15 octobre 1998
27. ONU, S/RES/1230 (1999). Résolution 1230 (1999) adoptée par le conseil de sécurité à sa 3984e séance, le 26 février 1999

invite également le gouvernement à fixer une date pour l'organisation des élections présidentielles, tout en soulignant la nécessité du respect des Accords de Bangui et de la Constitution centrafricaine. Cette demande des Nations Unies a très vite trouvé écho, puisque les élections présidentielles sont organisées le 19 septembre 1999.

Malgré la tenue et le bon déroulement des élections présidentielles et la satisfaction de la communauté internationale, le mandat de la MINURCA est à nouveau prorogé jusqu'au 15 février 2000[28]. Le maintien de la présence onusienne au-delà du 15 février est vivement souhaité par le gouvernement centrafricain, soucieux de la stabilité du pays. Fort du succès de la MINURCA, l'ONU a créé à sa suite, le 15 février 2000, une autre mission : la BONUCA ou Bureau des Nations Unies en Centrafrique, dont l'objectif était de prendre la suite de la MINURCA en vue de la consolidation de la paix en République centrafricaine (A.D. N'Dimina-Mougala, 2009, p. 132).

3. Le maintien de la paix entre échec et succès

Les dysfonctionnements des missions de maintien de la paix des Nations Unies en Afrique dans les années 1990 révèlent à fois les failles des mécanismes du système onusien, mais également le rôle majeur que les principaux acteurs jouent dans le maintien et le rétablissement de la paix.

3.1. Le Rwanda ou la mauvaise volonté des protagonistes

La mission des Nations Unies au Rwanda est un véritable échec. Elle est marquée par la mort de milliers de personnes, notamment des civiles. Les principaux responsables de cette tragédie sont les Rwandais eux-mêmes. Ils n'ont pas été favorables à l'apaisement. La MINUAR a pour mission d'accompagner le processus d'Arusha à travers la mise en place des institutions de transition et l'organisation des élections. Sa présence s'inscrit donc dans le cadre d'une mission de maintien

---

28. ONU, S/RES/1271 (1999). Résolution 1271 (1999) adoptée par le conseil de sécurité à sa 4056e séance le 22 octobre 1999.

de la paix et non d'interposition, même si au regard de la réalité cette mission aurait dû être une mission de rétablissement de la paix.

En effet, la situation sécuritaire au Rwanda depuis la guerre d'octobre 1990 est largement dénoncée par les différents rapports élaborés d'abord par Commission Internationale d'Enquête sur les violations des Droits de l'Homme en janvier 1993[29], puis par le rapporteur[30] spécial des Nations Unies en avril de la même année. Les arrestations arbitraires, les exécutions sommaires, la criminalité grandissante et la circulation des armes inquiètent tous les observateurs. À ce propos, les Casques bleus veulent faire cesser la circulation des armes. Néanmoins,

> après trois mois de présence, seuls 16 fusils et une centaine de grenades ont été confisqués. Sous la pression des responsables MRND[31], la plupart des armes prises ont dû être rendues. À tel point que les Casques bleus commencent à douter, dès la fin décembre, de leur véritable rôle (P. O. Richard, 1997, p. 39).

Loin de ramener la sérénité au sein de la société rwandaise, les Accords d'Arusha exacerbent les tensions déjà existantes notamment à cause du partage du pouvoir. À ce sujet, le représentant spécial du secrétaire général déclare :

> À notre arrivée à Kigali, nous avons constaté que, loin de s'engager dans la voie de la paix, les signataires de l'Accord d'Arusha se préparaient plutôt à la guerre (caches d'armes par ici, camp de formation des miliciens par là…). L'hostilité à certaines dispositions fondamentales de l'Accord était perceptible notamment de la part des leaders politiques proches du chef de l'État. (J. R. Booh Booh, 2005, p. 95).

---

29. Rapport de la Commission Internationale d'Enquête sur les violations des Droits de l'Homme au Rwanda depuis le 1er octobre 1990. Cette commission est constituée des membres de la FIDH Paris, AFRICA WATCH, l'Union Inter-africaine des Droits de l'Homme de Ouagadougou, et du Centre International des Droits de la Personne et du développement de Montréal.
30. Rapport sur les violations des droits de l'homme présenté par le rapporteur spécial des Nations Unies M. Bacre W. Ndiaye de nationalité sénégalaise.
31. Mouvement Révolutionnaire National pour le Développement fondé par le Président Habyarimana après son coup d'État de 1973. Il devient le seul parti politique au Rwanda jusqu'en 1991.

Malgré le blocage politique provoqué par la classe politique rwandaise, la MINUAR poursuit son action politique. Il est évident qu'elle a du mal à se faire entendre, d'autant qu'aucune amélioration n'est constatée sur le terrain. Au regard de cette situation, des rapports sont transmis au Conseil de sécurité, mais surtout au secrétaire général qui demande à chaque fois à son représentant au Rwanda de sensibiliser les Rwandais au respect des accords. Pour l'ONU, la situation devient ingérable, d'autant qu'aucun terrain d'entente n'est établi entre les différents protagonistes. Effectivement,

> l'ONU s'impatiente et menace d'abandonner le Rwanda à son sort si la classe politique ne parvient pas à se mettre d'accord. L'ONU ne peut poursuivre indéfiniment une opération qui, selon les estimations, coûte 700 000 dollars par jour si les dirigeants politiques de ce pays n'y mettent pas du leur (K. Hamza, 1994, p. 21).

Aussi, est-il difficile, pour la mission onusienne, d'influencer les acteurs rwandais en permanence qui violent le principe des accords.

3.2. Respect des règles et succès en République centrafricaine

L'opération de maintien de la paix en République centrafricaine est l'un des rares succès des Nations Unies en Afrique au lendemain de la Guerre froide. Bien que la communauté internationale se soit mobilisée pour construire la paix en Centrafrique, il n'en demeure pas moins que les principaux artisans de la paix restent les Centrafricains. Au cœur de l'action depuis la mise en place des Accords de Bangui, la classe politique et la société civile centrafricaine ont œuvré pour instaurer un climat de sérénité dans le pays.
Effectivement, le déploiement de la force de maintien de la paix des Nations Unies a obtenu les résultats escomptés grâce au concours des Centrafricains. Sur le plan politique et diplomatique, le Secrétaire général des Nations Unies n'a cessé d'interpeller les dirigeants centrafricains sur la nécessité du respect des engagements quant à l'organisation des élections (législative et présidentielle), mais également de la restructuration de son armée. Inscrits dans le cadre du respect des Accords de Bangui, ces appels ont évidemment amené le

gouvernement à réaliser des progrès à travers le lancement des réformes politiques et économiques comme l'indique le conseil de sécurité dans sa résolution[32] du 15 octobre 1998. En outre, dans sa volonté de parvenir à la paix et à la réconciliation nationale, le gouvernement a mené un travail conjoint aussi bien avec les bailleurs de fonds, mais également avec les Nations Unies. Cette volonté manifeste a favorisé le déploiement de la MINURCA dans des délais raisonnables et le respect de son calendrier. Tous ces éléments conjugués ont conduit plusieurs observateurs à déclarer :

> la MINURCA est un cas exceptionnel en Afrique centrale. Elle est parvenue à assurer une paix relative à Bangui qui était devenu depuis les mutineries de 1996, une véritable poudrière. Il faut reconnaître cet effort de la MINURCA, bien que malgré sa présence physique à Bangui, la paix restait toujours précaire, d'où le prolongement de son mandat jusqu'à la fin des élections de 1999 (E. W. Fofack, 2012, p. 94).

Un consensus se dégage au sein de la classe politique centrafricaine qui montre son intérêt au processus de paix. La volonté de voir le maintien d'une force onusienne bien après son mandat initial témoigne de cette implication qui vise à consolider la paix. L'attitude des Centrafricains a évidemment permis à la mission onusienne de mener à bien sa mission tout au long de son mandat, et cela malgré les dissensions au sein de la classe politique. Vraisemblablement, l'intérêt de la nation a guidé la classe politique qui pour l'occasion a mis de côté les intérêts personnels. La violence qui, depuis les mutineries de 1996, caractérise le mode de revendication en Centrafrique a fait place au jeu démocratique à travers l'organisation des élections. La collaboration entre le gouvernement et la Commission électorale mixte indépendante (CEMI) a permis la tenue des élections avec l'appui des donateurs, le PNUD en RCA et la MINURCA. Ce travail conjoint a participé au respect de la feuille de route décidée lors de la signature des Accords de Bangui.

Par ailleurs, l'établissement d'un comité mixte entre le gouvernement de la République centrafricaine et la MINURCA pour traiter de la

---

32. ONU, S/RES/1201 (1998). Résolution 1201 (1998) adoptée par le conseil de sécurité à sa 3935e séance, le 15 octobre 1998.

question de la restructuration de l'armée centrafricaine est largement encouragé par le Conseil de sécurité dans sa résolution33 du 26 février 1999. L'accompagnement de la MINURCA dans le processus de restructuration de l'armée s'inscrit dans un rôle de conseil et de coordination de l'appui international. Parallèlement, malgré les graves dysfonctionnements observés au sein des Forces armées centrafricaines (FACA), on observe son implication dans le maintien de l'ordre notamment lors des élections législatives. À l'origine des tensions qui ont embrasé le pays, les Centrafricains se sont résolus à jouer un rôle dans le processus de paix engagé par les Nations Unies à travers la MINURCA.

Conclusion

Le succès des opérations de maintien de la paix repose éventuellement sur la faisabilité de la mission et l'implication de tous les acteurs engagés dans le conflit. Dans le cadre des missions au Rwanda et en République centrafricaine, ces deux opérations quasi concomitantes ne bénéficient pas du même contexte et du même engouement. Inscrit dans un contexte où l'ONU est déployée dans plusieurs missions dans le monde, l'opération au Rwanda ne jouit pas de toutes les attentions. Les tensions entre différentes factions qui n'ont cessé de violer les Accords d'Arusha ont dès le départ bloqué le processus de paix, au point où la mission des Casques bleus, engluée dans ses atermoiements internes, n'a pas pu jouer pleinement son rôle de garant de la paix.
En Centrafrique, la mission de maintien de la paix des Nations Unies, qui se déroule quatre ans après le drame rwandais, a montré, dès départ, des signes d'encouragement de l'ensemble des acteurs impliqués dans le processus de paix. Malgré les difficultés financières évoquées par le Secrétaire général et le Conseil de sécurité, la détermination de parvenir à un retour à la sérénité en Centrafrique a largement fait échos dans les milieux diplomatiques et politiques. De fait, en fonction des moyens à sa disposition, l'ONU a accompagné pleinement la Centrafrique dans

---

33. ONU, S/RES/1230 (1999).). Résolution 1230 (1999) adoptée par le conseil de sécurité à sa 3984e séance, le 26 février 1999.

le processus de paix à travers le respect de la feuille de route contenu dans les Accords de Bangui.

Par ailleurs, il est également important de signaler que le bon déroulement de la mission en Centrafrique a bénéficié du respect du cessez-le-feu des acteurs en conflit, ce qui a favorisé le bon déroulement de la mission des Casques bleus et de son personnel diplomatique. La situation n'est pas semblable au Rwanda. Même avec la signature des Accords de paix d'Arusha, les tensions persistent au point de violer le principe des accords. La classe politique rwandaise se préparait à faire la guerre et non la paix. Le déploiement de la mission des Nations Unies ne pouvait se dérouler sereinement d'autant que son mandat ne correspondait pas à la réalité de terrain minée par des violences quotidiennes. Les dysfonctionnements observés lors de la mission de maintien de la paix au Rwanda ont amené l'ONU à éviter les mêmes erreurs en Centrafrique. En ce sens, la mission de l'ONU en Centrafrique reste l'un des rares succès observés en Afrique centrale.

Sources et bibliographie

Sources imprimées

ANNAN Koffi, 1999, Eviter la guerre, prévenir les catastrophes : le monde mis au défi, rapport sur l'activité de l'organisation, New York.

Département de l'information des Nations Unies : les Casques bleus. Les opérations de maintien de la paix des Nations Unies, New York, Troisième Ed. , 1996.

ONU, S/RES/872 (1993) Résolution 872 (1993) adoptée par le conseil de sécurité à sa 3288e séance, le 5 octobre 1993.

ONU, S/RES/912 (1994). Résolution 912 (1994) adoptée par le conseil de sécurité à sa 3368e séance, le 21 avril 1994.

ONU, S/RES/918 (1994). Résolution 918 (1994) adoptée par le conseil de sécurité à sa 3377e séance, le 17 mai 1994 le conseil de sécurité.

ONU, S/RES/1125 (1997). Résolution 1125 (1997) adoptée par le conseil de sécurité à sa 3808e séance, le 6 août 1997.

ONU, S/RES/1152 (1998). Résolution 1152 (1998) adoptée par le conseil de sécurité à sa 3853e séance, le 5 février 1998.

ONU, S/RES/1155 (1998). Résolution 1155 (1998) adoptée par le conseil de sécurité à sa 3860e séance, le 16 mars 1998.

ONU, S/1998/219 du 11 mars. Lettre datée du 11 mars 1998, adressée au président du conseil de sécurité par le représentant permanent de la République centrafricaine auprès de l'Organisation des Nations Unies.

ONU, S/1998/233 du 13 mars. Lettre datée du 13 mars 1998, adressée au président du conseil de sécurité par le Président de la République gabonaise, au nom des membres du Comité international de suivi des Accords de Bangui.

ONU, S/RES/1159 (1998). Résolution 1159 (1998) adoptée par le conseil de sécurité à sa 3867e séance, le 27 mars 1998.

ONU, S/RES/1182 (1998). Résolution 1182 (1998) adoptée par le conseil de sécurité à sa 3905e séance, le 14 juillet 1998.

ONU, S/RES/1201 (1998). Résolution 1201 (1998) adoptée par le conseil de sécurité à sa 3935e séance, le 15 octobre 1998.

ONU, S/RES/1230 (1999). Résolution 1230 (1999) adoptée par le conseil de sécurité à sa 3984e séance, le 26 février 1999.

ONU, S/RES/1271 (1999). Résolution 1271 (1999) adoptée par le conseil de sécurité à sa 4056e séance le 22 octobre 1999.

Rapport Carlsson : rapport de la commission indépendante d'enquête sur les actions de l'Organisation des Nations Unies lors du génocide de 1994 au Rwanda, 15 décembre 1999. S/1999/1257).

Rapport de la commission internationale d'enquête sur les violations des droits de l'homme depuis le 1er octobre 1990.

Rapport sur la question de violation des droits de l'homme et des libertés fondamentales présenté par M. Bacre W. Ndiaye sur la mission effectuée au Rwanda du 8 au 17 avril 1993.

Références bibliographiques

ATEBA Isidore, 2001, «La pauvreté comme mécanisme amplificateur des tensions sociales», in ANGO ELA Paul (dir.), *La prévention des conflits en Afrique centrale*, Paris, Karthala, p. 79-84.

BANGOURA Dominique, 2001, «Les modalités d'intervention : deux cas de maintien de la paix (Libéria et Centrafrique)», in ANGO ELA Paul (dir.), *La prévention des conflits en Afrique centrale*, Paris, Karthala, p. 99-114.

BOOH BOOH Jacques-.Roger, 2005, «Les opérations onusiennes de maintien de la paix en Afrique : vision d'un acteur de terrain», *L'ONU vue d'Afrique*, Paris, Maisonneuve et Larose, p. 89-105.

DIALLO Ismaël, 2001, «La MINURCA : gestion d'une situation conflictuelle», in ANGO ELA Paul (dir.), *La prévention des conflits en Afrique centrale*, Paris, Karthala, p. 115-126.

DIVE Gérard, 1997, «Analyse des opérations de l'ONU : les objectifs, les moyens, la mise en œuvre», *Conflits en Afrique*, Bruxelles, Complexe, p. 120-193.

FOFACK Eric Wilson, 2012, «L'ONU face aux conflits en Afrique centrale post-guerre froide, 1990-2004», *Guerres mondiales et conflits contemporains*, 248, p. 83-96.

HAMZA Kaidi, 1996, «Mésententes encore et toujours», *Jeune Afrique*, 1731, 10 au 16 mars, p. 21.

LE GOURIELLEC Sonia, 2016, «Des Afriques : gestion des crises et résolution des conflits en Afrique subsaharienne», *Défense nationale*, 792, p. 15-19.

N'DIMINA-MOUGALA Antoine-Denis, 2009, «Les opérations de maintien de la paix des Nations Unies en Afrique centrale, 1960-2000», *Guerres mondiales et conflits contemporains*, 236, p. 121-133.

RICHARD Pierre Olivier, 1997, *Casques bleus, sang noir*, Bruxelles, Ed. Epo.

SMITH Dan, 2004, *Atlas des guerres et des conflits dans le monde*, Éditions France Loisirs, Coll. Atlas/monde.

WILLAME Jean Claude, 1996, *L'ONU au Rwanda*, Liège, Labor.

Les limites de la médiation institutionnelle ivoirienne : 1997 - 2010

Coulibaly WAYARGA,
Doctorant en Histoire,
Université Félix Houphouet Boigny d'Abidjan
Coulibalywayarga2017@gmail.com

Résumé

À l'instar de plusieurs pays d'Afrique, la Côte d'Ivoire crée en 1995 son organe de médiation dans un contexte de quête d'unité nationale. Cette structure a eu à sa tête jusqu'en 2010 M. Mathieu Ekra comme grand médiateur et trois médiateurs régionaux chargés d'animer cette institution. Cependant, après plusieurs années d'existence, des faiblesses juridiques et des dysfonctionnements fragilisent le travail de l'Institution la rendant inefficace sur le terrain. Dès sa naissance, elle est handicapée dans son action, car son fondement juridique est inégal du fait de sa création par un décret. Ce fait est à l'origine des conflits de compétences entre le Grand Médiateur et ses collaborateurs. D'autres problèmes résultent de la variété de la complexité des requêtes. Quant aux dysfonctionnements, ils proviennent de la non-application des textes nationaux et internationaux régissant la structure.

Mots-clés : Médiation - Institution - Faiblesses - Dysfonctionnements.

The limits of ivorian institutional mediation from 1997 to 2010

Abstrat

Following the example of many Africa countries, Côte d'Ivoire has created in 1995 it structure of mediation for the quest of national unity. This structure has been run till 2010 by Mr Mathieu Ekra as Parliamentary Commissioner for Administration and three regional mediators were in charge of animation. However, after many years of existence, some legal weaknesses and dysfunctions weaken its work and objective on the field. Since its creation, the organization could not work correctly because its legal foundation is unequal when we take the fact that it was created by a decree. The same decree provokes conflicts of abilities between the Parliamentary Commissioner for Administration and his assistants. Also other problems coming from the variety and the complexity of requests. As for dysfunctions, they come from non-application of national and international texts running the structure.

Keywords: Mediation - Structure - weaknesses - dysfunctions.

Introduction

Apparue en Suède en 1809 à partir de la nomination d'un Ombudsman[1], la médiation institutionnelle[2] connaît une expansion mondiale à partir des années 1960. En Afrique, son apparition dans le cadre étatique est récente. Elle résulte de la vague de démocratisation des régimes politiques à partir des années 1990[3].

La Côte d'Ivoire ne fut pas en marge de cette tendance. Elle mit sur pied sa structure de médiation sous l'instigation du président Henri Konan Bédié qui promulgua le décret du 29 septembre 1995 portant création de l'Organe Présidentiel de Médiation (OPREM)[4]. Les missions de l'OPREM telles que définies dès sa naissance par le gouvernement sont d'évaluer l'état des relations du service entre les usagers de l'administration et les agents de la puissance publique afin de corriger les dysfonctionnements dans la vie publique. Sur le plan politique, l'organe doit servir d'observatoire de la vie administrative, politique, économique et sociale du pays d'autant plus que sa création semble être guidée par le désir de consolider les bases de l'unité nationale. Comme on peut le constater, c'est une double mission qui

---

1. Elle trouve son origine à la cour de Stockholm, car le roi Charles XIII en montant sur le trône en 1809 accepta que le parlement nomme une personne, l'Ombudsman (protecteur du citoyen) et lui confie le double rôle de s'entremettre entre les citoyens et l'administration royale en cas de différends et de contrôler celle –ci.
2. La médiation institutionnelle est un mode alternatif de règlement de conflits entre deux ou plusieurs parties impliquant la volonté d'un tiers chargé de la facilitation des échanges et de la conclusion d'un accord à l'amiable. Dans le cadre étatique, ce tiers est le Médiateur de la République dans les pays francophones ou l'Ombudsman dans les pays anglo-saxons. Cette médiation peut être mise en œuvre pour éviter une action en justice et pour régler les litiges entre les personnes physiques ou morales et les entreprises ou institutions.
3. C'est dans les années 1990 avec la démocratisation des régimes politiques africains que quelques pays francophones d'Afrique vont instituer leur médiateur. Ce fut le cas du Sénégal, du Gabon, de la Tunisie, de la Mauritanie, de Madagascar, de l'Ile Maurice, dee Djibouti et du Burkina Faso.
4. Le Médiateur de la République de Côte d'Ivoire, *Décret n° 95 – 816 du 29 septembre 1995 portant création, organisation et fonctionnement de l'OPREM,* non paginé.

est assignée à cette structure de médiation qui devient en 2000 *Le Médiateur de la République*[5].

Cependant, l'OPREM, puis le *Médiateur de la République*, ont du mal à assumer leur place de régulateur de la société ivoirienne. Cette institution s'est montrée inefficace dans son principal rôle de renforcement de la cohésion sociale, puis de l'unité nationale.

Les motifs qui nous ont conduit au choix de thème sont doubles. Le premier motif est fondé par la curiosité de découvrir la médiation institutionnelle à travers *Le Médiateur de la République* en Côte d'Ivoire du fait de la méconnaissance générale de sa tâche et ses compétences. Bien souvent les populations n'ont pas écho de l'existence de cette structure chargée de défendre leurs droits et intérêts vis-à-vis de la puissance publique. Par ailleurs, ceux qui savent son existence ignorent les prérogatives véritables du Médiateur et ses moyens d'action. Le second motif répond à la volonté d'analyser de plus près cet outil de cohésion sociale, de s'interroger sur le travail qu'il effectue et de porter une analyse critique sur ses méthodes de travail.

Du fait des réalités sociopolitiques propres à la Côte d'Ivoire, la médiation institutionnelle bénéficie de certaines prérogatives. Celles-ci lui permettent d'être un acteur de la régulation de la société[6] par l'aplanissement des différends et divergences de toute sorte. Après plusieurs années d'existence de cet organe, il paraît important de passer à la loupe les insuffisances d'une telle institution en Côte d'Ivoire de 1997 (date du lancement officiel des activités du Médiateur ivoirien) à 2010 (année marquant l'intervention de cette institution dans la crise postélectorale).

Les échecs et résultats mitigés de ses initiatives ont suscité notre attention. En Côte d'Ivoire, la médiation institutionnelle qui a eu du mal à s'affirmer comme une institution à part entière suscite l'interrogation suivante. Comment s'explique l'incapacité du *Médiateur de la République* à

---

5. Le Médiateur de la République de Côte d'Ivoire, *Constitution de la République de Côte d'Ivoire*, Abidjan, Imprimerie nationale de Côte d'Ivoire, 2000, p. 37.
6. Notons que l'article 16 de la loi organique de l'Institution ivoirienne permet à cette structure de s'autosaisir lorsque la paix sociale est menacée.

assumer pleinement son rôle de prévention et de résolution des conflits politiques et sociaux en Côte d'Ivoire de 1997 à 2010 ?

Pour y répondre, nous retenons l'hypothèse selon laquelle les faiblesses de la médiation institutionnelle en Côte d'Ivoire ont pour fondement le socle juridique qui a engendré des carences dans le fonctionnement de l'Institution. Cette hypothèse principale est sous-tendue par une hypothèse secondaire qui relève que la nature juridique inadéquate originelle du *Médiateur de la République* le soumet à dépendre de l'exécutif. La présente étude comporte deux objectifs : apporter une analyse historique sur la médiation institutionnelle en Côte d'Ivoire ayant fait l'œuvre d'études juridiques, sociologiques, dans le domaine de la gestion des conflits, etc. ; et mettre en lumière les textes fondateurs fragilisant cette structure, les méthodes et agissements des agents du *Médiateur de la République* portant entrave à sa bonne marche.

Les sources imprimées et orales. Les sources imprimées se composent de rapports d'activités du *Médiateur de la République*, de la loi organique et des décrets relatifs à cette institution, des publications officielles et des articles de presse. À l'appui de ces sources, l'on a interrogé certains acteurs de cette institution et des citoyens ivoiriens afin d'avoir leurs perceptions du travail de cette structure.

Notre étude s'articule autour trois axes majeurs que sont le contexte sociopolitique de la création d'un organe de médiation ;
le cadre juridique et le fonctionnement du Médiateur de la République puis les handicaps juridiques liés aux textes fondateurs de l'institution et ses dysfonctionnements internes.

1. Le contexte sociopolitique de la création d'un organe de médiation

La nouvelle donne démocratique née du multipartisme à partir de 1990 engendre plusieurs revendications des partis politiques d'opposition. Et, la tension politique s'exacerbe à la mort du Président Félix Houphouët Boigny. Toutefois, ce sont les sollicitations des populations adressées directement au Président de la République pour le règlement de certains contentieux qui semblent avoir guidé le choix de la présence d'une telle structure.

1.1. Les dissensions de la classe politique ivoirienne de 1993 à 1995

Le contexte sociopolitique de 1993 à 1995 est marqué par plusieurs clivages entre les acteurs politiques ivoiriens. Le premier fait est relatif à la tumultueuse succession d'Houphouët Boigny. Elle ouvre une division sociopolitique avec d'un côté les partisans du Président Bédié alors Président de l'Assemblé Nationale et de l'autre côté ceux de M. Alassane Ouattara alors Premier ministre. Le clivage s'accentue davantage lorsque l'un devient Président de la République et l'autre Président du Rassemblement des Républicains (RDR), fraction dissidente du PDCI - RDA (T. Koui, 2006, p. 115). Cette course à la succession est la résultante de la contestation constante de l'article 11 qui assurait de façon indéniable la succession au dauphin constitutionnel qu'est le Président de l'Assemblée Nationale (C. Allialli, 2008, p. 121-122).

Le second point de désaccord entre les acteurs politiques ivoiriens est l'édification en 1994 du nouveau code électoral et la question du vote des étrangers. S'agissant du code électoral, il stipule que tout candidat doit s'acquitter d'une caution de vingt millions, 5000 signatures reparties dans dix régions, mais surtout être de père et de mère eux-mêmes ivoiriens, n'avoir jamais renoncé à la nationalité ivoirienne et avoir résidé dans le pays les cinq années précédant les élections. Le code électoral est catégoriquement rejeté par les partis politiques de l'opposition notamment ceux du Front Républicain (Front populaire ivoirien et le Rassemblement des républicains) qui le taxent de discriminatoire[7]. Ils veulent en lieu et place la révision du code, la libéralisation des médias ainsi que la mise en place des procès-verbaux de vote juste après le scrutin, chose que refuse le pouvoir. On est donc dans un dialogue infructueux[8].

---

7. Eugénie Duayéré, « *Le journal des élections* » in Fraternité Matin n° 9291 du 03 octobre 1995, 30e année, p. 3-4.
8. *Idem.*

Quant au vote des étrangers, il divise également la classe politique ivoirienne. Pour le PDCI, ce vote est une évidence parce qu'il existe depuis 1946. A ce propos, le secrétaire général M. Dona Fologo affirme : «on ne peut pas arracher le droit de vote à des gens qui votent depuis 1946[9]». Pour l'opposition, le vote des étrangers tord le cou au bon sens en même temps qu'il viole l'article 5 de la Constitution. Ainsi, Laurent Gbagbo interroge : «comment pouvez-vous comprendre que des citoyens d'autres pays élisent le chef suprême, le premier magistrat d'un autre pays[10]?» Selon lui, les dispositions de l'article 5 de la Constitution donnent seulement le droit aux Ivoiriens majeurs. La question de la citoyenneté est également sujette à tension notamment le concept de l'ivoirité. Pour le pouvoir, ce concept relève juste de l'affirmation de l'appartenance à la citoyenneté ivoirienne, pour l'opposition, principalement le RDR, c'est un concept exclusionniste qui tend à diviser les Ivoiriens.

De ce qui précède, sur plusieurs questions les acteurs politiques ivoiriens ne partagent pas les mêmes opinions.

1.2. Les étapes de la création de l'organe de médiation en Côte d'Ivoire

La naissance de l'OPREM est l'aboutissement de la quête de solution pour apaiser la vie politique. Il est issu d'un processus dont le premier acte fut le discours-programme de Yamoussoukro[11]. De prime abord, la solution est recherchée dans le programme politique du chef de l'État. En effet, le discours-programme prononcé lors de la convention du PDCI-RDA en août 1995, à Yamoussoukro lui en donne l'occasion. Ainsi, affiche-t-il sa ferme volonté de «forger une Côte d'Ivoire unie et solidaire[12]».

Ensuite, la médiation est confiée à une structure gouvernementale : le Ministre d'État, chargé des Cultes, et du Dialogue avec les Partis et les

---

9. *Lumière Yeeleen*, n° 10 du 10 juin 1994, p. 11.
10. Eugénie Duayéré, *art. cit.*
11. Eugénie Duayéré, *art.cit.*
12. Fraternité Matin n° 9260, 30e année, du 28 août 1995, p. 9.

Groupements politiques[13]. Ce ministère a pour mission de développer l'esprit d'ouverture, la tolérance, le respect mutuel et la concorde, d'entretenir les relations entre le gouvernement et les instances représentatives des différentes communautés culturelles.

Finalement, la solution convenable est trouvée dans la création d'un organe de médiation avec le décret du 29 septembre 1995 portant création de l'OPREM[14]. Trois jours d'intervalle séparent la suppression de ce ministère et de la désignation du Grand Médiateur de la République de Côte d'Ivoire en la personne de Mathieu Ekra, c'est-à-dire le 13 août 1996[15].

La nomination de M. Mathieu Ekra soulève un nombre d'interrogations. Est-il un choix objectif ou répond-il à une logique de récompense faite à un militant de première heure ? Cet organe est-il confié à un homme d'État muni de qualités telles que le discernement, la sagesse nécessaire et le courage afin de faire preuve de neutralité dans la réalisation de la tâche qui vient de lui être confiée ?

Le haut de l'organe est dominé par le Grand Médiateur dont la désignation est particulière. Il est nommé par décret et il reçoit sa nomination avant celle des autres. C'est ainsi que M. Mathieu Ekra est nommé le 13 août 1996.

Après le Grand Médiateur viennent les Médiateurs régionaux aujourd'hui Médiateurs délégués considérés comme des assistants du Grand Médiateur. Ils sont nommés par décret présidentiel en fonction des nécessités de chaque région[16]. La structure initiale est la suivante :

---

13. *Idem.*

14. Le Médiateur de la République de Côte d'Ivoire, *Décret n° 95 – 816 du 29 septembre 1995 op. cit.*

15. Mathieu Ekra est née le 27 février 1917 à Bonoua au sud de la Côte d'Ivoire, il est diplômé de l'école normale Williams Ponty de Dakar au Sénégal. Député de 1959 à 60, Ministre de la Fonction publique et de l'information de janvier 1961 à février 1963. Il est Ministre de l'information de mars 1965 à janvier 1970, Membre du bureau politique du PDCI-RDA depuis o ctobre 1975. Ministre d'État chargé du tourisme de juin 1971 à juillet 1974. Ministre d'État chargé de l'intérieur de juillet 1974 à 1977. Ministre d'État chargé de la réforme des sociétés d'État de juillet 1977 à février 1981. Il est Ministre d'État de février 1981 au 30 novembre 1990, date à laquelle il quitte le gouvernement.

16. Le Médiateur de la République de Côte d'Ivoire, *Décret n° 95 – 816 du 29 septembre 1995 op. cit.*

la Médiature, le siège du Grand Médiateur (Abidjan Cocody) et les représentations des lagunes (Abidjan Cocody les deux plateaux) et du Zanzan (Bondoukou[17]) où se trouvent les médiateurs délégués. La Médiature des Lagunes est scindée en deux parties : le 1 et le 2, le Médiateur des lagunes un (1) est M. Kokora N'Goli François, le Médiateur des lagunes deux (2) est M. Konan Pauquoud Jean et le Médiateur du Zanzan M.Lamine Ouattara. Toutes ces nominations sont du seul ressort du Président de la République. Ils sont habilités à traiter toute affaire du ressort local dont ils sont saisis et informent sans délai le Grand Médiateur en lui rendant compte ponctuellement de leur déroulement. Ceux-ci sont nommés «pour une durée de cinq ans renouvelable[18]».

Par ailleurs, l'opportunité est offerte au Grand Médiateur à travers les travaux de la Commission Consultative Constitutionnelle et Électorale (CCCE) mise en place après le coup d'État militaire du 24 décembre 1999 d'insérer cette institution dans la Constitution.[19]

Ainsi, Constitution de la IIe République de Côte d'Ivoire a institué un organe de médiation dénommé : Le Médiateur de la République[20], en tant qu'une autorité administrative indépendante, investie d'une mission de service public qui ne reçoit pas d'instructions d'aucune autorité.

Dès sa création, cette Institution dispose d'attributions variées sortant du cadre classique de la médiation institutionnelle et utilise le mode de fonctionnement propre à ce type de structure.

---

17. Bondoukou est une ville située à l'Est de la Côte d'Ivoire, une représentation régionale du Médiateur y est rapidement ouverte pour faire face à la querelle de succession au trône Abron, ethnie fondatrice et dominante du royaume Gyaman de Bondoukou. Ce royaume est secoué par une crise de succession qui menace la stabilité de la région. L'institution de médiation ivoirienne y est intervenue sous l'instigation du Chef de l'État Henri Konan Bédié.

18. Le Médiateur de République de Côte d'Ivoire, *Rapport-Bilan 1997-2006, op. cit.,* p. 27.

19. Le Grand Médiateur Mathieu Ekra a été le président de cette commission chargée d'élaborer la Constitution de 2000 et le code électorale.

20. Le Médiateur de la République de Côte d'Ivoire, *Constitution de la République de Côte d'Ivoire de 2000,* Abidjan, Imprimerie Nationale de Côte d'Ivoire, 2000, p. 37.

2. Le cadre juridique et le fonctionnement de cette Institution

Le Médiateur de la République est fixé par la Constitution. C'est sur cette base que la structure statue sur le règlement des litiges qui lui sont adressés suivant son mode de fonctionnement.

2.1. Les attributions et les domaines hors de compétence

Aux termes de l'article 7 de la loi organique n° 2007-540 du 1er août 2007 fixant les attributions, l'organisation et le fonctionnement de l'organe, dénommé le *Médiateur de la République* celui-ci a pour attribution de régler par la médiation, sans préjudice des compétences reconnues par les lois et les réglementations aux autres institutions et structures de l'État « les différends de toute nature[21] ». Il s'agit entre autres des points suivants :

- Litiges opposant l'administration aux administrés
- Différends opposant les collectivités, territoriales, les établissements publics et tout autre organe investi d'une mission de service public aux administrés.
- Conflits impliquant les communautés urbaines, villageoises ou toute autre entité[22].

L'Institution a aussi comme attribution de régler des litiges opposant des entités privées, physiques ou morales à des communautés urbaines ou rurales. Il a pour principal « rôle d'aider au renforcement de la cohésion sociale ». Il a enfin pour rôle de contribuer à la conciliation entre l'administration publique et les organisations sociales et professionnelles. Félix Sohuily Acka ne manque de signaler qu'avec toutes ces compétences, la médiation en Côte d'Ivoire se doit d'être facteur et acteur de régulation sociale (F.S. Acka, 2001). Toutefois, s'agissant de son incompétence, le Médiateur de la République « n'est pas compétent pour connaître les affaires pendantes devant les juridictions[23] ».

---

21. Le Médiateur de la République de Côte d'Ivoire, *loi organique n° 2007-540 du 1er août 2007*, titre II, Article 7, p. 2
22. *Idem*, p. 3.
23. *Idem*.

S'agissant de la politique, l'Institution n'intervient pas dans les problèmes d'ordre général. Néanmoins, elle peut s'autosaisir d'un problème quand elle estime que le différend menace la cohésion sociale et l'unité nationale. Ainsi, la structure peut-elle se «saisir d'office de toute question relevant de sa compétence chaque fois qu'il estime qu'une personne ou un groupe de personnes a été lésé ou peut être l'action ou l'omission d'un organisme public[24]».

Au regard de ce qui précède, la médiation institutionnelle ivoirienne embrasse un vaste domaine de compétences. Cependant, qu'en est-il du fonctionnement proprement dit pour le règlement des litiges ?

2.2. Le fonctionnement de l'institution

Défini par la loi organique du 1er août 2007, le fonctionnement de l'institution en vue du règlement des différends comprend la procédure de saisine, l'instruction des réclamations puis le contrôle de la recevabilité et enfin le règlement des litiges (fig. 1). Cette saisine se fait en plusieurs étapes.

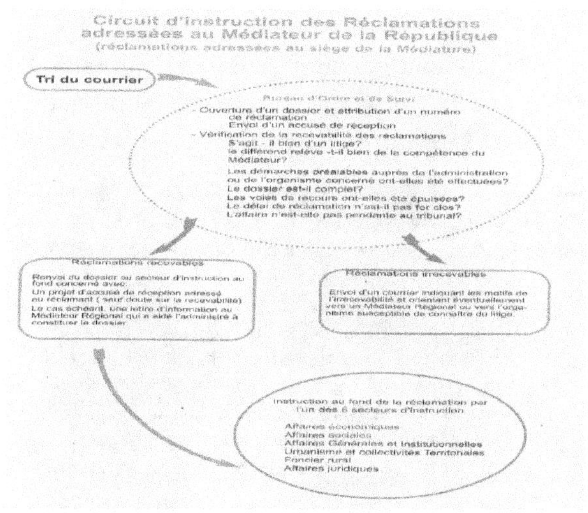

Source : Le Médiateur de la République de Côte d'Ivoire, *Rapport d'activités 1997-2006*, tome 1, *op. cit.*, p15.

Fig 1: Circuit d'instruction des réclamations

---

24. *Ibidem.*

De prime abord, toute personne physique ou morale estimant qu'elle est lésée par un organisme de service public ou privé peut par une requête saisir la structure. Le Médiateur de la République «peut être saisi par les communautés urbaines et villageoises à l'occasion des litiges opposant entre elles ou les opposant au tiers[25]».

Ensuite, l'ensemble des réclamations est transmis par le secrétaire général au Bureau d'Ordre et de Suivi (BOS) qui leur attribue un code d'enregistrement comportant le numéro d'ordre pour l'année en cours et de l'initial du conseiller chargé de l'instruction[26]. Le B.O.S crée deux dossiers de réclamations identiques qui portent les codes de la réclamation. Il conserve un dossier jusqu'au classement de l'affaire. L'autre dossier est remis au conseiller chargé de l'instruction. Ceci permet d'aboutir au contrôle de la recevabilité des dossiers[27]. Aux termes de ces deux étapes, l'on en arrive à l'instruction au fond et le règlement du litige[28].

En ce qui concerne le règlement d'un litige, l'article 17 de la loi organique de 2007 mentionne que le règlement d'un différend s'effectue selon l'équité, le bon sens, les coutumes, les usages et les bonnes mœurs sans préjudice des lois, règlement en vigueur[29].

Aux termes d'une médiation dite réussie, le dossier est clos et le procès-verbal est établi. Ainsi donc, le fonctionnement quotidien de l'Institution afin de résoudre les différends allie prudence, écoute,

---

25. Le Médiateur de la République de Côte d'Ivoire, *loi organique n° 2007-540 du 1er août 2007*, titre IV, article 14, *op. cit.,* p. 6.

26. Le Médiateur de la République de Côte d'Ivoire, *Rapport-bilan 1997-2006, op. cit.,* p. 53.

27. Le conseiller chargé de l'instruction doit s'assurer tout d'abord que le réclamant a effectué une première démarche auprès de l'administration en cause (demande d'explication ou de contestation de la décision) et que le désaccord persiste. Puis il vérifie que le réclamant a constitué un dossier complet comportant un exposé clair du litige et toutes les pièces con cernant l'affaire, que le délai de la réclamation de deux ans n'est pas forclos. Il faut que la réclamation ne soit pas pendante au tribunal et que le réclamant ait bien épuisé les voies de recours internes prévues par le statut des fonctionnaires.

28. Chaque conseiller chargé de l'instruction établit un résumé de la réclamation et intègre une analyse sur la question de savoir si sont réunies les conditions de recevabilité pour l'ouverture de l'instruction.

29. Le Médiateur de la République, *Loi organique n° 2007-540 du 1er août 2007, op. cit.* p. 6.

recherche de l'équité, le sens d'une justice consensuelle et aussi le besoin de protection des droits de chaque partie. Cependant, en dépit cet arsenal juridique censé permettre à l'Institution de jouer efficacement son rôle, cette structure est en proie à diverses limites

3. Les handicaps juridiques liés aux textes fondateurs de l'institution et ses dysfonctionnements internes

La défaillance de l'Institution se perçoit d'abord à travers son identité juridique non conforme aux règles internationales, son pouvoir limité, son manque d'autonomie financière et de pouvoir contraignant. Cela est accentué par les défaillances internes de l'Institution.

3.1. Les faiblesses juridiques

3.1.1. Un organe au pouvoir limité dès sa naissance

La médiation institutionnelle ivoirienne a, dès sa naissance, un fondement et une effectivité juridique non conforme aux règles internationales.

En effet, elle n'est pas prévue par la première Constitution de la Côte d'Ivoire. Elle est plutôt créée par un décret[30] alors que celui-ci n'est qu'une décision émanant du Président de la République ou du Premier ministre. Comme le souligne Ben Zahoui « l'OPREM fonctionne sur la base d'un statut qui en faisait le substitut de l'exécutif en raison de sa création par voie réglementaire[31]». La création d'un organe public ou d'une institution est du ressort du législateur (C. Souli, 2011, p. 10-11). Toutefois, le critère le plus important de l'indépendance réside dans la

---

30. Le Médiateur de la République de Côte d'Ivoire, *Décret N° 95-816 du 29 septembre 1995. Op.cit.*
31. Le Médiateur de la République de Côte d'Ivoire, Ben Zahoui, *Exposé liminaire sur l'OPRM*, p. 3.

nature de son texte constitutif[32]. Dans la hiérarchie des normes vient en tête la création prévue par la constitution[33].

En clair, cette reconnaissance constitutionnelle la met en principe à l'abri de toute menace de disparition par une rétorsion de l'exécutif. Cette loi stipule explicitement que l'Institution ainsi créée est «indépendante» vis-à-vis de l'exécutif ou de tout groupe social. C'est le cas dans un grand nombre de pays occidentaux à l'instar de la Suède dans la constitution de 1809, l'Autriche, la Croatie, le Danemark, l'Espagne, la Finlande, la Hongrie,[34] etc. En revanche, l'organe ivoirien ne répond pas aux normes internationales car n'étant pas effectivement indépendant comme ses autres Ombudsmans ou Médiateur de la République.

Lorsque l'Institution n'est pas inscrite dans la Constitution, la norme la plus élevée suivante est la loi organique qui se situe entre la loi constitutionnelle et la loi ordinaire[35]. Cette disposition n'a pas été respectée en Côte d'Ivoire pour la création de la médiation institutionnelle. Le décret de la création de l'OPREM n'en fait aucunement mention. L'organe est rattaché au Président de la République comme l'atteste sa dénomination, à savoir Organe Présidentiel de Médiation. Ce qui met un doute sur sa crédibilité dans un contexte sociopolitique ivoirien marqué par le manque de confiance et la suspicion entre acteurs politiques. L'Institution ayant été créée par un décret de l'exécutif, son indépendance aurait dû être inscrite dans les textes fondateurs comme c'est le cas au Gabon et au Maroc.

Le mode de nomination du Médiateur le fragilise vis-à-vis de l'exécutif. En effet, la nomination des médiateurs s'inspire du modèle français.

---

32. Ce fait a été rappelé par l'Association des Ombudsmans et Médiateurs de la Francophonie (AOMF) dans le cadre du deuxième rapport de l'Organisation International de la Francophonie (l'OIF) sur l'état des pratiques de la démocratie, des droits de l'homme et des libertés dans l'espace francophone.

33. Médiateur de la République de Côte d'Ivoire, *Rapport bilan 1997-2006*, Tome 2, p. 166-175.

34. C'est le cas des Médiateurs de France et du Burkina Faso. Par ailleurs, lorsque l'institution est créée par un décret de l'exécutif, son indépendance doit être inscrite dans les textes fondateurs comme c'est le cas au Gabon et au Maroc.

35. Le Médiateur de la République de Côte d'Ivoire, *Rapport-Bilan 1997-2006,* tome 2, p. 173.

Le titulaire de l'Institution dans la réalité des faits ne peut se démarquer de l'autorité de nomination qu'est le Président de la République dans la mesure où sa présence à ce poste relève du pouvoir discrétionnaire du chef de l'exécutif. Dans ce cas de figure, l'un des critères majeurs pour la nomination à ce poste est d'abord la loyauté au Président de la République. Ceci est perceptible avec la nomination de M. Mathieu Ekra. C'est un compagnon de lutte de Félix Houphouët Boigny et par ricochet un membre du Parti Démocratique de Côte d'Ivoire (P.D.C.I). Cette nomination s'apparente à un signe de gratitude à un militant plus qu'à un fait objectif.

Ainsi, la structure montre des faiblesses sur le plan juridique dès sa naissance. Ces limites se perçoivent également à travers son autonomie financière et de son manque de pouvoir contraignant. Qu'en est-il réellement?

3.1.2. La relative autonomie financière, le manque de pouvoir contraignant

L'une des principales caractéristiques de l'indépendance d'une Institution de médiation est son autonomie financière afin d'éviter toute tentative pour l'exécutif ou le législatif de restreindre les ressources de l'Institution. Ce qui n'est pas le cas dès la naissance de cet organe. Ce qui affaiblit le travail du Médiateur [36]. Dans le cas de la Côte d'Ivoire, le budget de la structure est fixé par décret et lié à la présidence, il mentionne que «les frais de fonctionnement et des services du Grand Médiateur sont assurés par un budget annexé à la présidence de la république [37]». À la faveur de la loi organique votée en 2007, il est prévu que ce budget soit voté par le parlement et qu'il offre une pleine capacité financière à l'Institution. Cependant, jusqu'en 2010, le décret d'application de cette loi n'avait pas encore vu le jour; plaçant le Médiateur dans l'absolue dépendance de l'exécutif quant à son autonomie financière. On est donc en présence d'une Institution sous tutelle jusqu'en 2010, car son budget est à la

---

36. Le Médiateur de la République de Côte d'Ivoire, *Rapport-Bilan 1997-2006,* tome 2, p. 173.
37. Le Médiateur de la République de Côte d'Ivoire, *Décret n° 97-302 du 29 mai portant règlement de l'Organe Présidentiel de Médiation (OPREM),* non paginé.

discrétion du Président de la République (F.S. Acka, 2001, p. 20). Ce fait est perceptible en Côte d'Ivoire par la non-application du plan de déploiement de l'Institution à l'intérieur du pays.

S'agissant du déficit de pouvoirs contraignants, on note que les recommandations du Médiateur ne sont pas respectées, car cette Institution n'a dans les faits que des pouvoirs de propositions et de recommandations. Pour preuve, elle n'a pu faire respecter les conclusions de ses recommandations au sein du Comité de Médiation pour la Réconciliation Nationale en 2000 et par ricochet celles du forum de réconciliation nationale en 2001. Celles-ci recommandaient la validation de la candidature de l'opposant Alassane Ouattara aux élections législatives[38] et la prise des dispositions adéquates relatives à la question de la citoyenneté dudit opposant[39].

Au total, par le biais des éléments énumérés ci-dessus, il apparaît que l'indépendance de cette institution est mitigée.

De ce qui précède, l'on a pu mettre en évidence des handicaps liés au statut juridique de cette institution. Elles remontent à sa création et ne lui assurent aucune indépendance. Cependant, qu'en est-il des dysfonctionnements de la structure de médiation institutionnelle ivoirienne ?

3.2. Les dysfonctionnements de la médiation institutionnelle ivoirienne

Les dysfonctionnements de l'Institution sont perçus à travers la suppléance et le non-respect des textes régissant cette structure.

3.2.1. Le problème de suppléance

Le décret n° 95-816 du septembre 1995, dans son article 3[40], reste

---

38. Françoise kaudjhis - offoumou, *Les élections ivoiriennes de l'an 2000*, https: //www.eisa.org.za/pdf/jae1. 1offoumou.pdf, consulté, le 5/07/2017 à 14 h 15

39. Christophe Champin, « *Côte d'Ivoire les conclusions du Forum de réconciliation nationale* », article du le 13/12/2001, consulté sur http://www1.rfi.fr/actufr/articles/024/article_11862.asp le 11/07/2017 à 14 h 13.

40. Le Médiateur de la République de Côte d'Ivoire, *Décret n° 95-816 du 29 septembre 1995, op. cit.*

muet sur la durée du mandat du Grand Médiateur. Au Mali, au Sénégal et même en France, le mandat a une durée fixe de 6 ans et non renouvellement. En Allemagne, la durée est déterminée à 5 ans. La Côte d'Ivoire quant à elle, fait le choix d'avoir le principe de non-renouvellement du Grand Médiateur. Il en est de même pour le Secrétaire Général de l'organe. M. Mathieu Ekra est à la tête de la structure pendant 15 ans. Quatre ans après sa nomination précisément en décembre 2000, il tombe dans une incapacité physique suite à un problème de santé qui l'a empêché de diriger sereinement la structure qui lui a été confiée (Kla Konan, 2014, p. 53).

Cependant, le gouvernement n'a pas tiré les conclusions de cette incapacité et nommé un nouveau Médiateur[41]. Il en résulte un vide juridique qui a paralysé l'ensemble des composantes de la structure.

Pour résoudre ce problème, la suppléance du Médiateur a été assurée par les Médiateurs régionaux. Cependant, cette solution n'a pas été avantageuse, car les Médiateurs régionaux abandonnaient les activités régionales en se mettant entièrement à la disposition de l'instance dirigeante de l'organe. Cette situation entraîne régulièrement des problèmes de personnes[42] engendrant des dysfonctionnements dans la gestion quotidienne de la structure. Cela provoque également un dysfonctionnement au niveau de la représentation régionale de l'institution, car l'intérim n'étant pas assuré, les structures régionales perdent leurs chefs pendant la période de suppléance[43].

En l'absence du titulaire de l'Institution, garant du respect des textes et de fonctionnement de l'organe, elle est sujette à des déviations volontaires ou involontaires dues à la méconnaissance et au non-respect des textes régissant la vie interne de la structure.

---

41. L'engagement du fils du Grand Médiateur Victor Ekra aux côtés de l'ex l'ancien Président était de notoriété publique.
42. Des conflits de compétences apparaissent entre le Secrétaire Général et les Médiateurs Régionaux car le texte réglementaire ne précise rien sur la suppléance du Médiateur en ce qui con cerne la gestion quotidienne de l'organe.
43. La Médiation institutionnelle ivoirienne fonctionne sous la forme une administration déconcentrée

3.2.2. Le non-respect des textes nationaux et internationaux régissant l'institution

Le chapitre II du décret n° 97-302 du 29 mai 1997, en son article 13 stipule que «le conseil de médiation se réunit au moins une fois l'an, sur convocation du Grand Médiateur lequel est supplée, en cas d'absence, par le doyen des Médiateurs présents[44]». Ce conseil de médiation réunit autour du Grand Médiateur l'ensemble des Médiateurs régionaux assistés d'un rapporteur. Celui-ci est chargé d'arrêter le règlement intérieur de l'institution. Il est donc un cadre de concertation et d'échange en vue de faire des propositions au Président de la République. Ce rouage essentiel au bon fonctionnement de l'organe n'a jamais pris forme compte tenu de l'incapacité du Grand Médiateur et du manque d'initiative de ses collaborateurs. Ce fait relève du non-respect des textes nationaux régissant la vie quotidienne de l'Institution.

Chaque année, l'Institution doit publier des rapports d'activités qu'elle doit soumettre au Président de la République, assorti de proposition (chapitre II du décret n° 97-302)[45]. Toutefois, depuis sa création, le siège l'instance dirigeante de la structure n'a fait que trois rapports alors que les Médiateurs régionaux en produisent plusieurs chaque année. Ce déficit de production de rapports démontre la faiblesse du dynamisme de l'Institution ivoirienne de médiation. Le rapport annuel est important, car il doit contribuer à l'évaluation de l'état de la démocratie et des droits de l'homme dans un pays[46]. En clair, le rapport d'activité constituant l'âme et les traces de l'institution, l'on arrive à comprendre aisément la méconnaissance des activités du Médiateur ivoirien.

La fonction de membre de la médiation institutionnelle est incompatible avec tout autre emploi[47], cette disposition n'est pas respectée entièrement par certains collaborateurs du Médiateur. En effet, des médiateurs délégués ont exercé d'autres emplois, M.Kokora N'goli François et

---

44. Le Médiateur de la République de Côte d'Ivoire, *Décret n° 97-302 du 29 mai 1997, du 29 mai portant règlement de l'Organe Présidentiel de Médiation (OPREM),* non paginé.
45. Le Médiateur de la République de Côte d'Ivoire, *Décret n° 97-302 du 29 mai 1997, du 29 mai portant règlement de l'Organe Présidentiel de Médiation (OPREM), op. cit.*
46. Le Médiateur de la République de Côte d'Ivoire, *Décret n° 97-302, op. cit.*
47. Le Médiateur de la République, *Rapport-bilan 1997-2006,* tome 2, *op. cit.* p. 174.

M.Konan Pauquoud Jean, l'un a exercé à la Commission Nationale des Droits de l'Homme (C.N.D.H) en tant que vice-président et l'autre à la grande chancellerie. Cette situation s'explique par le problème de santé du Médiateur qui l'empêche de diriger l'institution comme nous l'avons signifié très haut.

Le décret d'application de la loi organique n° 2007-540 d'août 2007 n'avait pas vu le jour jusqu'en 2010. Pourtant, cette loi offre les pleins pouvoirs à la structure ivoirienne. L'Institution évolue dans un flou juridique, tâtonnent entre les anciens statuts de l'OPREM et celui du Médiateur de la République. Ce flou juridique engendre des déviations volontaires ou involontaires.

Pour finir, sur le plan international, la déclaration de Bamako[48] constitue le texte fondamental de l'A.O.M.F. En effet, adoptée le 3 novembre 2000, cette déclaration est un texte consensuel de référence au niveau de la francophonie en matière de promotion et de défense de la démocratie, des droits de l'homme et de la paix. Son programme d'action met l'accent sur la formation et l'équipement des institutions de médiation. Cependant les textes n'ont jamais été respectés par l'État ivoirien, ce qui est un handicap pour la structure par rapport à ses consœurs.

En somme, plusieurs dysfonctionnements ont miné la bonne marche de la structure provoquant un fonctionnement informel de l'institution de 2000 à 2010.

Conclusion

La médiation institutionnelle en Côte d'Ivoire créée en 1995 s'est attelée à remplir sa mission de renforcement de la cohésion sociale et de l'unité nationale durant la période 1997 - 2010. Elle dispose d'une panoplie d'attributions et s'appuie sur un fonctionnement souple. Ce socle juridique est censé donner les pleines capacités à l'Institution pour qu'elle joue efficacement son rôle de prévention et résolution de

---

48. Le Médiateur de la République, *Décret n° 97-302, op. cit.*

conflit. Cependant, de nombreuses faiblesses empêchent l'OPREM puis le Médiateur de la République d'occuper la place qui leur est due dans la résolution des conflits au sein de la société ivoirienne.

À travers cette analyse, l'on a pu mettre en évidence certaines défaillances de l'institution. Celles - ci s'articulent autour des faiblesses juridiques relatives aux carences des textes fondateurs. Ceci engendre un organe au pouvoir limité dès sa naissance, le problème de compétence entre les acteurs de l'institution. Elles s'accentuent par son manque d'autonomie financière et son manque de pouvoir contraignant. Elles se perçoivent aussi à travers divers dysfonctionnements de l'Institution. En dépit de son insertion dans la loi fondamentale en 2000, la structure est en proie à des insuffisances et du désordre favorisé par l'absence du Médiateur. La médiation institutionnelle ivoirienne souffre énormément d'un manque de volonté politique pour lui garantir une véritable indépendance. La redynamisation de cette Institution s'avère nécessaire.

Sources et bibliographie

Sources
Sources orales

Numéro d'ordre	Nom et prénoms	Statut social	Date et lieu de l'entretien	Âge	Thème aborde
1	GOBA Henri	Conseiller special du Médiateur de la République de Côte d'Ivoire	Le 12 août 2017 au siege central, La Médiature de 10 h à 11 h à Abidjan	78 ans	L'historique et l'évolution de l'institution
2	KOUTOUAN Isidore	Chef du service informatique	Le 25 août 2017 à 10 h à 10 h 45 à la Médiature des Lagunes à Abidjan	46 ans	Fonctionnement du service informatique
3	KLA KONAN Benjamin	Directeur de cabinet du Médiateur, délégué des lagunes 1	Le 25 août 2017 à 15 h à 16 h 15 à la Médiature des lagunes à Abidjan	52 ans	Les défaillances juridiques et la marche de l'institution

Sources imprimées

- Le Médiateur de la République de Côte d'Ivoire, Constitution ivoirienne, Abidjan, imprimerie nationale de Côte d'Ivoire, 2000, 42 p.

- Le Médiateur de la République de Côte d'Ivoire, Déclaration de Bamako, organisation intergouvernementale de la Francophonie, 42 p.

-Le Médiateur de la République de Côte d'Ivoire, Premier colloque international sur le renforcement des capacités du Médiateur à Yamoussoukro, août 2005, 328 p.

Le Médiateur de la République de Côte d'Ivoire, ZAHUI (Ben Degbou), Exposé liminaire sur l'OPREM, non daté, 7 p.

Les rapports d'activités du Médiateur de la République

- Le Médiateur de la République de Côte d'Ivoire, Rapport bilan du Médiateur de la République 1997-2006 au président de la République, tome 1, 156 p.

- Le Médiateur de la République de Côte d'Ivoire, Rapport bilan du Médiateur de la République 1997-2006 au président de la République, tome 2, 197 p.

Décrets et lois

- Le Médiateur de la République de Côte d'Ivoire, Décret n° 95-816 du 29 septembre 1995 portant création, organisation et fonctionnement de l'OPREM, non paginé.

- Le Médiateur de la République, Décret du 29 mai 1997 portant règlement de l'organe Présidentiel de Médiation (OPREM), non paginé.

- Le Médiateur de la République de Côte d'Ivoire, Décret n° 97 - PR/002 du 11 juin 1997 portant nomination de Médiateur de Région, non paginé.

- Le Médiateur de la République, Loi fondamentale instituant le Médiateur de la République, loi n° 2000-513 du 1er août 2000 portant constitution de la 2e République de Côte d'Ivoire et instituant un organe dénommé «Médiateur de la République», 42 p.

- Le Médiateur de la République, Loi Organique n° 2007-540 du 1er août 2007 fixant les attributions, l'organisation et le fonctionnement de l'organe dénommé : «le Médiateur de la République», 8 p.

Articles de presse

Eugénie Duayéré, «Le journal des élections», *Fraternité Matin,* n° 9291 du 03 octobre 1995, 30e année, p. 3-4.
Fraternité-Matin, n° 9260, 30e année, du 28 août 1995, p. 9.
Lumière Yeeleen, n° 10 du 10 juin 1994, p. 11.

Sources électroniques

http://afrilex-u-bordeaux 4. fr/sites/afilex/IMG, consulté le 07/01/2017 à 10 h 20.
Https://www.eisa.org.za/pdf/jae1.1offoumou.pdf,consulté,   le 5/07/2017 à 14 h 15.
http://www1.rfi.fr/actufr/articles/024/article_11862.asp consulté le 11/07/2017 à 14 h 10.

Bibliographie

ACKA Sohuily Félix, 2001, «Un Médiateur dans les institutions publiques ivoiriennes : l'Organe Présidentiel de Médiation», *Afrilex, revue d'étude et de recherche sur le droit et l'administration dans les pays d'Afrique* (en ligne : http://afrilex.u-bordeaux4.fr/un-mediateur-dans-les-institutions.html).

KONAN Kla, 2014, *Problématique de l'efficacité des mécanismes de la médiation institutionnelle en Côte d'Ivoire : Le Médiateur de la République,* mémoire de DEA, Université Félix Houphouët Boigny, Chaire UNESCO, Abidjan-Cocody.

SOULI Sougina Christian, 2011, *L'évolution de la situation du Médiateur en Côte d'Ivoire,* mémoire de maîtrise, Université Catholique de l'Afrique de l'Ouest, Abidjan-Cocody.

Les logiques de la crise sociopolitique au Togo d'avril 2015 à novembre 2017 : quelle grille de lecture à l'aune de l'histoire immédiate ?[1]

Bakayota Koffi KPAYE,
Maître-Assistant d'histoire contemporaine,
Université de Lomé
bkpaye@yahoo.fr

Koffi Amouzou SOSSOU,
Maître de Conférences d'histoire contemporaine,
Université de Kara
skoffiamouzou@yahoo.com

Koffi Nutefé TSIGBE,
Professeur Titulaire d'histoire contemporaine,
Université de Lomé
jotsigbe@gmail.com

Résumé

L'exacerbation de la crise sociopolitique que traverse le Togo à partir de la seconde moitié de l'année 2017 tire ses origines des circonstances de l'avènement au pouvoir de Faure Gnassingbé, en 2005, à la suite du décès de son père, le président Eyadema Gnassingbé. Les promesses non tenues du parti au pouvoir, notamment en matière de réformes constitutionnelles et institutionnelles ont mis en ébullition la classe politique dont les cartes ont été redistribuées, depuis le 19 août 2017, date à laquelle le Parti national panafricain (PNP) de l'opposant Tikpi Atchadam, a mobilisé une bonne partie de la population dans le cadre d'une marche violemment réprimée. Depuis lors, ce parti a réussi le challenge de rassembler une bonne frange de l'opposition autour de lui. Désormais, plus forte du fait de la nouvelle dynamique unitaire, l'opposition défie le pouvoir en place et l'oblige à dialoguer avec elle. À partir des documents primaires et secondaires, cet article montre que l'élection présidentielle du 25 avril 2015 a été l'élément ayant relancé la crise sociopolitique du Togo. Il montre également que les initiatives prises par le président de la République dans le sens des réformes institutionnelles et constitutionnelles n'ont pas porté de fruit et ont conduit à l'amplification de la crise. Aujourd'hui, malgré l'intervention de différents acteurs (société civile, communauté internationale, église catholique), la tension ne baisse pas entre les protagonistes et on se demande à quand le dénouement de cette crise.

Mots-clés : Togo - crise sociopolitique - réformes - institutions - constitutions - dialogue.

The logics of the socio-political crisis in Togo from April 2015 to November 2017: what reading grid in the light of the immediate story?

Abstract

The exacerbation of the socio-political crisis that Togo goes through from the second half of the year 2017, originates from the circumstances of the coming to

___

1. Ce texte a bénéficié du soutien financier de la Fondation Rosa Luxembourg de Dakar. Avec tous nos remerciements au Directeur de ladite Fondation.

power of Faure Gnassingbe in 2005, following the death of his father, President Eyadema Gnassingbe. The unfulfilled promises of the ruling party, notably in constitutional and institutional reforms provoked turmoil in the political arena which has been reorganized since August 19, 2019, when the Parti National Panafricain (PNP) of the opposition leader Tikpi Atchadam mobilized a large part of the population for a walk which has been violently repressed. Since then, this party succeeded the challenge of bringing together a large number of the members of the opposition. Since they became stronger henceforth because of the dynamics of unity, the members of the opposition frequently challenge the ruling power and force them to a dialogue with them.

Using primary and secondary sources, this article shows that the presidential election of April 25, 2015, was the element which sparked off the socio-political crisis in Togo. It also shows that the institutional and constitutional reforms initiated by the president of the republic did not succeed leading to the amplification of the crisis.

Today, despite the intervention of different actors (civil society, international community, Catholic Church), the tension does not go down between the protagonists and the question is: when will this crisis come to an end?

Keywords: Togo - socio-political crisis - reforms - institutions - constitutions - dialogue.

Introduction

La crise sociopolitique que traverse le Togo depuis un quart de siècle a pris des proportions inquiétantes depuis le 19 août 2017. Elle se caractérise par des manifestations de rue, ponctuées de violences, se soldant par des blessés et des morts. Ces événements tirent leurs origines de la crise postélectorale d'avril 2005 ayant conduit la classe politique togolaise à la signature de l'Accord politique global (APG) en 2006, lequel préconisa des réformes constitutionnelles et institutionnelles.

Le contenu desdites réformes est précisé dans le document portant *Dialogue inter-togolais. Accord politique global* daté du 20 août 2006, notamment dans la rubrique III intitulée «La poursuite des réformes constitutionnelles et institutionnelles nécessaires à la consolidation de la démocratie, de l'État de droit et de la bonne gouvernance». Il s'agit, entre autres, du fonctionnement régulier des institutions républicaines; le respect des droits humains; la sécurité et la paix publique; le caractère républicain de l'Armée et des forces de sécurité; l'équité et la transparence des élections; le renforcement des moyens d'action de la Haute autorité de l'audiovisuel et de la communication (HAAC) (République togolaise, 2006, p. 21-23).

La Commission Vérité, Justice et Réconciliation (CVJR), instituée en 2009, dont les travaux ont été remis au Chef de l'État Faure Gnassingbé, le 3 avril 2012, a plaidé la nécessité de mettre rapidement en place les réformes institutionnelles (réforme politique, réforme du système judiciaire, réforme des forces armées, de la police et des services de renseignement pour garantir la paix civile) (République Togolaise, 2012, p. 264-270).

Pour n'avoir pas encore été réalisées, ces réformes constituent le fer de lance de l'exacerbation de la crise sociopolitique de ces derniers mois. Alors que tous les observateurs de la vie politique togolaise pensaient à un essoufflement de l'opposition, c'est le Parti National

Panafricain (PNP) et son leader Salifou Tchikpi Atchadam qui remettent en scelle les revendications relatives auxdites réformes constitutionnelles et institutionnelles. Comment comprendre alors ce rebondissement de la crise sociopolitique togolaise de ces derniers mois ? Autrement dit, comment comprendre la situation politique qui prévaut actuellement au Togo à l'aune des revendications autour des réformes constitutionnelles ? Quels sont les principaux acteurs de cette crise et comment peut-on en sortir ?

Si l'histoire de la crise togolaise a retenu l'attention de plusieurs essayistes (D. Ayida, 2017 ; F. S. Attisso, 2015), universitaires (K. N. Tsigbé et C. C. Aholou, 2016 ; H. Mouckaga et al. 2015), son actualité intéresse plutôt les journalistes et des périodiques comme *Jeune Afrique*, *La Lettre du Continent*, etc.

Nous voulons donc, à travers cette contribution, analyser l'actualité de cette crise sous le prisme de l'histoire immédiate qui, selon Jean-François Soulet (1994, p. 3-4), est «l'ensemble de la partie terminale de l'histoire contemporaine, englobant aussi bien celle dite du temps présent que celle des trente dernières années ; une histoire qui a pour caractéristique principale d'avoir été vécue par l'historien ou ses principaux témoins». Plus précisément, il s'agit de présenter un bref aperçu de la question à partir de l'élection présidentielle d'avril 2015 jusqu'aux événements de 2017.

À cette fin, nous aborderons tour à tour, en nous appuyant sur des sources primaires notamment (sources orales, électroniques) et des documents secondaires, (i) l'élection présidentielle d'avril 2015 et ses suites, (ii) l'atelier du Haut-commissariat à la réconciliation et au renforcement de l'unité nationale (HCRRUN) et la mise sur pied de la Commission de réflexion sur les réformes politiques, (iii) l'émergence du Parti National Panafricain et des manifestations de rue les acteurs intervenant dans la crise, (v) avant de nous pencher sur les leçons à tirer de la crise.

1. L'élection présidentielle du 25 avril 2015 et la relance timide de la crise

Dans leur contribution à l'ouvrage collectif intitulé *Développements politiques récents en Afrique de l'Ouest* (N. Sylla, 2015), K. N. Tsigbé et C. C. Aholou (2015) se sont penchés sur les controverses politiques et leur impact sur le jeu politique au Togo à la veille de l'élection présidentielle d'avril 2015. Sur la question des réformes institutionnelles et constitutionnelles, ils soulignèrent que les deux camps opposés (parti au pouvoir et opposition) ne parvenaient pas à trouver un terrain d'entente, selon la recommandation de l'APG qui prône le consensus, pour la réalisation desdites réformes. Dans cette configuration, poursuivirent-ils, «comment voudra-t-on obtenir un consensus avec le parti au pouvoir si entre opposants il est difficile de s'entendre sur le minimum?». Pour conclure, ils firent observer que «pour l'heure, ces réformes risquent de ne plus s'opérer, étant donné que la Cour constitutionnelle vient de fixer la date des présidentielles au plus tard à la mi-avril 2015» (K. N. Tsigbé et C. C. Aholou, 2015, p. 275-281). Effectivement, les faits ont donné raison à ces auteurs. Les réformes n'ont pas pu se faire avant l'élection présidentielle. Cependant, contrairement à la position tranchée de l'opposition selon laquelle sans réformes il n'y aura pas d'élection, encore moins, elle ne participerait pas au processus électoral, on a pu observer que, non seulement l'élection a eu lieu, mais c'est dans une cacophonie totale que, finalement, certains partis de l'opposition décidèrent d'y participer. Finalement, ceux qui ont maintenu l'exigence des réformes avant l'élection présidentielle furent ce qu'on appela à l'époque le front «Tchoboé[1]», dont quelques-unes des figures de proue étaient Abbas Kaboua et Tchikpi Atchadam. C'est la première fois que les Togolais découvraient les premières prises de position publiques de Tchikpi Atchadam.

C'est dans cette atmosphère caractérisée par une opposition foncièrement divisée en deux grands blocs composés, d'une part, des

---

1. Il s'agit d'un regroupement de partis politiques et des organisations de la société civile initié par Abbas Kaboua, Claude Améganvi, Tchikpi Atchadam, Nicodème Habia et G. Anyinéfa.

«participationnistes» et, d'autre part, des «non - participationnistes» que se tint finalement, le 25 avril 2015, l'élection présidentielle. Cinq candidats étaient en lice. Il s'agit de :
– Faure Essozimna Gnassingbé du parti Union pour la République (UNIR)
– Jean-Pierre Fabre de l'ANC
– Aimé Gogué de l'Alliance des démocrates pour le développement intégral au Togo (ADDI)
– Mohamed Tchassona-Traoré du Mouvement Citoyen pour la Démocratie et le Développement (MCD)
– Komandega Taama du Nouvel engagement togolais (NET).

Deux jours après le vote, la CENI fut secouée par des divergences internes. Ses travaux furent suspendus alors que les représentants des candidats n'arrivaient pas à s'accorder sur les résultats acheminés sur Lomé par le Général Siaka Sangaré de l'Organisation internationale de la Francophonie (OIF) avec les responsables des Commissions électorales locales indépendantes (CELI) concernées.

Le ton commença alors à monter entre les membres de la CENI, notamment autour de la préfecture de la Binah, où un surplus de 1 120 voix figurait dans les décomptes. C'est le vice-président de la CENI, Francis Pedro Amouzou, représentant de l'opposant Jean-Pierre Fabre, qui souleva ces irrégularités. Il réclama en conséquence l'annulation du vote de cette circonscription réputée favorable au candidat Faure Gnassingbé ; ce que rejeta naturellement le délégué du parti UNIR à la CENI.

Concomitamment à ces querelles au sein de la CENI, l'état-major de Jean-Pierre Fabre, qui effectuait son propre décompte des procès-verbaux, affirma que des anomalies se retrouvaient dans plusieurs circonscriptions du nord du pays, réputées favorables au président-candidat. Il évoqua des bourrages ou des substitutions d'urnes et demanda à la CENI d'annuler les résultats de plusieurs CELI (RFI, 27 avril 2015). La polémique s'intensifia alors qu'au lendemain du scrutin, les observateurs nationaux et internationaux, comme à l'accoutumée, avaient salué la bonne organisation de l'élection présidentielle.

Finalement, le 28 avril 2015, la CENI rendit publics les résultats de l'élection présidentielle du 25 avril 2015. Il présenta les suffrages obtenus respectivement par les cinq candidats en lice comme ci-après :
– Jean-Pierre Fabre : 732 026 soit 35,19 %
– Mouhamed Tchassona Traoré : 20 064 soit 0,96 %
– Komandega Taama : 21 581 soit 1,04 %
– Tchabouré Gogué : 83 803 soit 4,03 %
– Faure Gnassingbé : 1 221 756 soit 58,73 %[2].
C'est ainsi que le président sortant, Faure Gnassingbé, fut réélu pour un troisième mandat consécutif. Après la proclamation de ces résultats contestés par l'opposition, des marches de protestation s'ensuivirent et la question des réformes constitutionnelles et institutionnelles revint rapidement au devant de la scène politique. En juin 2016, les députés de l'ANC et de l'ADDI prirent l'initiative de déposer une proposition de loi devant modifier certaines dispositions de la Constitution togolaise, notamment en ses articles 38, 52, 59, 60, 62, 100, 101, 144 et 145, relatifs, entre autres, à l'organisation des élections législative et présidentielle avec, à la clé, le mode de scrutin, le mode de désignation du président et des membres de la Cour constitutionnelle et la procédure de révision constitutionnelle (cf. La Constitution de la IVe République, version révisée en 2002 et modifiée en 2007). Mais cette tentative n'a pu aboutir, les députés préférant laisser la paternité de l'initiative des réformes au président de la république. En effet, avant même que le parlement ne rejetât l'initiative de ces deux partis politiques, le président Faure Gnassingbé continua de manifester son désir de voir les réformes s'opérer au Togo. Il déclara à la fin de l'année 2014 lors de sa traditionnelle adresse à la nation :

> Je constate à cet égard que le débat sur les réformes politiques a pris ces derniers mois une vive tonalité dans la classe politique. Le projet de réforme constitutionnelle introduit en juin 2014 n'a pas recueilli l'adhésion de la représentation nationale. Je note également que la proposition de réforme initiée récemment par certains partis est en cours d'examen à l'Assemblée nationale. Quelle que soit l'issue qui sera réservée à l'initia-

---

2. http://www.ceni-tg.org/ consulté le 1er novembre 2017.

tive des parlementaires en cours d'examen, il me paraît fondamental de dépasser les contingences immédiates pour ouvrir un vaste champ de réformes politiques en profondeur, dans le but de consolider notre ancrage démocratique et le processus de réconciliation nationale…[3]

Comme on peut le constater, pouvoir et opposition s'accordent sur une idée : les réformes. L'opposition, tout comme la majorité, a au moins une fois introduit un projet de loi portant réformes constitutionnelles et institutionnelles au parlement sans succès. Dès lors, on peut se poser la question de savoir où réside véritablement le blocage. À ce sujet, Kégbéro Latifou Seigneur explique que :

Deux raisons ont pu expliquer le blocage du processus des réformes constitutionnelles à l'Assemblée nationale en 2016. Premièrement et fondamentalement, il s'agit du jeu des acteurs politiques de la majorité et de l'opposition. Concrètement deux logiques fondées sur une interprétation politico-juridique s'affrontaient au sujet de la rétroactivité ou non de la modification constitutionnelle relative à la limitation du nombre de mandats présidentiels. Deuxièmement, l'on peut évoquer une difficulté technique à savoir qu'aucune des entités (Majorité et Opposition) ne dispose du quorum des 4/5ème requis pour toute modification constitutionnelle par voie parlementaire. D'où, la nécessité d'entamer des négociations au sein des groupes parlementaires[4].

S'agit-il de manœuvres et de calculs politiciens ? Certainement, chacun voulait tirer le drap de son côté. C'est dans cette atmosphère de quasi-blocage de l'initiative des réformes que le HCRRUN entra dans la danse avec la promesse de décanter la situation.

2. De l'atelier du HCRRUN à la mise sur pied de la Commission de réflexion sur les réformes politiques : des espoirs déçus ?

Émanation de la CVJR qui l'a prévu pour la mise en œuvre de la question des réparations des victimes des violences politiques connues au Togo de 1958 à 2005, le HCRRUN s'est également investi dans le

---

3.http://togosite.com/index.php/togo/486-togo-encore-les-promesses-politiques-et-sociales-de-faure-gnassingbe, consulté le 3 novembre 2017.
4. Lors de l'entretien du 15 octobre 2020 à Lomé.

processus de réformes au Togo. Sa présidente, Madame Awa Nana Daboya avait, par la suite, été nommée à la tête de la Commission de réflexion sur les réformes politiques. Cette Commission, annoncée par le chef de l'État, vit le jour en janvier 2017. Elle était dans la phase active de sa mission lorsque la tension politique se crispa d'un cran.

Mais avant même que cette commission ne vît le jour, le HCRRUN organisa, du 11 au 15 juillet 2016, un atelier regroupant des représentants de toutes les couches sociales du Togo. L'objectif de cette rencontre était de créer les conditions favorables à la formulation et à la mise en œuvre des réformes politiques et institutionnelles en permettant une même lecture par les protagonistes des réformes telles que formulées par la CVJR. Il était aussi et surtout question de réfléchir à une République fondée sur un nouveau contrat social.

À l'issue des cinq jours de travaux, les conclusions ont été remises au Chef de l'État. Celles-ci portaient, entre autres, sur l'indépendance du pouvoir judiciaire vis-à-vis du pouvoir exécutif, la limitation du mandat présidentiel, le mode de scrutin, la gestion des contentieux électoraux, le contrôle de la nomination aux hauts postes et la déclaration des patrimoines à l'entrée et à la sortie de poste des gouvernants[5].

Toute la classe politique, exceptée notamment l'ANC -qui n'avait pas jugé nécessaire d'y prendre part- et les organisations de la société civile furent présentes à ces travaux. Les acteurs se sont pratiquement mis d'accord sur la nécessité, entre autres, de limiter le mandat présidentiel à deux.

Alors que l'opposition s'attendait à ce que les résultats des travaux de l'atelier du HCRRUN précipitassent le processus de mise en œuvre des réformes, le président de la République, contre toute attente, fit le choix de mettre sur pied une Commission chargée de réfléchir sur lesdites réformes. Il était nécessaire selon lui,

> de régler la question des réformes institutionnelles dans le cadre d'une réflexion approfondie sur l'adaptation du modèle en vigueur dans notre pays à nos réalités sociologiques... une Commission de réflexion sur les

---

5. http://hcrrun-tg.org/reformes-politiques-et-institutionnelles/, consulté le 02 novembre 2017.

réformes politiques sera mise en place (…). Cette commission sera composée d'historiens, de personnalités politiques, de juristes, de sociologues et de représentants de la société civile. Sa mission consistera à proposer dans les meilleurs délais un texte de réforme politique, de réforme institutionnelle et constitutionnelle qui tient compte de notre histoire, reflète nos réalités et répond aux aspirations des Togolaises et des Togolais[6]…

Dénommée Commission de réflexion sur les réformes politiques, institutionnelles et constitutionnelles, cette commission fut effectivement créée par un décret pris en Conseil des ministres le 3 janvier 2017. Sa création répond à l'une des recommandations de la CVJR. Dirigée par la présidente du HCRRUN, elle est composée de : M. Kwesi Séléagodzi Arthème Ahoomey-Zunu (ancien Premier ministre), M. Adji Otèth Ayassor (juriste, ancien ministre d'État, ministre de l'économie et des finances, actuellement conseiller du président de la République), Professeur Komla Dodzi Kokoroko (juriste, président de l'Université de Lomé), Professeur Adama Kpodar (juriste, vice-président de l'Université de Kara), M. Essohanam Batchana (Maître de Conférences d'histoire contemporaine, Directeur de la recherche de l'Université de Lomé), M. Koffi Kumélio Afandé (juge à la chambre d'appel des Tribunaux pénaux internationaux pour l'ex-Yougoslavie et le Rwanda), M. Dago Yabré (Conseiller Spécial du Premier ministre, chargé de la gestion administrative et financière et des affaires parlementaires) et Docteur David Ekoudé Ihou (médecin et ancien ministre de la Santé pendant la période de transition)[7]. Pour le parti au pouvoir, le choix des personnalités s'explique par le fait qu'elles maîtrisent le sujet en question.

La création de cette commission n'a pas fait l'unanimité au sein de la classe politique. Pour les détracteurs de cette initiative, la mise en place de ce nouveau cadre dédié au processus de réformes est une perte de temps, une manœuvre de plus pour tromper le peuple. On pouvait même lire dans un journal de la place ce qui suit :

---

6. http://savoirnews.net/Reformes-politiques-Faure,8544, consulté le 3 novembre 2017.
7. http://www.togoreforme.com/fr, consulté le 3 novembre 2017.

Après avoir délibérément empêché la mise en œuvre des dispositions de l'Accord Politique Global, le gouvernement togolais réuni en Conseil des ministres le 03 janvier 2017 a procédé à la nomination des membres de la commission qui selon Faure Gnassingbé devrait se charger de réfléchir sur les réformes. Composée de personnalités à forte coloration politique du pouvoir en place, la commission mise en place par Faure Gnassingbé n'a a priori rien à présenter aux Togolais (…) Que les populations le sachent bien avant : ce groupe n'a rien à dire si ce n'est d'œuvrer pour que Faure Gnassingbé continue d'être au pouvoir le plus longtemps possible (…)[8].

En réalité, lorsqu'on voit la manière dont la question des réformes institutionnelles et constitutionnelles est gérée par le parti au pouvoir depuis l'APG, on est amené à se demander si le pouvoir ne se livre pas à des manœuvres dilatoires.

Malgré ces critiques, la Commission entama une tournée nationale le 31 juillet 2017 dans le but de recueillir les points de vue des populations sur la question des réformes en sillonnant toutes les régions du pays. C'est dans la foulée de cette tournée que l'opposition reprend la rue.

3. La montée en puissance du PNP et la résurgence des manifestations de rue de l'opposition

Pendant que la Commission des réformes sillonnait le pays, le PNP lança un appel à manifester le 19 août 2017 dans cinq villes du Togo et dans quelques pays où se trouve la diaspora togolaise (France, Allemagne, États-Unis d'Amérique, etc.), pour réclamer le retour à la Constitution de 1992 (qui limitait, notamment, à deux le nombre de mandats présidentiels) et l'extension du droit de vote à la diaspora[9]. Des affrontements entre manifestants et forces de l'ordre ont secoué, à l'occasion, Lomé, Anié, Sokodé et Kara, faisant deux morts à Sokodé selon les sources officielles.

---

8. Journal Le Correcteur consulté sur http://news.icilome.com/?idnews, le 2 novembre 2017.

9. http://www.rfi.fr/afrique/20170819-togo-manifestations-, consulté le 04 novembre 2017.

Le PNP, dirigé par Tchikpi Atchadam, inconnu des Togolais jusqu'à son apparition en 2015 dans le cadre de l'élection présidentielle, et surtout à partir de janvier 2017, mobilise désormais les foules et réussit le pari de l'unité de l'opposition, laquelle fait défaut depuis des années. Dès lors, Tikpi Atchadam a été rejoint par Combat pour l'alternance politique en 2015 (CAP 2015) ainsi que d'autres formations politiques de l'opposition pour réclamer des réformes constitutionnelles et institutionnelles. Aujourd'hui, il s'est constitué une coalition de quatorze partis de l'opposition qui mobilise des foules dans les rues de Lomé et de l'intérieur du Togo, lors des appels à manifester. Depuis le 19 août, les manifestations s'enchaînent et deviennent de plus en plus violentes, se soldant par des blessés et des morts de part et d'autre (manifestants et forces de l'ordre[10]. Mahoulé Spéro explique cette montée en puissance du PNP par le fait que : « ce parti a fait un travail de terrain en se basant sur un élément identitaire qui est l'appartenance ethnique. Puis il s'est positionné en capitalisant les réussites et les échecs de l'opposition pour mobiliser la foule ». Toujours dans le même sens, Essohanam Batchana[11] soutient que : « l'ascension du PNP s'explique par la stratégie de communication du parti qui recrute ses partisans sur des bases ethniques et religieuses et sur le discours populiste de son président ». Pour Bernard Anoumou Dodji Bokodjin[12], les raisons de la montée en puissance du PNP sont les suivantes :

> L'échec de l'opposition traditionnelle pour obtenir la modification de la constitution et la participation de celle-ci à l'élection présidentielle de 2015. Plusieurs jeunes togolais ont trouvé refuge au PNP qui constituait une alternative crédible à leurs yeux (…) Le gouvernement a minimisé la capacité de mobilisation de jeune parti, qui, disons-le a un leader influent et très bon communicateur qui a su surfer sur l'échec des partis tradition-nels de l'opposition.

L'évolution des manifestations de l'opposition a fait apparaître une autre revendication, notamment le départ du pouvoir de Faure Gnassingbé.

---

10. http://www.rfi.fr/afrique/20170819-togo-manifestations-, consulté le 04 novembre 2017.
11. Lors de l'entretien du 14 octobre 2020 à Lomé.
12. Lors de l'entretien du 16 octobre 2020 à Lomé.

Cette revendication est en contradiction totale avec la Constitution actuellement en vigueur : le président ayant été réélu en 2015 pour un mandat de cinq ans. S'agit-il d'une tactique politique pour obtenir des concessions de la part du pouvoir ou du pur radicalisme politique?

De son côté, le pouvoir ne manque pas de soutien. À plusieurs reprises, et surtout le 29 août 2017, les partisans et sympathisants de UNIR étaient également dans les rues pour, disent-ils, défendre la paix et les institutions. Ils ont organisé, le 29 août puis, le 6 septembre 2017, une marche pour réclamer, eux aussi, les réformes mais dans la paix, en réponse aux manifestations de l'opposition du 19 août qui ont coûté la vie à deux personnes[13].

En guise d'apaisement, le gouvernement a adopté lors du Conseil des ministres du 5 septembre 2017, un avant-projet de loi visant une modification constitutionnelle des articles 52, 59 et 60 de la Constitution du 14 octobre 1992 révisée en 2002. Cet avant-projet de loi se rapporte principalement au mode de scrutin qui est passé à deux tours et à la limitation du nombre de mandats présidentiels à deux. Innovation importante, il prévoit également la limitation à deux du nombre de mandats des députés. Un précédent qui, s'il est appliqué, constituerait un cas rare sur le continent.

Cette réforme ne serait-elle pas superflue, notamment pour ce qui est de la limitation du nombre de mandats présidentiels? En effet, dans la Constitution originelle de 1992, le bout de phrase suivante « en aucun cas, nul ne peut exercer plus de deux mandats » est, à en croire l'opposition, suffisamment fort pour empêcher Faure Gnassingbé de terminer son mandat actuel et de vouloir éventuellement briguer d'autres mandats, s'il était maintenu dans l'article 59. Pour le pouvoir en place, même si cette portion de phrase était maintenue, la loi ne disposant que pour l'avenir, elle ne pourrait s'appliquer à Faure Gnassingbé dont le compteur devait être remis à zéro. Cela suppose, à en croire ses partisans, que Faure Gnassingbé pourra, à la fin de son mandat actuel, postuler à deux mandats supplémentaires et s'il venait

___

13. http://www.rfi.fr/afrique/20170829-togo-parti-pouvoir-rue-manifestations, consulté le 04 novembre.

à être élu à chaque fois, alors son départ du pouvoir ne pouvait être envisagé que pour 2030.

L'absence de consensus autour de l'avant-projet de loi n'a pas empêché son examen par le parlement le 19 septembre, en l'absence des députés de l'opposition. Ces derniers estiment qu'il faut aller plus loin que ce qui est proposé. Pour CAP 2015 :

> La raison voudrait qu'on laisse tomber ce petit projet. Petit projet parce que ça ne touche que trois articles de la Constitution. Or nous parlons de 47 articles. On doit laisser tomber ce projet et faire une proposition beaucoup plus conséquente afin que les populations togolaises qui attendent l'alternance politique soient satisfaites[14].

Pour l'opposition, accepter de réviser les 47 articles évoqués est synonyme du retour systématique à la Constitution originelle de 1992. Et si cela advenait, cela entraînerait le départ du président actuel, eu égard à la disposition originelle de l'article 59 qui stipule qu'«en aucun cas nul ne peut exercer plus de deux mandats». Or, le président Faure Gnassingbé a été élu sur la base de la constitution actuelle (celle révisée en 2002). Pour le ministre de l'Administration Territoriale Payadowa Boukpéssi,

> Nous avons une occasion aujourd'hui de perfectionner un peu plus notre démocratie. Alors j'ose croire que ces partis politiques se raviseront pour faire en sorte que l'Assemblée nationale puisse voter cette révision constitutionnelle aux quatre cinquièmes requis par la Constitution. On ferait l'économie d'un référendum[15].

Finalement, le projet de loi fut adopté par l'Assemblée nationale en l'absence des députés de l'opposition, à la majorité des deux tiers requis pour aller au référendum. Or la majorité des quatre cinquièmes aurait pu éviter la convocation d'un référendum.

Aussitôt après l'adoption du projet de loi, le discours du parti au pouvoir a été formaté sur la tenue du référendum. Malgré la situation

---

14.http://www.rfi.fr/afrique/20170919-togo-projet-reforme-constitutionnelle-examine-assemblee-nationale, consulté le 04 novembre 2017.
15.http://www.rfi.fr/afrique/20170919-togo-projet-reforme-constitutionnelle-examine-assemblee-nationale, consulté le 04 novembre 2017.

délétère du pays, une nouvelle CENI a été mise en place ; ses membres ont prêté serment et pris fonction, en l'absence des délégués de l'opposition parlementaire qui a refusé d'y envoyer ses délégués pour ne pas cautionner, à l'en croire, la forfaiture qui est sur le point de se préparer. Ces derniers événements ont raidi l'opposition qui n'a eu d'autres moyens que de s'en remettre à la rue pour montrer son mécontentement. Face à cette situation, certains acteurs se sont invités pour aider à décrisper la situation.

4. L'intervention de différents acteurs et l'enlisement de la crise

Les acteurs qui se sont invités à la crise togolaise pour apporter leur contribution en vue d'un dénouement heureux sont de quatre ordres : l'Église, les organisations de la société civile, les universitaires et la communauté internationale.

En effet, c'est la Conférence des évêques du Togo qui a été la première à prendre position pour appeler à la nécessité d'opérer

les réformes, condition *sine qua non* d'une vie politique apaisée au Togo. Pour celle-ci, il est opportun «d'opérer des réformes institutionnelles et constitutionnelles». Dans une déclaration de l'Église catholique rendue publique le 14 septembre 2017, on lit :

> La Conférence des Évêques du Togo attache une importance particulière à ces réformes sans lesquelles il est impossible de ramener la paix et la cohésion sociale dans notre pays. Elle est convaincue qu'elles sont indispensables à notre vivre ensemble et invitent les protagonistes à s'inscrire dans une démarche responsable, sincère et constructive[16].

Cette Conférence étant taxée proche de l'opposition, sa déclaration a été vertement critiquée par les partisans du pouvoir. Dans un article intitulé «Togo : préoccupés par la situation dans le pays, les évêques plaident pour les réformes», Emmanuel Atcha se fait l'écho d'un tweet de Koffi Sodokin, conseiller économique du président Faure

---

16. http://togoweb.net/%E2%80%8Bcrise-au-togo-leglise-catholique-sort-enfin-de-son-silence/, consulté le 4 novembre 2017.

Gnassingbé, dans lequel il déclarait : «la C. 1992 [Constitution de 1992] est le bébé des évêques du Togo. L'Assemblée de la transition était pilotée en effet par l'un de ces évêques. Ils sont OPPP [opposants]»[17]. S'agissant du second groupe d'acteurs, c'est le 22 septembre que des organisations de la société civile dont la coordination est assurée par un professeur d'université (David Dosseh, ancien syndicaliste) et un avocat (maître Raphaël Kpandé Adzaré) ont porté sur les fonts baptismaux un front dénommé «front citoyen Togo debout». Ulcérées par les violences subies par les manifestants depuis le début de la crise, ces organisations ont décidé de créer ce front afin de s'impliquer dans le mouvement de contestation en cours pour que la demande du peuple (le retour à la constitution de 1992) puisse aboutir, à en croire le premier porte-parole du front, David Dosseh (BBC Afrique, 27 septembre 2017). Le front récuse le projet de référendum qui se profile à l'horizon et compte contribuer à la mobilisation des Togolais pour le retour pur et simple à la Constitution du 14 octobre 1992[18]. Dans cette dynamique, il a suscité des sections dans la diaspora et s'est fait appuyer par d'autres organisations de la société civile de l'Afrique. Sa ligne de défense n'étant pas différente de celle des partis politiques, le pouvoir en a déduit qu'il ne s'agit que d'une société civile politisée.

S'agissant des universitaires, notamment des juristes constitutionnalistes, des historiens, des politistes aux côtés desquels ont également siégé des acteurs politiques et de la société civile (venus de la Côte d'Ivoire, du Bénin, du Cameroun, de la France et du Togo), ils ont organisé, les 13 et 14 octobre 2017, à l'occasion des 25 ans de l'adoption de la Constitution du 14 octobre 1992, un colloque international sur le thème «Les 25 ans de la Constitution de la IVe République du Togo, 14 octobre 1992-14 octobre 2017». Il s'agit, pour les organisateurs, de

17. http://afrique.latribune.fr/politique/2017-09-18/togo-preoccupes-par-la-situation-dans-le-pays-les-eveques-plaident-pour-les-reformes-750676.html, consulté le 27 novembre 2017 à 22 h 32.
18. www.togo-online.co.uk/togo-debout-nouveau-front-citoyen-decide-de-prendre-responsabilites, consulté le 11 novembre 2017.

dresser le bilan de ces vingt cinq dernières années de vie politique au Togo, de réfléchir sur la Constitution de la IVe République (C92) dans le sens de sa modernisation et, enfin, de formuler des propositions et recommandations pratiques pour une résolution durable de la crise sociopolitique que connaît actuellement le pays[19].

Parmi les nombreuses conclusions retenues dans le cadre de cette rencontre scientifique, figure l'impossibilité d'un retour systématique à la Constitution de 1992. Aussi a-t-il été convenu que «les réformes constitutionnelles demandées ne pourraient en aucun cas compromettre l'éligibilité du chef de l'État dans le cadre du scrutin à suivre»[20]. Il est également ressorti la nécessité d'aller à un dialogue entre les protagonistes pour désamorcer la crise[21].

La communauté internationale a, quant à elle, réagi à travers plusieurs canaux. D'abord, le 4 octobre 2017, la Communauté économique des États de l'Afrique de l'Ouest (CEDEAO), l'Union africaine (UA) et le Bureau des Nations Unies pour l'Afrique de l'Ouest et le Sahel (UNOWAS) ont pris acte de l'adoption du projet de loi constitutionnelle visant à modifier les articles pertinents de la Constitution togolaise et ont soutenu que cette démarche est une étape importante pour mettre le Togo en conformité avec les normes démocratiques reflétant les meilleures pratiques en Afrique de l'Ouest. À cet égard, ces organisations internationales ont appelé le gouvernement à fixer une date pour l'organisation du référendum sur le projet de loi constitutionnelle[22].

Le président de la Commission de la CEDEAO, Marcel de Souza, a entrepris des missions de bons offices depuis le début de cette crise, sans que les positions des protagonistes ne laissent entrevoir un dénouement imminent. Pour sa part, le secrétaire général des Nations Unies, Antonio Guterres a «encouragé le gouvernement et tous les

---

19.pressebj.info/nordsudquotidien/polemique-autour-de-revision-de-constitution-togolaise-contribution-pr-kokoroko-tranche-debat. Consulté le 20 novembre 2017.
20.pressebj.info/nordsudquotidien/polemique-autour-de-revision-de-constitution-togolaise-contribution-pr-kokoroko-tranche-debat. Consulté le 20 novembre 2017.
21.http://www.africafullsuccess.com/2017/10/togo, consulté ce 02 novembre 2017.
22.http://togotribune.com/news/crise-au-togocommuniqu-conjoint-cedeao-ua-bureau-des-nations-unies-pour-lafrique-de-louest-et-le-sahel/, consulté ce 4 novembre 2017.

acteurs politiques à s'engager dans un dialogue constructif dans le cadre des discussions sur

les réformes institutionnelles et constitutionnelles» en marge des travaux de l'Assemblée générale des Nations unies le 24 septembre 2017. Cet appel du patron de l'ONU est en phase avec celui lancé par les représentants du Système des Nations unies, de la France, de l'Allemagne, des États-Unis et de l'Union Européenne au Togo qui demandait que les réformes soient faites selon l'esprit de l'Accord politique global (APG) signé en 2006, c'est-à-dire en privilégiant le consensus.

Enfin l'Organisation internationale de la Francophonie (OIF), dont la conférence ministérielle était à Lomé en octobre 2017, avait annoncé une mission de médiation rapidement récusée par l'opposition, qui accuse la chef de mission Aïchatou Mindaoudou Souleymane de connivence avec le pouvoir, eu égard à ses prises de position pendant la crise postélectorale de 2005[23].

Par ailleurs, une délégation de la Commission interparlementaire de l'Union économique et monétaire ouest-africaine (CIP-UEMOA), composée des députés venus du Benin, du Burkina Faso, du Mali, du Niger et du Sénégal, a séjourné à Lomé pendant quelques jours. Elle a publié, le 27 octobre 2017, un communiqué dans lequel elle appelle à la tolérance, au pardon et à la confiance mutuelle[24].

Les chefs d'État de la sous-région ouest-africaine ne sont pas restés insensibles à cette crise. En effet, les présidents ivoirien, Alassane Ouattara, béninois, Patrice Talon et ghanéen, Nana Akufo-addo se sont véritablement impliqués dans la crise, en rencontrant, chacun en ce qui le concerne, et ce plus d'une fois, leur homologue togolais Faure Gnassingbé. Le président ghanéen a même envoyé, à la mi-novembre 2017, des émissaires qui ont rencontré une délégation de la coalition des 14 partis de l'opposition à l'avant-garde de la contestation en vue de discuter de la crise qui secoue le Togo et d'envisager une

---

23. http://news.alome.com/h/103536.html, consulté le 04 novembre 2017.
24. http://news.icilome.com/?idnews=839806, consulté le 04 novembre 2017.

sortie de crise[25]. Quant au président guinéen, président en exercice de l'Union africaine, Alpha Condé, il a rencontré, les 21 et 22 novembre 2017 à Paris, une délégation de la coalition de l'opposition composée de Tikpi Atchadam du PNP, Mme Brigitte Adjamagbo Johnson de CAP 2015 et Jean-Pierre Fabre de l'ANC pour discuter de la crise togolaise. À en croire le site Bénin Web TV, la coalition de l'opposition togolaise avait remis un mémorandum au président Condé à la fin de leur rencontre[26]. Comme on peut le constater, des initiatives se sont multipliées en vue d'une sortie heureuse de crise. Les conclusions de ces différentes initiatives ont convergé vers l'organisation d'un dialogue franc et sincère entre les protagonistes de la crise togolaise.

À l'analyse, alors que les acteurs nationaux (société civile, église catholique, etc.) semblent adopter un positionnement non loin du radicalisme des partis politiques de l'opposition (réforme substantielle ou retour à la Constitution de 1992 et non au référendum), la communauté internationale a semblé encourager, dans un premier temps, le parti au pouvoir dans sa volonté d'organiser le référendum, avant de se raviser, encourageant le dialogue inter-togolais. Même si l'opposition dit être ouverte au dialogue, elle dit avoir des préalables avant d'aller à une quelconque table de négociation. C'est d'ailleurs pour cette raison que les mesures d'apaisement ont été prises par le pouvoir à travers son appel au dialogue le 6 novembre 2017, à la veille des trois jours de manifestation de l'opposition (7-9 novembre 2017) et la libération de quarante-deux des prisonniers politiques détenus dans le cadre des manifestations. Mais ces mesures n'ont pas ému l'opposition et le front citoyen Togo debout. Les partisans du pouvoir, pour leur part, disent trouver inopportune la question de préalables au dialogue. Face à cette situation, les positions se sont raidies.

5. Les leçons à tirer de la crise togolaise

L'approfondissement de la crise togolaise depuis le 19 août 2017 révèle des réalités qui, jusque-là, ont échappé aux analystes les plus

25. Serges Lemask, www.togo-online.co.uk/togo/delegation-de-coalition-rencontre-emissaire-de-nana-akufo-addo/, consulté, le 26 novembre 2017.
26. https://www.google.tg/amp/s.beninwebtv.com, consulté, le 26 novembre.

méticuleux. En effet, pendant longtemps, le pouvoir a toujours brandi la cartographie de la contestation au Togo en montrant qu'elle est circonscrite au Sud-Togo et se limite particulièrement à Lomé et dans certaines contrées de la côte. Mais avec l'émergence du PNP dont le fief est Sokodé en plein centre-Togo, il est patent que cette cartographie du pouvoir en place a été mise à nu. De plus, malgré toutes les mesures de répression orchestrées contre les manifestants des localités du Nord-Togo, la contestation n'a pas faibli.

Cette situation fait de Tikpi Atchadam le mobilisateur en chef des contestataires.

Cette crise a également révélé des difficultés rencontrées dans les deux camps. Celles-ci sont liées notamment à la communication. Du côté du parti au pouvoir, on a l'impression qu'on allait dans tous les sens. Les différents intervenants sur la crise n'ont guère les mêmes éléments de langage. Que ce soit sur les chaînes nationales ou les médias internationaux, les arguments avancés — pour justifier la position du gouvernement, en matière de répression des manifestants ou pour défendre l'option du référendum — semblent parfois incohérents. Pendant ce temps, le Chef de l'État se refuse toute prise de parole officielle sur la crise. Pour l'opposition, ce silence révèle à quel point le Chef de l'État sous-estime la gravité de la situation que traverse le pays. Le sentiment de panique est également perceptible. C'est ce qui peut justifier, en l'occurrence, la censure des journalistes et des images liées aux manifestations de l'opposition sur les médias d'État et internationaux. Certains observateurs expliquent également cette panique par la précipitation dans l'organisation du congrès du parti au pouvoir UNIR à Tsévié, les 28 et 29 octobre 2017, comme un moyen de resserrer les rangs derrière le président qui, à l'occasion, a reconnu qu'un vent de crise est en train de souffler sur le Togo. Créé depuis 2012 c'est la première fois que le parti UNIR organise son congrès statutaire. Aussi, le fait même pour Faure Gnassingbé de sillonner des garnisons et de dire aux militaires qu'il sait qu'ils ne le décevront pas est, pour ainsi dire, illustratif de ce manque de quiétude dans le camp présidentiel.

En ce qui concerne le camp d'en face, en dépit du fait qu'il ait clamé l'unicité d'action, on se rend à l'évidence que les leaders de l'opposition ne tiennent pas toujours le même langage. Pendant que Tikpi Atchadam parle du retour à la Constitution de 1992, d'autres comme Jean-Pierre Fabre prônent le départ immédiat de Faure Gnassingbé du pouvoir. De même, face à la volonté du pouvoir d'aller au dialogue avec l'opposition, certains leaders de l'opposition posent des préalables (libération de tous les détenus dans le cadre des manifestations de rue, la libération des détenus dans l'affaire de l'incendie des marchés de Lomé et de Kara, la levée des contrôles judiciaires sur tous les acteurs politiques et de la société civile, la levée des sièges des villes de Sokodé, Bafilo et Mango au Centre et au Nord du pays, la nécessité de n'avoir que quatorze délégués autour de la table de négociation, sept pour le pouvoir et sept pour la coalition des partis de l'opposition[27], etc.) ; d'autres rejettent carrément cette apparente main tendue du pouvoir en arguant qu'il n'est pas question de dialoguer avec Faure Gnassingbé, car la seule alternative possible c'est son départ immédiat du pouvoir. Même si les divergences se sont progressivement aplanies au sein de l'opposition, les déclarations de certains leaders de la coalition laissent supputer quelque malaise en son sein.

Les positions de la France et de la Communauté des États de l'Afrique de l'Ouest (CEDEAO) méritent d'être revisitées. Après avoir hésité, la France a finalement déclaré qu'elle suivait de près l'évolution de la situation politique au Togo avant d'appeler les protagonistes à la retenue et au dialogue. Mais, lors de ses nombreuses sorties, Tikpi Atchadam a directement interpellé le président français Emmanuel Macron, lui demandant d'intervenir dans la crise togolaise (VOA Afrique, 20 octobre 2017). Cet appel n'a pas été véritablement suivi d'effet. Toutefois, le fait que ce soit à Paris que le président Alpha Condé ait eu à rencontrer la délégation de la coalition de l'opposition togolaise semble donner raison à ceux qui pensent que le président Macron est loin d'être indifférent à la situation politique du Togo. C'est

---

27. afrique.latribune.fr/politique/2017-11-15.togo-les-prealables-au-dialogue-entre-le-pouvoir-et-l-opposition-discutes-a-lome-7581100.html, consulté le 26 novembre 2017 à 20 h 14.

dans cette optique qu'il aurait dessaisi Alpha Condé du dossier togolais en lui demandant de laisser libre champ au voisin ghanéen, Nana Akufo-Addo. C'est dans cette même logique qu'il faut comprendre la une du numéro 661 du 28 novembre 2017 du bihebdomadaire togolais l'Alternative, qui titre : « Macron discute du Togo à Abidjan et Accra ». La question des miliciens est également une donne importante. En fait, les Togolais croyaient avoir tourné cette page suite au décès du président Eyadema et à l'élection contestée de Faure Gnassingbé en 2005. Mais la crise sociopolitique de la période d'étude a montré que les miliciens existent encore, non seulement à Lomé, mais à l'intérieur du pays et sont un obstacle à la liberté de manifester[28]. À la question des milices, on peut associer celle de l'armée. En effet, le fait qu'elle soit souvent mobilisée pour réprimer les manifestations ou les empêcher dans certaines localités comme Kara et Sokodé relance le débat sur le fait pour le Togo d'avoir ou non une armée républicaine[29].

Enfin, cette crise a révélé que c'est la première fois que des marches sont organisées en perle au Togo, simultanément à Lomé et dans plusieurs villes de l'intérieur. C'est aussi la première fois que la mobilisation a été aussi forte dans la diaspora avec des manifestations anti-pouvoir dans plusieurs grandes villes en Europe, en Amérique, en Asie et en Afrique. On est donc en droit de se demander si le travail de terrain que dit avoir fait le PNP a touché également la diaspora ou bien si c'est juste un mouvement spontané.

Conclusion

La tension politique latente au Togo depuis les événements de 2005 s'est exacerbée au lendemain de l'élection présidentielle de 2015 lorsque Jean-Pierre Fabre, candidat malheureux à cette élection et ses partisans de l'ANC en ont contesté les résultats. Mais au-delà de cette contestation, les revendications relatives aux réformes constitutionnelles et

---

28. www.jeuneafrique.com/486999/politique/crise-au-togo-comprendre-le-phenomene-des-milices-en-trois-questions, consulté le 25 novembre à 21heures 32 minutes.

29. togotribune.com/news/togo-barbarie-militaire-les-manifestations-violemment-reprimees-a-sokode-et-a-bafilo.

institutionnelles polarisent désormais l'attention. Acceptées par tous les protagonistes à travers l'APG de 2006, celles-ci tardaient à se concrétiser à cause de l'intransigeance de l'un ou de l'autre camp. Si l'APG a permis de faire retomber la tension provoquée par les événements de 2005, les atermoiements de la classe politique dans sa mise en œuvre ont favorisé un regain de tension autour des réformes politiques après l'élection présidentielle de 2015.

Après deux années plus ou moins paisibles, la surprise générale vient le 19 août 2017 quand le PNP et son leader Tchikpi Atchadam remobilisent l'opposition autour de ces revendications. Malgré une certaine ouverture affichée par le pouvoir, on constate qu'un dialogue de sourds s'installe au sein de la classe politique. L'opposition maintient ses revendications, le pouvoir affirme satisfaire lesdites revendications à travers le projet adopté par l'Assemblée nationale et à soumettre au référendum. Pourtant, les marches de protestation se sont multipliées et d'autres revendications se sont ajoutées à la réclamation des réformes : le retour à la constitution de 1992, la démission du président Faure Gnassingbé, entre autres. Ce qui a rendu aussi complexe la crise politique togolaise.

L'intervention de la communauté internationale (la CEDEAO, l'UEMOA, les chefs d'État de la région, etc.) a donné un résultat mitigé. En effet, toutes les préconisations relatives à la médiation dans l'exacerbation de la crise togolaise mettent au cœur du débat la bonne volonté des acteurs eux-mêmes de mettre un terme à l'imbroglio politique dans lequel le pays est plongé. En conséquence, le pouvoir y a trouvé son compte en exprimant sa volonté d'aller au dialogue tandis que l'opposition a toujours posé des préalables à ces pourparlers.

À la vérité, le déroulement de la crise togolaise a montré que le pouvoir veut être le maître des réformes politiques qui préserveraient ses intérêts alors que l'opposition a voulu saisir l'opportunité des réformes pour tenter de parachever une lutte politique entamée dès les années 1990 : le changement du régime en place.

Sources et bibliographie

Sources

Sources orales

N°	Noms et Prénoms	Qualité des enquêtés	Date et lieu de l'entretien
1	BOKODJIN A. Bernard Dodji	Sociologue, consultant en droit de l'homme	16 octobre 2020 à Lomé
2	BATCHANA Essohanam	Enseignant-chercheur à l'Université de Lomé	14 octobre 2020 à Lomé
3	KEGBERO Latifou Seigneur	Juriste, Administration territoriale, CENI	15 octobre 2020 à Lomé
4	MAHOULE Spéro	Juriste, défenseur des droits de l'homme à Lomé	12 octobre 2020 à Lomé

Sources électroniques

Http://www.rfi.fr/afrique/20170829-togo-parti-pouvoir-rue-manifestations, consulté le 04 novembre 2017.

Journal Le Correcteur consulté sur http://news.icilome.com/?idnews, le 2 novembre 2017.

Http://www.rfi.fr/afrique/20170819-togo-manifestations-, consulté le 04 novembre 2017.

Http://hcrrun-tg.org/reformes-politiques-et-institutionnelles/, consulté le 02 novembre 2017.

Http://togoweb.net/%E2%80%8Bcrise-au-togo-leglise-catholique-sort-enfin-de-son-silence/, consulté le 4 novembre 2017.

Http://togotribune.com/news/crise-au-togocommuniqu-conjoint-cedeao-ua-bureau-des-nations-unies-pour-lafrique-de-louest-et-le-sahel/, consulté le 4 novembre 2017.

Http://savoirnews.net/Reformes-politiques-Faure,8544, consulté le 03 novembre 2017.

Http://togosite.com/index.php/togo/486-togo-encore-les-promesses-politiques-et-sociales-de-faure-gnassingbe, consulté le 3 novembre 2017.

Www.togo-online.co.uk/togo-debout-nouveau-front-citoyen-decide-de-prendre-responsabilites, consulté le 11 novembre 2017.

pressebj.info/nordsudquotidien/polemique-autour-de-revision-de-constitution-togolaise-contribution-pr-kokoroko-tranche-debat. consulté le 20 novembre 2017.

Lemask Serges, www.togo-online.co.uk/togo/delegation-de-coalition-rencontre-emissaire-de-nana-akufo-addo/, consulté le 26 novembre 2017.

Https://www.google.tg/amp/s.beninwebtv.com. consulté, le 26 novembre 2017.

Http://news.icilome.com/?idnews=839806, consulté le 04 novembre 2017.

Https://lanouvelletribune.info/2017/09/togo-faure-envoye-revient-message/, consulté le 2 novembre 2017.

Http://afrique.latribune.fr/politique/2017-09-18/togo-preoccupes-par-la-situation-dans-le-pays-les-eveques-plaident-pour-les-reformes-750676.html, consulté le 27 novembre 2017 à 22 h 32.

Togotribune.com/news/togo-barbarie-militaire-les-manifestations-violemment-reprimees-a-sokode-et-a-bafilo/ http://www.ceni-tg.org/ consulté le 1er novembre 2017.

Http://www.africafullsuccess.com/2017/10/togo, consulté le 02 novembre 2017.

Http://www.togoreforme.com/fr, consulté le 3 novembre 2017.

Http://news.alome.com/h/103536.html, consulté le 04 novembre 2017.

Afrique.latribune.fr/politique/2017-11-15.togo-les-prealables-au-dialogue-entre-le-pouvoir-et-l-opposition-discutes-a-lome-7581100. html. consulté le 26 novembre 2017.

Htt://www.jeuneafrique.com/486999/politique/crise-au-togo-comprendre-le-phenomene-des-milices-en-trois-questions, consulté le 25 novembre 2017.

Documents officiels

République Togolaise (2002) *La Constitution de la quatrième République*, adoptée par référendum le 27 septembre 1992, promulguée le 14 octobre 1992, révisée par la loi n° 2002-029 du 31 décembre 2002 et modifiée à son article 52 alinéa 1er par la loi n° 2007-008 du 07 février 2007, 2002, Lomé, Editogo.

République Togolaise (2006) *Le dialogue intertogolais. Accord politique global*, Lomé, Editogo.

République Togolaise (2012) *La Commission Vérité, justice et Réconciliation. Rapport final*, Lomé.

Bibliographie

ATTISSO Fulbert Sassou, 2015, *Le mal togolais Quelle solution*? Paris, L'Harmattan.

AYIDA Dany, 2017, *Togo, le prix de la démocratie. Essai politique sur les faits et méfaits d'un processus politique raté*, Lomé, Éditions Alobalo.

MOUCKAGA Hugues, OWAYE Jean-François, WANYAKA BONGUEN OYONGMEN Virginie, 2015, *Démocratie et/ou démocrature en Afrique Noire?*, Paris, L'harmattan, Études africaines, série politique.

SOULET Jean-François, 1994, *L'histoire immédiate*, Paris, PUF, Collection Que sais-je?

TSIGBE Koffi Nutefé et AHOLOU Coffi Cyprien, 2015, « Entre luttes pour l'alternance politique et mouvements sociaux récurrents au Togo : quelles places pour les réalisations socio-économiques? », in SYLLA Ndongo Samba (dir.), *Développements politiques récents en Afrique de l'Ouest*, Dakar, Éditions Plume, p. 271-290.

Recommandations aux auteurs

HISTARC n'accepte que des articles inédits et originaux en français. Les articles publiés n'engagent que leurs auteurs.

Le manuscrit est remis à deux rapporteurs au moins, choisis en fonction de leur compétence dans la discipline. Le secrétariat de rédaction communique aux auteurs les observations formulées par le Comité de lecture ainsi qu'une copie du rapport, si cela est nécessaire. Dans le cas où la publication de l'article est acceptée avec révisions, l'auteur dispose alors d'un délai - d'autant plus long que l'article sera parvenu plus tôt au secrétariat de HISTARC -, pour remettre la version définitive de son texte.

Les auteurs sont invités à respecter les délais qui leur seront communiqués alors, sous peine de voir la publication de leurs travaux repoussée au numéro suivant.

Les manuscrits et toutes les correspondances doivent être envoyés par mail à l'adresse suivante :
histarc.irsh@gmail.com

HISTARC ne paraissant qu'une seule fois par année (entre janvier et avril), les articles doivent parvenir au secrétariat d'HISTARC au plus tard le 30 juin de l'année précédente, date de rigueur.

Sauf convention préalable, les textes originaux ne sont pas restitués aux auteurs.

1. Structure de l'article

L'article à envoyer à HISTARC doit obligatoirement contenir :
- **Titre de l'article**
- **Nom(s) et prénom(s) de l'auteur**, sa fonction, son grade, son institution d'attache, ses champs de spécialité/intérêt, ses adresses électronique et postale, son numéro de téléphone.
- **Résumé** en français (145 mots maximum)
- **Mots clés** (7 mots maximum en français) ;
- **Abstract** (résumé en anglais de 145 mots maximum) ;
- **Keywords** (7 mots clés maximum en anglais) ;
- le **texte principal** dont la structure varie en fonction de la nature de l'article :
  - l'article de contribution théorique et fondamentale doit comporter l'**Introduction** (justification du thème, problématique, hypothèses/ objectifs scientifiques, approche), le **développement articulé**, la **Conclusion** et la **Bibliographie**.
  - L'article de recherche de terrain doit contenir l'**Introduction**, la **Méthodologie**, les **Résultats** la **Discussion** et/ou la **Conclusion**, la **Bibliographie**.

2. Longueur de l'article

Quelle que soit la nature de l'article, sa longueur maximale, incluant aussi bien le texte principal que les résumés, les notes et la documentation doit être comprise entre 5000 et 8000 mots.

3. Formats d'enregistrement et d'envoi

Tous les articles doivent nous parvenir en versions numérique.

3.1. Texte numérique (Word et PDF)

3.1.1. Types de fichiers

La version numérique de l'article doit être obligatoirement enregistrée sous deux types de fichiers : Word et PDF. Seuls ces fichiers (sauf mention spéciale) devront être envoyés en pièces-jointes par mail à HISTARC.

3.1.2. Traitement de texte

La saisie de l'article doit être effectuée avec traitement de texte Word, obligatoirement en police **Garamond de taille 12**.

La mise en forme (changement de corps, de caractères, normalisation des titres, etc.) est réalisée par l'imprimeur. Les césures manuelles, le soulignement, le retrait d'alinéa ou de tabulation pour les paragraphes sont proscrits. Une ligne sera sautée pour différencier les paragraphes.

Pour la ponctuation, les normes sont les suivantes : un espace après (.) et (,) ; un espace avant et après (;), (:), (?), et (!). Les signes mathématiques (+, -, etc.) sont précédés et suivis d'un espace. L'utilisation des guillemets français (« ») doit être privilégiée. Les guillemets anglais (" ") ne doivent apparaître qu'à l'intérieur de citations déjà entre guillemets.

Les chiffres incorporés dans le texte doivent être écrits en toutes lettres jusqu'au nombre cent. Au-delà, ils le seront sous forme de chiffres arabes (101, 102, 103...)

Les siècles doivent être indiqués en chiffres romains (I, II, III, IV, X, XX).

Les appels de note doivent se situer avant la ponctuation.

3.2. Le texte imprimé

Deux copies imprimées de l'article doivent être envoyées ou déposées à HISTARC.

Le texte ne doit pas porter de corrections manuscrites. Il est imprimé sur papier A4 (21 x 29,7 cm), recto seul et en interligne simple(1), avec une marge de 2,5 cm sur les quatre bords. L'auteur peut faire apparaître directement les enrichissements typographiques ou avoir recours aux codes suivants : 1 trait : italiques 2 traits : capitales (majuscules) 1 trait ondulé : caractères gras. Le texte sera paginé.

4. Pagination

Le document est paginé de la page de titre aux références bibliographiques. Cette pagination sera continue sans bis, ter, etc.

5. Références bibliographiques

S'assurer que toutes les références bibliographiques indiquées dans le texte, et seulement celles-ci s'y trouvent. Elles doivent être présentées selon les normes suivantes :

5.1. Bibliographie

- Pour un ouvrage :
MATOUMBA Martial, 2013, *Paléolithique au Gabon. Les technologies lithiques dans la région de la Nyanga (sud-ouest)*, Paris, L'Harmattan.

- Pour un article de périodique :
NFOULE MBA Fabrice, 2016, « Les déconcentrations administratives ou l'illusion d'une émancipation des colonies françaises d'Afrique (1953-1957) », *Revue Ivoirienne d'Histoire*, 28, p. 67-79.

- Pour un article dans un ouvrage :
MEYHONG Stéphane, 2017, « Qu'en est-il de l'électrification de l'Afrique-Occidentale française (AOF) durant les deux plans quadriennaux ? », *in* NFOULE MBA Fabrice (dir.), *L'action publique en Afrique subsaharienne sous le regard des sciences humaines*, Saint-Denis, Connaissances et Savoirs, p. 101-140.

- Pour une thèse :
DOUTSONA Judith, 2011, *Les femmes dans la fonction publique au Gabon; études des trajectoires professionnelles des femmes fonctionnaires*, 1930-1980, thèse d'histoire de l'Afrique, Paris, Université Paris-7 Denis-Didérot.

- Pour un article de colloque :
BAZILE Frédéric, 1989, « L'industrie lithique du site de plein air de Fontgrasse (Vers-Pont-Du-Gard). Sa place au sein du Magdalénien méditerranéen», *Le Magdalénien en Europe. Actes du Colloque La structuration du Magdalénien, Mayence, 1987,* Études et Recherches archéologiques de l'université de Liège, 38, p. 361-377.

- Pour un site Web
Http://labarcgabon.com/gabon_paleo.html (consulté le 5 mars 2016).

5.2. Sources

- Pour les sources écrites :
Nom de la structure conservant le document (Centre d'archives), fonds, carton ou dossier, titre du document, année (exemple : GGAEF- 4 (1) D39 : Rapport annuel d'ensemble de la colonie du Gabon, en 1939.

- Pour les sources orales :
Nom(s) et prénom(s) de l'informateur, numéro d'ordre, date et lieu de l'entretien, sa qualité et sa profession, son âge et/ou sa date de naissance. Toutes les sources orales doivent être présentées dans un tableau.

6. Références et notes

6.1. Appel de référence

Dans le texte, l'appel à la référence bibliographique se fait suivant la méthode du premier élément et de la date, entre parenthèses. En d'autres termes, les références des ouvrages et des articles doivent être placées à l'intérieur du texte en indiquant, entre parenthèses, le nom de l'auteur précédé de l'abréviation de son prénom, l'année et/ou la (les) page(s) consulté(es). Exemple : (L. Manokou, 2012, p. 43-45).
Si plusieurs références existent la même année pour un auteur, faire suivre la date de a, b, etc., tant dans l'appel que dans la bibliographie : (Manokou, 2012 a).
À partir de trois auteurs, faire suivre le premier auteur de et *al.* : (Matoumba et *al.* 2006). Quand il est fait appel à plusieurs références distinctes, on séparera les différentes références par un point-virgule : (Breuil, 1951, 1954 ; Peyrony, 1949).

6.2. Références aux sources

Les références aux sources (orales ou imprimées) doivent être indiquées en note de bas de page selon une numérotation continue.

6.3. Notes de bas de page

Les explications ou autres développements explicitant le texte doivent être placés en notes de bas de page correspondante (sous la forme : 1, 2, 3, etc.). Ces notes infra-paginales doivent être exceptionnelles et aussi brèves que possible.

6.4. Citations

Le texte peut comporter des citations qui doivent être mises en évidence :
- Les **citations courtes** (1, 2 ou 3 lignes) doivent être entre guillemets français à l'intérieur des paragraphes en police 12, interligne simple.

- **Les citations longues** (4 lignes et plus) doivent être sans guillemets et hors texte, avec un retrait de 1 cm à gauche et interligne simple.
- **Les Crochets :** Mettre entre crochets [] les lettres ou les mots ajoutés ou changés dans une citation, de même que les points de suspension indiquant la coupure d'un passage [...].

7 - Les documents non textuels

7. 1 - Illustrations

L'ensemble des illustrations, y compris les photographies, doit impérativement accompagner la première expédition de l'article. En plus de chaque original, l'auteur fournira une copie aux dimensions souhaitées pour la publication : pleine page, demi-page, sur une colonne, etc. Au dos seront portés le nom du ou des auteurs, le numéro de la figure, l'indication du haut de l'illustration. La justification maximale est de 120 mm de largeur sur 200 mm de hauteur pour une illustration pleine page. Les textes portés sur les illustrations seront en Garamond.

7.2 - Dessins originaux

Ils seront soit tracés à l'encre de Chine, soit issus de traitement informatique imprimé dans de bonnes conditions. Dans ce dernier cas, on évitera les trames dessinées. Pour les objets lithiques, les croquis dits « schémas diacritiques » gagneront à être accompagnés des dessins traités en hachures valorisantes qui, eux, montrent la morphologie technique.

7.3 - Documents photographiques

Les documents doivent être parfaitement nets, contrastés et être fournis sous forme de fichier numérique ; enregistrés pour « PC » (Photoshop ©/niveaux de gris 300 ppi ou bitmap 600 ppi/ Tiff/taille de publication dans Illustrator © ou tout autre logiciel de dessin vectoriel/EPS/textes vectorisés).

7.4 - Tableaux

La revue n'assure pas la composition des tableaux. Ils devront être remis sous forme de fichiers Acrobat © PDF (print/niveau de gris/ taille de publication/300dpi) ou Illustrator © (EPS/niveau de gris/taille de publication/300dpi), respectant la justification et la mise en pages de la revue. Privilégier les fontes Garamond.

7.5 - Échelles

Aussi souvent que possible, la représentation grandeur nature sera recherchée. Lorsque la réduction s'impose, l'auteur aura soin de prévoir une échelle de réduction constante pour une même catégorie de vestiges. Pour chaque carte ou plan, l'auteur donnera une échelle graphique, ainsi que la direction du Nord. Pour les objets dessinés ou photographiés, une échelle, si possible constante, accompagnera chaque pièce ou ensemble de pièces.

7.6 - Titres des illustrations, photos et tableaux

Toutes les illustrations, toutes les photos et tous les tableaux doivent avoir des titres. Ces titres sont obligatoirement placés en dessous des illustrations, des photos ou des tableaux.

7.7 - Légendes

L'auteur accordera un soin particulier à la qualité des légendes. Les illustrations, les photos, les tableaux et leurs légendes constituent souvent le premier contact du lecteur avec l'article.
Les légendes doivent être placées en dessous des titres.

7.8 - Appels des illustrations, photos et tableaux

Dans le texte, l'auteur doit obligatoirement indiquer l'appel aux illustrations, photos ou tableaux. Cet appel doit être en chiffres arabes : (fig. 1), (tabl. 2), (pl. 3 - fig. 4), etc.